Caro aluno, seja bem-vindo à sua plataforma do conhecimento!

A partir de agora, você tem à sua disposição uma plataforma que reúne, em um só lugar, recursos educacionais digitais que complementam os livros impressos e são desenvolvidos especialmente para auxiliar você em seus estudos. Veja como é fácil e rápido acessar os recursos deste projeto.

1 Faça a ativação dos códigos dos seus livros.

Se você NÃO tiver cadastro na plataforma:

- Para acessar os recursos digitais, você precisa estar cadastrado na plataforma educamos.sm. Em seu computador, acesse o endereço <br.educamos.sm>.
- No canto superior direito, clique em "**Primeiro acesso? Clique aqui**". Para iniciar o cadastro, insira o código indicado abaixo.
- Depois de incluir todos os códigos, clique em "**Registrar-se**" e, em seguida, preencha o formulário para concluir esta etapa.

Se você JÁ fez cadastro na plataforma:

- Em seu computador, acesse a plataforma e faça o *login* no canto superior direito.
- Em seguida, você visualizará os livros que já estão ativados em seu perfil. Clique no botão "**Adicionar livro**" e insira o código abaixo.

Este é o seu código de ativação! → **D3PPU-9MGBR-ATTLP**

2 Acesse os recursos.

Usando um computador

Acesse o endereço <br.educamos.sm> e faça o *login* no canto superior direito. Nessa página, você visualizará todos os seus livros cadastrados. Para acessar o livro desejado, basta clicar na sua capa.

Usando um dispositivo móvel

Instale o aplicativo **educamos.sm**, que está disponível gratuitamente na loja de aplicativos do dispositivo. Utilize o mesmo *login* e a mesma senha da plataforma para acessar o aplicativo.

Importante! Não se esqueça de sempre cadastrar seus livros da SM em seu perfil. Assim, você garante a visualização dos seus conteúdos, seja no computador, seja no dispositivo móvel. Em caso de dúvida, entre em contato com nosso canal de atendimento pelo **telefone 0800 72 54876** ou pelo *e-mail* atendimento@grupo-sm.com.
190996_342

Convergências Geografia 8º Ano - BNCC - Fundamental 2 - Livro Digital do Aluno. 2ª Edição 2019

Convergências
Geografia 8

Valquíria Pires Garcia

- Licenciada em Geografia pela Universidade Estadual de Londrina (UEL-PR).
- Especialista em História e Filosofia da Ciência pela UEL-PR.
- Mestra em Geografia pela UEL-PR.
- Professora da rede pública de Ensino Fundamental.
- Atuou como professora da rede particular de Ensino Superior.
- Autora de livros didáticos para o Ensino Fundamental.

Convergências – Geografia – 8
© Edições SM Ltda.
Todos os direitos reservados

Direção editorial	M. Esther Nejm
Gerência editorial	Cláudia Carvalho Neves
Gerência de *design* e produção	André Monteiro
Edição executiva	Flávio Manzatto de Souza
Coordenação de *design*	Gilciane Munhoz
Coordenação de arte	Melissa Steiner Rocha Antunes
Assistência de arte	Juliana Cristina Silva Cavalli
Coordenação de iconografia	Josiane Laurentino
Coordenação de preparação e revisão	Cláudia Rodrigues do Espírito Santo
Suporte editorial	Alzira Ap. Bertholim Meana
Projeto e produção editorial	Scriba Soluções Editoriais
Edição	Erika Fernanda Rodrigues, Kleyton Kamogawa
Assistência editorial	Patrícia Cristina da Silva
Revisão e preparação	Felipe Santos de Torre, Joyce Graciele Freitas
Projeto gráfico	Dayane Barbieri, Marcela Pialarissi
Capa	João Brito e Tiago Stéfano sobre ilustração de Estevan Silveira
Edição de arte	Barbara Sarzi
Pesquisa iconográfica	Tulio Sanches Esteves Pinto
Tratamento de imagem	Equipe Scriba
Editoração eletrônica	Adenilda Alves de França Pucca (coord.)
Pré-impressão	Américo Jesus
Fabricação	Alexander Maeda
Impressão	Forma Certa Gráfica Digital

Dados Internacionais de Catalogação na Publicação (CIP)
(Câmara Brasileira do Livro, SP, Brasil)

Garcia, Valquíria Pires
 Convergências geografia : ensino fundamental :
anos finais : 8º ano / Valquíria Pires Garcia. –
2. ed. – São Paulo : Edições SM, 2018.

 Bibliografia.
 ISBN 978-85-418-2147-6 (aluno)
 ISBN 978-85-418-2151-3 (professor)

 1. Geografia (Ensino fundamental) I. Título.

18-20882   CDD-372.891

Índices para catálogo sistemático:

1. Geografia : Ensino fundamental 372.891
Maria Alice Ferreira - Bibliotecária - CRB-8/7964

2ª edição, 2018
4 Impressão, Setembro 2024

SM Educação
Rua Tenente Lycurgo Lopes da Cruz, 55
Água Branca 05036-120 São Paulo SP Brasil
Tel. 11 2111-7400
atendimento@grupo-sm.com
www.grupo-sm.com/br

Apresentação

Cara aluna, caro aluno,

Você já percebeu como em muitos momentos em nosso dia a dia procuramos respostas para dúvidas que surgem em relação a acontecimentos que ocorrem ao nosso redor e, até mesmo, em outros lugares do mundo?

No local onde vivemos, por exemplo, observamos transformações já realizadas pelas pessoas ao longo do tempo e outras que estão ainda acontecendo. A construção de vários prédios na área central e de condomínios de luxo na periferia das cidades, a instalação de indústrias no município, bem como a degradação de um lugar que poderia ser uma área de lazer, são algumas maneiras de se transformar um espaço, e, muitas vezes, não compreendemos como e por que elas ocorrem.

Em relação ao espaço mundial, também temos muito o que descobrir. Apesar de o início do século XXI estar caracterizado pelos mais diversos avanços tecnológicos que "encurtam as distâncias" entre os lugares mais longínquos do mundo, as diferenças existentes entre os aspectos naturais e culturais do nosso planeta nos levam constantemente à busca de explicações.

O estudo da Geografia nos auxilia a compreender melhor a dinâmica do mundo em que vivemos. Esta coleção pretende auxiliá-lo em seus estudos e mostrar a você que o conhecimento geográfico tem um significado bastante concreto e que está presente em seu dia a dia mais do que você imagina.

Bons estudos!

Conheça seu livro

Esta coleção apresenta assuntos interessantes e atuais que o auxiliarão a desenvolver autonomia, criticidade, entre outras habilidades e competências importantes para a sua aprendizagem.

Abertura de unidade

Essas páginas marcam o início de uma nova unidade. Elas apresentam uma imagem instigante, que se relaciona aos assuntos da unidade. Conheça os capítulos que você irá estudar e participe da conversa proposta pelo professor.

Iniciando rota

Ao responder a essas questões, você vai saber mais sobre a imagem de abertura, relembrar os conhecimentos que já tem sobre o tema apresentado e se sentirá estimulado a aprofundar-se nos assuntos da unidade.

Boxe complementar

Esse boxe apresenta assuntos que complementam o tema estudado.

Vocabulário

Algumas palavras menos conhecidas terão seus significados apresentados na página, para que você se familiarize com elas. Essas palavras estarão destacadas no texto.

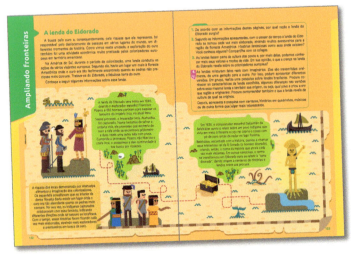

Ampliando fronteiras

Nessa seção, você encontrará informações que o levarão a refletir criticamente sobre assuntos relevantes e a estabelecer relações entre diversos temas ou conteúdos.

Os assuntos são propostos com base em temas contemporâneos, que contribuem para a sua formação cidadã e podem ser relacionados a outros componentes curriculares.

Aprenda mais

Aproveite as sugestões de livros, filmes e *sites* para aprender um pouco mais sobre o conteúdo estudado.

Atividades

Nessa seção, são propostas atividades que irão auxiliá-lo a refletir, a organizar os conhecimentos e a conectar ideias.

Verificando rota

Aqui você terá a oportunidade de verificar se está no caminho certo, avaliando sua aprendizagem por meio do resumo dos principais conteúdos estudados.

Geografia e

Nessa seção, você estudará conteúdos que possibilitam estabelecer relações entre o componente curricular de Geografia e outras áreas do conhecimento.

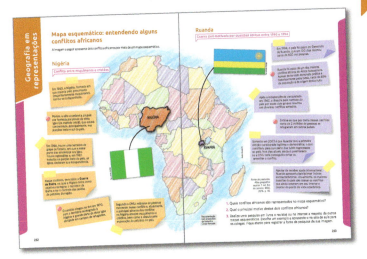

Geografia em representações

Essa seção é dedicada ao estudo das representações gráficas, principalmente as relacionadas à Cartografia.

Ícone em grupo

Esse ícone marca as atividades que serão realizadas em duplas ou em grupos.

Ícone pesquisa

Esse ícone marca as atividades em que você deverá fazer uma pesquisa.

Ícone digital

Esse ícone remete a um objeto educacional digital.

Sumário

UNIDADE 1 — As paisagens e o espaço geográfico 10

CAPÍTULO 1 As paisagens da Terra 12
  A dinâmica natural e as paisagens 15
  ▌ Atividades 18

CAPÍTULO 2 A ação humana e as paisagens 20
  As técnicas e o espaço geográfico 22
  As técnicas e as sociedades 24
  ▌ Ampliando fronteiras
  As tecnologias nas culturas indígenas 26
  ▌ Atividades 30

CAPÍTULO 3 Culturas, povos e territórios 32
  Povos e territórios 35
  Território, nação, Estado e país 36
  ▌ Atividades 37

CAPÍTULO 4 População e espaço geográfico 38
  ▌ Geografia e História
  Os rios e o florescimento das primeiras civilizações 40
  O crescimento da população mundial 41
  ▌ Geografia em representações
  Anamorfose e cartograma 44
  ▌ Atividades 46
  Migrações: a população em movimento 48
  ▌ Atividades 52

UNIDADE 2 — Regionalização do espaço mundial 54

CAPÍTULO 5 A desigualdade no mundo em que vivemos 56
  Países desenvolvidos e países subdesenvolvidos 57
  O nível de desenvolvimento de um país 61
  ▌ Atividades 63
  ▌ Geografia em representações
  Infográfico 64

CAPÍTULO 6 Economia e desenvolvimento 66
  As raízes históricas do subdesenvolvimento 67
  Governo e desenvolvimento 70
  As mudanças nas regionalizações do mundo 71
  ▌ Geografia e História
  Ascensão e queda do socialismo 74
  ▌ Ampliando fronteiras
  A aids no mundo 76
  ▌ Atividades 78

UNIDADE 3 — Os mundos subdesenvolvido e desenvolvido 80

CAPÍTULO 7 O mundo subdesenvolvido 82
- Países emergentes 84
- A dependência econômica 86
- Barreiras alfandegárias e o protecionismo 88
- A OMC 90
- A diferença tecnológica 91
- ▌Atividades 93
- ▌Ampliando fronteiras
  - Migração de cérebros 94

CAPÍTULO 8 Mundo subdesenvolvido: condições de vida 96
- ▌Geografia e Ciências
  - Saneamento básico e leptospirose 98
- ▌Atividades 100

CAPÍTULO 9 O mundo desenvolvido 102
- As multinacionais 103
- Urbanização nos países desenvolvidos 104
- As pesquisas científicas no mundo desenvolvido 105
- ▌Atividades 106

CAPÍTULO 10 Mundo desenvolvido: condições de vida 108
- Questões sociais no mundo desenvolvido 110
- O envelhecimento da população 111
- ▌Atividades 112

CAPÍTULO 11 Blocos econômicos 114
- Blocos econômicos e os níveis de integração 116
- Os blocos econômicos e as práticas protecionistas 117
- ▌Atividades 120

UNIDADE 4 — América 122

CAPÍTULO 12 Continente americano: divisão regional 124
- Divisão geográfica 124
- Divisão histórico-cultural 126
- ▌Geografia e História
  - A colonização da América 128
- ▌Geografia em representações
  - Mapas históricos 130
- ▌Ampliando fronteiras
  - A lenda do Eldorado 132
- ▌Atividades 134

CAPÍTULO 13 Continente americano: aspectos naturais 136
- Relevo e hidrografia da América 136
- Bacias hidrográficas da América 139
- Os recursos hídricos na América Latina 140
- ▌Atividades 142

CAPÍTULO 14 Climas e formações vegetais da América 144
- O clima e as formações vegetais 145
- Clima, recursos hídricos e gestão da água 153
- ▌Atividades 154

CAPÍTULO 15 Regiões polares: nos extremos da América 156
- O ambiente polar 156
- O Ártico 157
- Antártida: o continente gelado 158
- ▌Geografia e Ciências
  - A biodiversidade e os perigos que rondam as regiões polares 160
- ▌Atividades 162

UNIDADE 5 — América Latina 164

CAPÍTULO 16
População da América Latina 166
- Crescimento demográfico da América Latina 168
- Fluxos migratórios na América Latina 170
- **Ampliando fronteiras**
  - As mulheres na América Latina 172
- A riqueza cultural dos povos latino-americanos 174
- **Geografia e Arte**
  - A arte dos povos indígenas da América Latina 176
- **Atividades** 179
- Qualidade de vida na América Latina 180
- A urbanização dos países latino-americanos 183
- **Atividades** 185

CAPÍTULO 17
A economia da América Latina 186
- Atividade mineradora 186
- Agropecuária 188
- **Geografia em representações**
  - Mapas econômicos – Espaço agrário e produção agropecuária 190
- Concentração fundiária e conflitos pela terra 192
- A industrialização na América Latina 194
- **Geografia e Língua Portuguesa**
  - Uma leitura crítica sobre o subdesenvolvimento histórico da América Latina 196
- **Atividades** 197

CAPÍTULO 18
Geopolítica e integração na América Latina 198
- Integração no plano político 198
- A integração no plano econômico 200
- Mercosul 201
- Conflitos e tensões na América latina 204
- **Atividades** 206

UNIDADE 6 — A América Anglo-Saxônica 208

CAPÍTULO 19
População da América Anglo-Saxônica 210
- Formação étnico-cultural da América Anglo-Saxônica 211
- A elevada qualidade de vida da população Anglo-Saxônica 212
- Os problemas sociais na América Anglo-Saxônica 213
- **Atividades** 215

CAPÍTULO 20
A potência econômica dos Estados Unidos 216
- A expansão das multinacionais pelo mundo 217
- **Geografia em representações**
  - A linguagem matemática nos mapas 218
- Atividade industrial dos Estados Unidos 219
- **Atividades** 223
- Recursos minerais e energéticos dos Estados Unidos 224
- Agropecuária estadunidense 225
- O poderio militar dos Estados Unidos 227
- **Ampliando fronteiras**
  - O cinema e a cultura estadunidense 228
- **Atividades** 230

CAPÍTULO 21
Economia do Canadá 232
- Atividade industrial e extrativismo 233
- Agropecuária 235
- **Atividades** 236

UNIDADE 7 — África: aspectos naturais e conflitos africanos 238

CAPÍTULO 22 Aspectos gerais da África 240
- Relevo e hidrografia 241
- Clima e formações vegetais 244
- ▌ Atividades 249

CAPÍTULO 23 Os conflitos na África 250
- ▌ Geografia em representações
  - Mapa esquemático: entendendo alguns conflitos africanos 252
- ▌ Geografia e Ciências
  - Ebola 254
- ▌ Ampliando fronteiras
  - Diamantes africanos: entre a beleza, a tristeza 256
- ▌ Atividades 258

UNIDADE 8 — África: população e economia 260

CAPÍTULO 24 A população da África 262
- Distribuição da população 263
- ▌ Ampliando fronteiras
  - Contos africanos 264
  - Urbanização 266
  - O crescimento demográfico acelerado 268
  - A fome na África 269
- ▌ Atividades 270

CAPÍTULO 25 Economia africana 272
- Agropecuária 273
- Recursos minerais 275
- Atividade industrial 276
- ▌ Atividades 278

CAPÍTULO 26 África do Sul 279
- Economia 280
- O *apartheid* 283
- ▌ Atividades 284

▌ Mapas 285
▌ Referências bibliográficas 288

UNIDADE 1

As paisagens e o espaço geográfico

Capítulos desta unidade
- **Capítulo 1** - As paisagens da Terra
- **Capítulo 2** - A ação humana e as paisagens
- **Capítulo 3** - Culturas, povos e territórios
- **Capítulo 4** - População e espaço geográfico

Mina de extração de ouro em Huelva, Espanha, em 2018.

Iniciando rota

1. Como a sociedade humana e a natureza estão representadas nesta foto?

2. De acordo com o que vimos, quem é responsável pelas transformações nas paisagens da Terra?

3. O ser humano tem ocupado e transformado cada vez mais o planeta. Você percebe alguma transformação no espaço geográfico próximo ao lugar onde vive?

CAPÍTULO 1

As paisagens da Terra

As diferentes paisagens do mundo em que vivemos apresentam características próprias, distinguindo-se umas das outras conforme a combinação de diferentes elementos, naturais ou culturais.

Os elementos naturais são aqueles que se originam de processos e fenômenos da natureza, como a vegetação, o clima, o relevo e o solo, enquanto os elementos culturais são aqueles produzidos pela ação humana, por exemplo, as cidades, as indústrias, as plantações e as estradas.

O conjunto de elementos de um lugar, perceptíveis em sua paisagem, proporciona-lhe uma identidade. Em geral, essa identidade está expressa nos elementos que se destacam na paisagem, tais como uma forma de relevo ou a arquitetura de certas construções e monumentos históricos.

Observe as fotos a seguir e verifique as características das paisagens retratadas em cada uma delas.

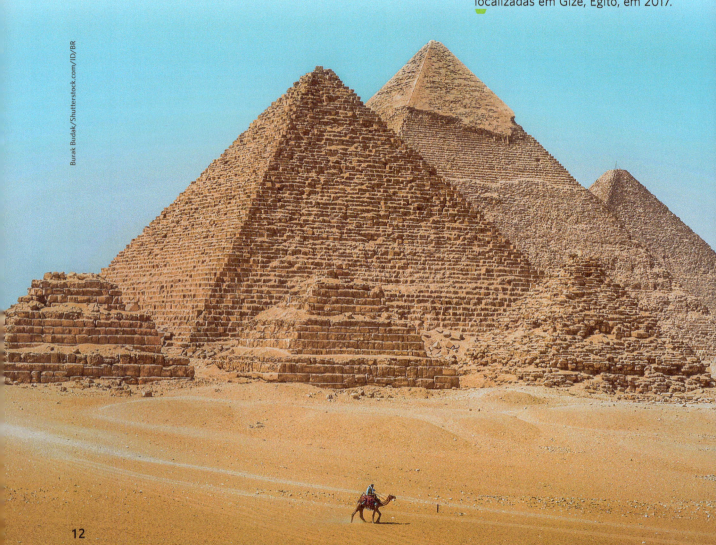

A Paisagem das grandes pirâmides Miquerinos, Quefrén e Quéops, localizadas em Gizé, Egito, em 2017.

Paisagem do morro do Corcovado, com destaque ao Cristo Redentor, localizado na cidade do Rio de Janeiro, capital do estado, em 2016.

Paisagem de uma área rural localizada em Pienza, Itália, em 2017.

1. Qual das paisagens apresentadas nas fotos **A**, **B** e **C** mais chamou sua atenção? Por quê?

2. Qual elemento se destaca em cada uma dessas paisagens?

3. Dê exemplos de paisagens do lugar onde você mora em que os elementos naturais ou culturais predominam. Qual elemento caracteriza essas paisagens? Descreva-o para os colegas.

Alguns elementos ou a combinação deles nos permitem reconhecer facilmente algumas paisagens, como a de Gizé, no Egito, mostrada na foto **A**, com as imensas pirâmides construídas em meio ao deserto. Da mesma forma, também podemos reconhecer prontamente a paisagem da cidade do Rio de Janeiro, que tem como um de seus principais símbolos a famosa estátua do Cristo Redentor, retratada na foto **B**.

Entretanto, a identidade de um lugar nem sempre é facilmente identificada pelos elementos perceptíveis em sua paisagem, pois eles são comuns em muitos outros lugares. Por exemplo, ao observarmos a paisagem da área rural na foto **C**, dificilmente podemos saber com exatidão de que local se trata, pois não existem elementos específicos que o identifique.

A superfície terrestre

As paisagens que observamos nas páginas anteriores estão localizadas em determinados pontos da imensa superfície do nosso planeta, que se estende por cerca de 510 milhões de quilômetros quadrados (km²), compostos por seis continentes e milhares de ilhas em meio aos oceanos e mares da Terra.

Os continentes e as ilhas oceânicas formam as terras emersas, ou seja, as partes da superfície terrestre que não estão encobertas pelas águas oceânicas. Os continentes são formados por grandes porções de terra, que recebem as seguintes denominações: América, Europa, África, Ásia, Oceania e Antártida.

Os oceanos e mares são formados por extensas porções de água salgada. Nomeamos cinco oceanos na Terra: Pacífico, Atlântico, Índico, Glacial Ártico e Glacial Antártico.

A superfície terrestre pode ser dividida em hemisfério Norte e hemisfério Sul, a partir da linha do Equador. Ela também pode ser dividida em hemisfério Ocidental e Oriental, a partir do meridiano de Greenwich.

O planisfério abaixo mostra a distribuição dos continentes e oceanos na superfície terrestre. Veja também que a maior parte das terras emersas está localizada no hemisfério Norte.

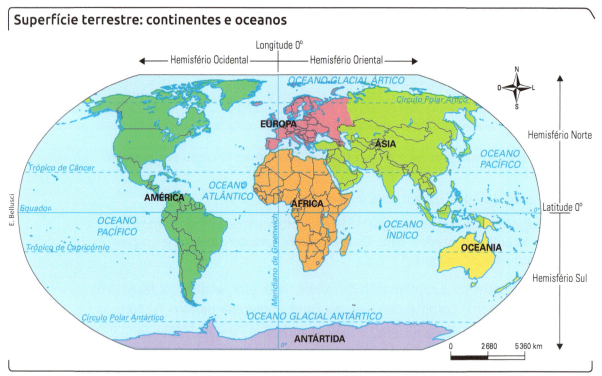

Fonte de pesquisa: *Atlas geográfico escolar*. 7. ed. Rio de Janeiro: IBGE, 2016. p. 34.

1. O território brasileiro está totalmente localizado no hemisfério Ocidental ou Oriental?

2. Em relação à linha do Equador, a maior parte do território brasileiro está localizada no hemisfério Sul?

A dinâmica natural e as paisagens

Ao longo de sua história geológica, iniciada há cerca de 4,5 bilhões de anos, o planeta Terra passou por grandes transformações que provocaram mudanças significativas nas paisagens de sua superfície.

Em certos períodos dessa história, por exemplo, a superfície terrestre teve temperaturas muito elevadas, coberta por rochas incandescentes semelhantes a uma bola de fogo. Em outras épocas, ao contrário, o planeta ficou com baixíssimas temperaturas e coberto por imensas calotas de gelo.

Desse modo, as paisagens terrestres foram se modificando. Extensas florestas surgiram enquanto outras cederam lugar a grandes desertos. O nível do oceano também oscilou, ora cobrindo grande parte das terras emersas, ora recuando e aumentando a superfície dos continentes.

A vida no planeta também sofreu alterações significativas. Muitas espécies surgiram, e se desenvolveram e se deslocaram adaptando-se às condições ambientais, como os primeiros ancestrais do ser humano, que surgiram há aproximadamente 2 milhões de anos. Outras espécies, no entanto, sucumbiram à ocorrência de eventos como as grandes glaciações ou os cataclismos, as intensas atividades vulcânicas, a queda de asteroides na superfície do planeta, entre outros.

Muitos desses fenômenos foram tão intensos que acarretaram grandes mudanças climáticas no planeta, provocando a extinção de inúmeras espécies. Para muitos estudiosos, a extinção dos dinossauros ocorreu entre 65 e 70 milhões de anos atrás e teria sido provocada por um desses cataclismos. Veja a imagem a seguir.

Glaciação: fenômeno climático em que grandes extensões de gelo cobriram a superfície da Terra.

Cataclismo: na Geologia, esse termo significa qualquer transformação brusca e de grande amplitude na crosta terrestre.

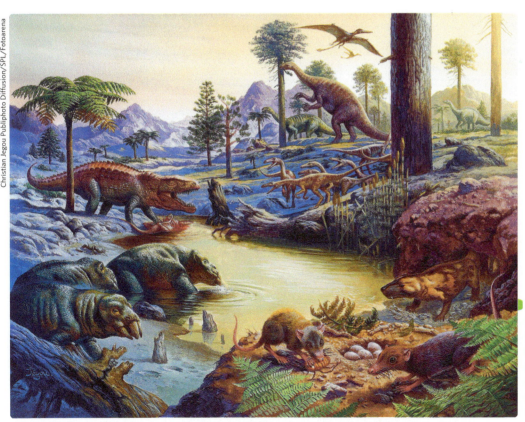

Esta ilustração é uma representação artística produzida com base em pesquisas históricas.

Reconstituição de uma paisagem que teria existido há cerca de 150 milhões de anos, quando os dinossauros viviam na Terra.

> Podemos afirmar que, ao longo da história geológica da Terra, as paisagens sempre foram semelhantes às de hoje? Explique sua resposta.

A dinâmica interna e externa transformando as paisagens

Nos últimos milhões de anos, a Terra não foi atingida por cataclismos. As mudanças nas condições naturais registradas nesse período foram poucas e não impediram que a vida continuasse a existir na Terra, até mesmo durante as glaciações. Desse modo, o ambiente permaneceu com características muito semelhantes às que possui atualmente.

Mesmo que as condições naturais da Terra tenham se alterado muito pouco, as paisagens terrestres continuaram sendo transformadas pela ação de fenômenos e processos naturais que ocorrem no interior e na superfície do planeta, chamados respectivamente de dinâmica interna e dinâmica externa.

Dinâmica interna e as paisagens

Fenômenos geológicos, como o vulcanismo e o tectonismo, fazem parte da dinâmica interna do planeta e atuam continuamente na modelagem do relevo terrestre. As erupções vulcânicas, por exemplo, criam novas formas de relevo, como planaltos ondulados e ilhas oceânicas. Já os movimentos tectônicos são responsáveis pela formação das grandes cadeias de montanhas.

Erupção do vulcão Etna, na Sicília, Itália, em 2017.

Dinâmica externa e as paisagens

As paisagens também são modeladas pela ação isolada ou conjunta de elementos como o vento e a água das chuvas e do mar. Ao longo dos anos, o movimento constante das ondas do mar sobre a superfície litorânea causa a chamada **erosão marinha**. Nesse processo, a água do mar combinada com outros fatores como o vento, desgasta as rochas, dando origem às falésias, que são grandes paredões íngremes de rochas à beira-mar. Veja a paisagem retratada nesta foto.

Formação de falésias em Tibau do Sul, Rio Grande do Norte, em 2017. Esses paredões de rochas são constantemente desgastados pela ação das águas do mar que carregam seus sedimentos.

Outras formações rochosas, como as encontradas principalmente em áreas desérticas, foram esculpidas pela força dos ventos ao longo de milhões de anos. A ação constante dos ventos também provoca o deslocamento das dunas, alterando as paisagens das regiões desérticas e litorâneas. Esses agentes (ondas do mar, ventos e águas das chuvas, entre outros) fazem parte da dinâmica externa do planeta e também atuam na modelagem do relevo e na transformação das paisagens.

Além da dinâmica natural, é importante destacar que as sociedades humanas atuam constantemente na transformação das paisagens terrestres, como veremos nas páginas seguintes. Essas transformações ocorrem, por exemplo, por meio da construção de cidades, abertura de estradas, expansão das áreas de lavouras e pastagens, instalação de usinas hidrelétricas no curso dos rios, etc.

Atividades

▌ Organizando o conhecimento

1. O que diferencia os elementos naturais dos elementos culturais em uma paisagem? Dê exemplos.

2. De acordo com o que você estudou, explique por que existem paisagens tão diversas na superfície terrestre.

3. Escreva um exemplo de como a dinâmica natural modificou a paisagem terrestre ao longo do tempo geológico.

4. Escreva dois exemplos de fenômenos naturais que modificam as paisagens e explique de que forma eles atuam nessa transformação.

5. Podemos dizer que as atuais alterações das paisagens são cataclismos? Justifique sua resposta.

6. Todas as transformações que a natureza produz nas paisagens revelam que a dinâmica natural do planeta possui ritmos diferentes. Assim, enquanto alguns fenômenos naturais transformam as paisagens de maneira bastante rápida, outras transformações se processam muito lentamente. Com base nisso, responda às questões.

    a) Uma erupção vulcânica pode transformar rapidamente ou lentamente uma paisagem? Por quê?
    b) O desgaste do relevo pela ação dos ventos transforma rapidamente ou lentamente uma paisagem? Por quê?

▌ Conectando ideias

7. **Transcreva** o quadro abaixo no caderno e **complete-o** corretamente indicando a localização dos continentes, de acordo com os hemisférios terrestres.

Continente	Hemisfério terrestre
América	Hemisfério Ocidental, Norte e Sul.
Europa	
África	
Ásia	
Oceania	
Antártida	

8. **Observe** a foto e **responda** às questões a seguir.

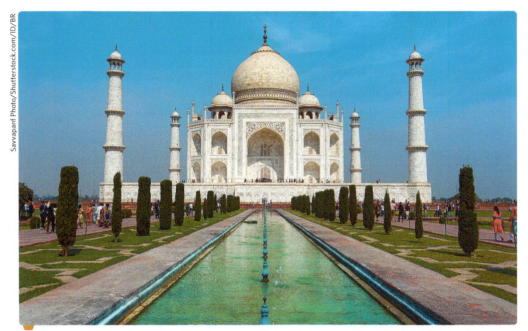

Na foto de 2018, monumento denominado Taj Mahal construído entre os anos de 1631 e 1653 para abrigar o corpo da rainha Mumtaz Mahal, em Agra, norte da Índia.

a) **Identifique** qual elemento dá identidade à paisagem mostrada.

b) **Pesquise** em livros, revistas e na internet outra paisagem que possua uma identidade única. Apresente sua pesquisa para os colegas da sala de aula.

9. **Leia** o provérbio e **observe** a foto a seguir.

> Água mole em pedra dura tanto bate até que fura.

Pedra Furada no Parque Nacional de Jericoacoara, Ceará, em 2017.

a) Qual fenômeno natural está atuando na transformação do relevo mostrado na foto?

b) De que maneira esse fenômeno atua na transformação da paisagem?

19

CAPÍTULO 2
A ação humana e as paisagens

O ser humano habita os mais variados locais do planeta, podendo ser encontrado nas mais remotas regiões do globo, até mesmo onde as condições naturais poderiam limitar a sua sobrevivência.

A presença humana na superfície terrestre pode ser vista desde o interior das densas florestas e os áridos e quentes desertos até as altitudes elevadas das grandes montanhas e as extensas geleiras que cobrem as zonas polares. Veja as imagens a seguir.

Na foto, pequeno número de casas localizadas na região da Groenlândia, em 2017.

Foto da aldeia Aiha habitada por indígenas da etnia Kalapalo, no município de Querência, Mato Grosso, em 2018.

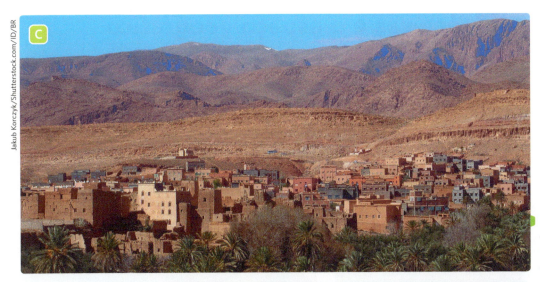

Paisagem em Tinghir, Marrocos, em 2017.

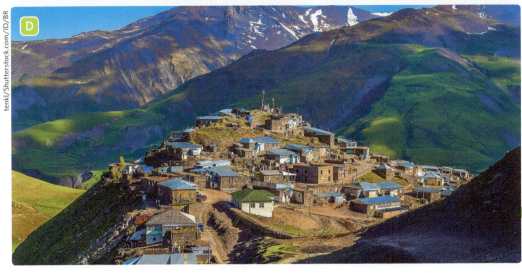

Paisagem em Khinalug, Azerbaijão, em 2018.

A fixação em hábitats tão diferentes revela a extraordinária capacidade humana de se adaptar às mais extremas condições do meio natural.

Para sobreviver em cada um desses ambientes, o ser humano foi desenvolvendo e aprimorando seus instrumentos e técnicas de trabalho, para extrair da natureza os recursos necessários à sua sobrevivência, utilizados na produção de alimentos, na fabricação de roupas, na construção de moradias, etc.

Desse modo, à medida que o ser humano se dispersou pela superfície terrestre, ele também foi se apropriando da natureza e, ao mesmo tempo, promovendo modificações cada vez mais intensas em suas paisagens. Isso explica por que são poucas as paisagens do nosso planeta que ainda não sofreram diretamente a interferência humana.

Hábitat: meio onde um ser vivo habita e se desenvolve, adaptando-se às características físicas e específicas do lugar. Existem diferentes tipos de hábitats, como os desertos, as florestas, os mangues, etc.

1. Identifique nas paisagens apresentadas nas fotos os elementos naturais que se destacam em cada uma delas.
2. Qual dos lugares retratados nas fotos mais chamou sua atenção? Por quê?
3. Observando essas imagens, podemos dizer que o ser humano é capaz de se adaptar em diferentes condições naturais, inclusive em lugares adversos à sua sobrevivência? Explique.

As técnicas e o espaço geográfico

O ser humano tem sido capaz de transformar intensamente as mais diversas paisagens da superfície terrestre. As fotos a seguir mostram algumas dessas transformações. Observe-as com atenção.

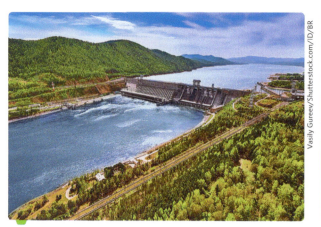

Usina hidrelétrica construída em um trecho do rio Yenissey, em Krasnoyarsk, Rússia, em 2017.

Lavoura em terraços em Mu Cang Chai, Vietnã, em 2018.

Vista geral da cidade de Londres, localizada às margens do rio Tâmisa, Inglaterra, em 2016. Considerada um dos principais centros do comércio mundial entre os séculos XVII e XIX, Londres cresceu rapidamente, somando, por volta da década de 1820, aproximadamente 1,2 milhão de habitantes. Esse crescimento fez de Londres uma das maiores metrópoles do mundo, onde vivem, na atualidade, mais de 10 milhões de pessoas. Tal desenvolvimento gerou grandes modificações nas paisagens da cidade, originando um espaço intensamente ocupado e transformado.

Ao longo de sua existência, o ser humano foi ampliando sua capacidade de intervir na natureza. Por exemplo, quando começou a praticar a agricultura, há cerca de 11 mil anos, ele cultivava o solo com arados manuais. Com o passar do tempo, desenvolveu o arado de tração animal e, atualmente, utiliza arados mecânicos puxados por tratores e modernas técnicas de irrigação, o que possibilitou cultivar extensas áreas de solo para produzir maiores quantidades de alimentos.

Essa evolução ocorreu à medida que foi aprendendo, acumulando e adquirindo novos conhecimentos e habilidades. Esse conjunto de conhecimentos e habilidades que a sociedade humana constantemente desenvolve e aperfeiçoa para tornar seu trabalho mais ágil e suas atividades mais produtivas é chamado de técnica.

Com o aprimoramento das técnicas de trabalho, o ser humano também passou a explorar os recursos da natureza de maneira mais intensa e rápida. Além da produção de alimentos, a utilização de instrumentos e técnicas de trabalho cada vez mais avançados tornou possível explorar recursos florestais, extrair recursos minerais existentes no subsolo, utilizar a água dos rios para gerar energia elétrica, etc.

Ao se apropriar dos recursos da natureza, o ser humano foi transformando intensamente as paisagens terrestres e alterando as características do espaço em que vive. Esse espaço, ocupado e, ao mesmo tempo, transformado pelo trabalho humano recebe o nome de espaço geográfico.

As fotos que observamos nesta página e na anterior são exemplos de como o ser humano transforma as paisagens e constrói o espaço geográfico.

> O lugar onde você mora passou ou está passando por alguma transformação? Qual? Comente com os colegas sobre as técnicas que foram ou estão sendo utilizadas nessa transformação.

As técnicas e as sociedades

A sociedade em que vivemos caracteriza-se pela capacidade de dominar, de modo cada vez mais rápido, um grande número de técnicas bastante sofisticadas, baseadas no uso de tecnologias avançadas, que foram desenvolvidas por meio dos avanços científicos que ocorreram nos últimos dois séculos.

O domínio dessas tecnologias pode ser observado em muitas situações do nosso dia a dia. Por exemplo, ao utilizarmos o caixa eletrônico de um banco, ao fazermos uma ligação em um aparelho de telefone celular, ao enviarmos ou recebermos mensagens pela internet ou, ainda, ao realizarmos exames médicos em modernos aparelhos de diagnóstico, como os de ressonância magnética.

No entanto, há povos que conseguem realizar suas atividades cotidianas, na maioria das vezes, apenas com o uso de técnicas simples. Em geral, essas sociedades sobrevivem da pesca, da caça, da coleta de frutos e plantas comestíveis ou do pastoreio nômade.

O mapa abaixo mostra onde vivem algumas dessas sociedades e as fotos da página seguinte retratam algumas delas.

Fonte de pesquisa: Survival. *Povos e campanhas*. Disponível em: <survivalinternational.org/povos>. Acesso em: 20 set. 2018.

Povos coletores e caçadores, que vivem no interior das grandes florestas equatoriais, como os indígenas da floresta Amazônica, entre eles os Yanomami; os Pigmeus, na República Centro-Africana; e os Penan, na Malásia.

Em geral, essas sociedades apresentam uma divisão do trabalho entre seus membros, cabendo aos homens e mulheres tarefas específicas.

Indígenas Yanomami com trajes e ornamentos tradicionais em festividade na aldeia de Ariabu, no município de Santa Isabel do Rio Negro, Amazonas, em 2017.

Povos nômades, que se deslocam constantemente sem se estabelecerem em um local fixo por muito tempo, como os Inuítes, que vivem na região Ártica; ou os Aborígenes, que habitam partes da Austrália. Há também os pastores nômades, como os povos Massai, habitantes das estepes africanas; e os Tuaregues, que vivem nos desertos africanos.

Inuítes utilizando embarcação, Groenlândia, em 2016.

Povos que praticam a agricultura de subsistência e o pastoreio, como os Dongria Kondh, na Índia; os Jumma, em Bangladesh; e os Quíchuas, na América do Sul.

Essas sociedades, em geral, realizam suas atividades de maneira manual, com o uso de instrumentos como foices, enxadas e arados puxados por animais.

Mulheres pertencentes ao povo Quíchua, na província de Chimborazo, Equador, em 2017.

25

Ampliando fronteiras

As tecnologias nas culturas indígenas

Os diferentes povos indígenas do Brasil possuem técnicas e conhecimentos próprios, que caracterizam um modo de vida com intensa relação com a natureza. Eles conhecem plantas que são capazes de curar feridas e doenças, e outras que são prejudiciais à saúde. Também desenvolvem ferramentas de agricultura, caça e pesca. Esses conhecimentos são, muitas vezes, mantidos e aperfeiçoados através das gerações e demonstram a força da cultura desses povos.

Atualmente, ainda existem comunidades indígenas estritamente ligadas aos costumes tradicionais. No entanto, grande parte dos povos já adotou hábitos que foram adquiridos por meio do contato com a sociedade não indígena. Entre esses hábitos, está a utilização de equipamentos tecnológicos.

É importante ressaltar que, por terem adotado tecnologias desenvolvidas em sociedades não indígenas, não significa que esses povos perderam a identidade. Muitas vezes, as tecnologias estão integradas a seu modo de vida particular e convivem com as antigas tradições.

A ilustração a seguir representa como alguns hábitos tecnológicos estão inseridos no dia a dia dessas comunidades.

Os professores das comunidades indígenas usam computadores e a internet no ensino escolar. Muitas vezes, esses recursos são usados, inclusive, para tratar de assuntos relacionados ao cotidiano da comunidade, como para identificar um pássaro por meio do som gravado de seu canto, por exemplo.

Alguns povos indígenas têm usado a internet como ferramenta para atuar contra o desmatamento e a invasão de seus territórios. Membros das comunidades monitoram a aldeia e as florestas utilizando GPS. Os resultados de suas observações são divulgados em apresentações elaboradas com o auxílio de computadores e atingem tanto indígenas quanto não indígenas.

1. Se você precisasse descrever os povos indígenas brasileiros para alguém que nunca tivesse ouvido falar deles, como os descreveria? Converse com os colegas e comparem suas respostas.

2. Em sua opinião, inserir recursos tecnológicos da sociedade não indígena nessas comunidades interfere de que forma na cultura tradicional desses povos? Por quê? Conheça a opinião dos colegas sobre o assunto.

3. Quantos hábitos e costumes do seu dia a dia tiveram origem no conhecimento e na cultura dos povos indígenas? Elabore, com seus colegas e o professor, uma lista na lousa. Esses hábitos os aproximam dos indígenas? Por quê?

4. Como vimos, a internet é uma ferramenta utilizada por diversas comunidades indígenas. Por meio de *sites*, *blogs* e páginas em redes sociais, podemos conhecer sobre o modo de vida e as particularidades de indígenas da atualidade. Reúna-se em grupo para pesquisarem, na internet, páginas mantidas por indivíduos, comunidades ou instituições indígenas. Cada grupo deverá escolher um *site* no qual recolherá informações. Procurem saber quem são os gestores da página, qual é o seu conteúdo e de que forma esse *site* contribui para a divulgação da realidade dos indígenas. Depois, cada grupo deverá apresentar as informações para o restante da turma.

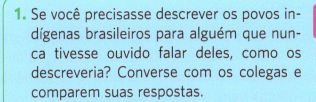

Várias comunidades indígenas possuem televisores. Os aparelhos funcionam por meio de energia elétrica vinda da rede ou, então, com o uso de geradores.

Para se locomoverem, muitos indígenas utilizam automóveis e barcos movidos a motor.

Os recursos tecnológicos têm sido utilizados por diferentes comunidades indígenas para auxiliar na preservação de sua própria cultura. Máquinas fotográficas, filmadoras e gravadores são usados para registrar aspectos cotidianos nessas comunidades pela perspectiva dos próprios indígenas. A internet é usada como meio de divulgar essas informações.

Bárbara Sarzi

27

As identidades culturais

Os diversos povos que vivem em nosso planeta, apresentam diferenças em muitos aspectos, como nos hábitos e nas tradições que possuem, na língua que falam, nos alimentos que consomem, nas atividades que praticam, na maneira como se vestem, enfim, no modo como vivem. Muitas vezes, esse modo de vida acaba sendo muito influenciado pelas condições naturais existentes no local.

Todos esses aspectos, que caracterizam e dão identidade a cada povo, constituem o que chamamos de **cultura**. Assim, podemos dizer que a cultura é o aspecto que melhor distingue os diferentes povos do planeta. É por meio dela que os indivíduos de cada povo se relacionam entre si e também com a natureza, transformando as paisagens e modificando o espaço geográfico em que vivem.

Desse modo, também podemos dizer que a cultura de um povo está expressa na paisagem dos lugares, como observamos nas moradias do povo Massai, construídas com esterco de gado, barro, galhos e palha. Veja a foto abaixo e leia, na página seguinte, o texto que trata das características culturais desse povo.

O povo Massai vive em áreas localizadas entre o Sudão, o Quênia e a Tanzânia, na África. O gado, que consiste em sua principal fonte de alimentação, é criado nas proximidades das casas a fim de ficar protegido de possíveis predadores, ou seja, animais selvagens que habitam as estepes africanas. Esta foto retrata o povo Massai em Kimana, Quênia, em 2018.

 Junte-se a mais dois colegas e pesquisem em livros, revistas ou na internet aspectos sobre a cultura de outros povos. Busquem informações a respeito de características como a língua, os alimentos, os tipos de roupas, o formato e o material utilizado nas moradias. Depois, comparem as informações obtidas com as dos outros grupos e conversem sobre as diferenças e as semelhanças entre os povos pesquisados.

O povo Massai

[...] Vestem-se com panos quadriculados vermelhos e azuis sobrepostos, abraçando atenção no cenário rodeado por montanhas. O cabelo é curto e penteado. As orelhas são furadas, os rostos tatuados com cicatrizes e nos pés levam sandálias confeccionadas com pneus de carro. Carregam inúmeras voltas de colares de miçanga branca ao redor do pescoço e um cajado, que serve para guiar as centenas de cabeças de gado que possuem. No norte da Tanzânia e no sul do Quênia, 800 mil pessoas formam a nação Maasai.

Originários da região da nascente do Nilo, os Maasai se caracterizam pela tradição seminômade e pecuarista, possuindo o maior grau de especialização do assunto em todo o leste africano. Sempre em busca de terras mais verdes para alimentar os rebanhos, eles chegaram ao Quênia e à Tanzânia há quinhentos anos e, com seus destemidos guerreiros, dominaram o território. Foi a mesma energia belicosa aliada a fortes crenças culturais que, anos depois, impediu a dominação colonial dos missionários e dos ingleses sobre as tradições e costumes da sociedade tradicional.

De geração em geração, músicas, narrações de histórias, danças e poesias passam adiante conhecimentos sobre ecologia, medicina tradicional, táticas de guerra, técnicas de criação de gado e de armazenamento de comida e, sobretudo, sobre o valor da terra: "Nós nos vemos como custódias da terra. Para nós ela é uma entidade viva sagrada. A terra contém a nossa história. É a guardiã das nossas memórias e da nossa cultura e é a protetora dos ossos dos nossos ancestrais", explicou um dos cidadãos envolvidos no Maasai Environmental Resource Coalition, uma organização comunitária que busca proteger o meio ambiente e a cultura local.

[...]

[...] As tatuagens no rosto são feitas com um fio de metal quente em forma de anéis e servem para diferenciar os clãs. Alguns também levam tatuagens nos ombros, significa que são guerreiros e que já estiveram em batalha. Para completar o look, além dos panos vermelhos, roxos e azuis, alguns homens carregam lanças sobre os ombros e simes (facas Maasai) nas cinturas. As mulheres se enfeitam com brincos pendurados sobre o topo das orelhas e colares de pelo menos 15 centímetros ao redor do pescoço, caindo sobre o colo.

Todos feitos com bijuterias e miçangas brancas. Como costume alimentar, a refeição mais popular é carne crua de vaca ou cabra, leite e sangue fresco. Carne de caça é proibida. Eles acreditam que "Engai", o Deus Maasai que vive nas montanhas, deu a eles todos os rebanhos de gado do mundo e, por isso, os animais selvagens devem ser deixados para as outras comunidades indígenas. [...]

Flora Pereira da Silva. Nação Maasai: o salto dos guerreiros culturais. *Afreaka*. Disponível em: <http://www.afreaka.com.br/nacao-maasai/>. Acesso em: 5 nov. 2018.

Massais com vestimentas tradicionais, em Arusha, Tanzânia, em 2016.

Criação de animais em Shompole, Quênia, em 2018.

Moradias do povo massai em Kimana, Quênia, em 2018.

Atividades

Organizando o conhecimento

1. Neste capítulo, você conheceu o modo de vida de alguns povos que vivem em diferentes lugares do nosso planeta. De acordo com esse estudo, escreva o que você entendeu por identidade cultural.

2. Com base no que você estudou, explique o que você entende por técnica.

3. Como podemos observar as marcas do trabalho e das técnicas em uma paisagem? Dê exemplos do lugar onde você mora.

4. Quando observamos as características dos diversos povos que existem no mundo, inclusive do povo do qual fazemos parte, percebemos que todos apresentam diferenças em seu modo de vida, que é influenciado pelo nível técnico que esse povo possui, pelas tradições e pelos hábitos acumulados ao longo dos anos e, ainda, pelas condições do ambiente em que vivem.
Você já observou essas características em seu modo de vida? Escreva alguns exemplos.

Conectando ideias

5. A imagem abaixo representa pessoas desenvolvendo atividades agrícolas, no século XV. **Observe-a** e **responda** às questões a seguir.

a) Nesta imagem algumas atividades agrícolas estão sendo realizadas com o auxílio de diversos instrumentos. **Descreva** essas atividades em seu caderno.

b) **Compare** e **diferencie** a maneira como essas atividades eram desenvolvidas no século XV com a maneira como elas podem ser praticadas utilizando as técnicas atuais.

Cena de camponeses no cultivo da terra e pastoreio de animais, reproduzida de um livro que data do final do século XV.

6. As fotos apresentadas a seguir mostram como a construção da Usina Hidrelétrica de Itaipu, localizada no rio Paraná, na divisa entre o Brasil e o Paraguai, modificou a paisagem daquele lugar. **Observe** atentamente a sequência de fotos.

Paisagem do rio Paraná, no início da década de 1970, antes da construção da usina.

Paisagem mostrando o início da construção da Usina Hidrelétrica de Itaipu, entre os anos de 1975 e 1976.

Paisagem na fase de obras civis da barragem principal no leito do Rio Paraná, em 1980.

Na foto, de 2015, observamos a usina concluída. As últimas unidades geradoras foram inauguradas em maio de 2007.

a) Agora, **compare** as imagens apresentadas e **descreva**, em seu caderno, as principais transformações ocorridas nessa paisagem, **caracterizando-a** antes e depois da construção da usina hidrelétrica.

b) Em sua opinião, como é possível observar nessas imagens o papel das técnicas e do trabalho humano na transformação da paisagem?

CAPÍTULO 3

Culturas, povos e territórios

Povos das mais variadas culturas vivem espalhados pelos territórios dos países. O que melhor caracteriza e identifica os diferentes grupos humanos são os aspectos culturais herdados de um passado histórico comum de cada grupo, como a religião, a língua, os costumes, as vestimentas, as tradições e o modo de vida.

> **Dialeto:** fala própria de uma comunidade ou região, que pelo vocabulário e pela pronúncia torna-se diferente da língua oficial do país.

Entre esses aspectos, a religião e a língua são os que certamente mais se destacam e identificam cada povo. Por meio da língua, os indivíduos transmitem suas ideias e seus pensamentos, expressam suas crenças e fortalecem as relações e a união entre os membros do grupo. No mundo todo, fala-se um grande número de línguas e dialetos. Observe o mapa a seguir que mostra as principais línguas faladas no mundo.

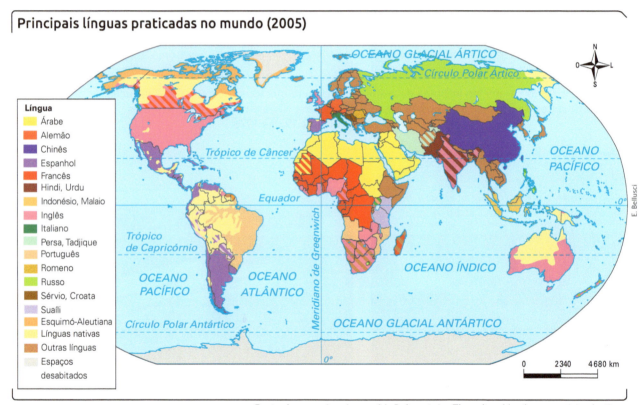

Fonte de pesquisa: James M. Rubenstein. *The cultural landscape an introduction to human geography*. 8. ed. New Jersey: Pearson Education, 2005. p. 164-165.

> Observe o mapa e identifique algumas das principais línguas mais faladas em cada continente.

Observe no mapa acima que alguns idiomas europeus, como o francês, o inglês e mesmo o português, são falados em países de vários continentes: América, África e Ásia. A disseminação desses idiomas e religiões pelo mundo ocorreu, em grande parte, durante o processo de colonização promovido pelas metrópoles europeias, entre os séculos XVI e XIX, quando essas nações se apropriaram de vastos territórios em diferentes regiões do planeta.

As línguas do mundo

A língua é um dos aspectos que melhor expressa a identidade cultural dos grupos humanos. Por meio dela, os indivíduos exprimem ideias e pensamentos, fortalecem relações sociais e transmitem conhecimentos às futuras gerações.

A abrangência de uma língua é avaliada pelo número de pessoas que a utilizam habitualmente, chamadas locutores, e também por sua difusão geográfica. Assim, o inglês, o espanhol, o árabe, o português e o francês são línguas internacionais, praticadas em vários países, enquanto o mandarim (falado na China), o russo (falado na Rússia) e o hindi (falado na Índia) são falados apenas em sua própria região.

Quando consideramos apenas os falantes que adotam a língua materna, o mandarim é a língua mais falada no mundo. Atualmente mais de 1 bilhão de pessoas falam chinês (mandarim). Quando nos referimos à segunda língua, o espanhol seguido do inglês são as mais adotadas.

O gráfico abaixo apresenta as dez línguas mais faladas no mundo (em percentual de falantes). No texto das figuras, como se escreve "bom dia" em cada idioma.

As dez línguas mais faladas do mundo (2018)

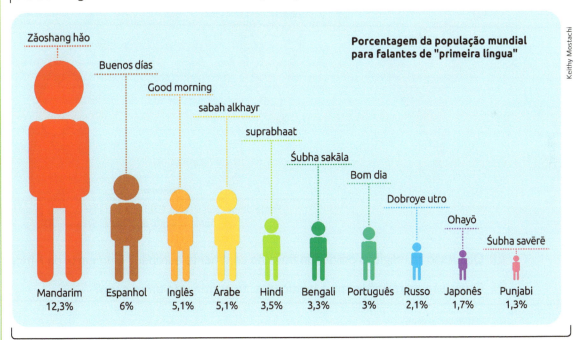

Fonte de pesquisa: Central Intelligence Agency. *The world factbook*. Disponível em: <https://www.cia.gov/library/publications/the-world-factbook/fields/2098.html>. Acesso em: 25 set. 2018.

Atualmente, várias línguas do mundo estão sendo extintas. Uma língua é considerada extinta quando o grupo que a possuía como língua materna não se lembra mais dela, ou se lembra apenas de poucas palavras, e quando ela não possui registros que possibilitem seus estudos.

Faça uma pesquisa na internet sobre as línguas existentes no Brasil que se encontram ameaçadas de extinção.

A religião é outro aspecto que também caracteriza a identidade cultural dos povos. Por meio das práticas religiosas, grande parte das pessoas manifesta muitos de seus costumes e tradições.

No mundo existe um grande número de religiões, e as que possuem maior número de seguidores são o cristianismo (dividido em três vertentes principais: católica, ortodoxa e protestante), o islamismo, o judaísmo, o hinduísmo e o budismo.

Observe o mapa abaixo que mostra as religiões mais praticadas no mundo.

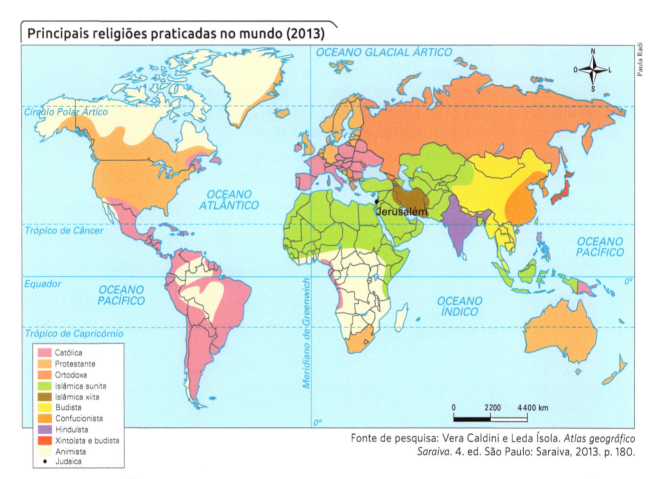

Fonte de pesquisa: Vera Caldini e Leda Ísola. *Atlas geográfico Saraiva*. 4. ed. São Paulo: Saraiva, 2013. p. 180.

1 Quais são as religiões predominantes no continente europeu? E no norte da África?

2 Quais são as religiões mais praticadas no continente americano?

▶ **Aprenda mais**

O livro *A viagem de Théo* aborda as principais características de diferentes religiões existentes no mundo, por meio de uma viagem realizada por Théo e sua tia Marthe em diversos países.

Cathérine Clement. *A viagem de Théo*. São Paulo: Companhia das Letras, 2007.

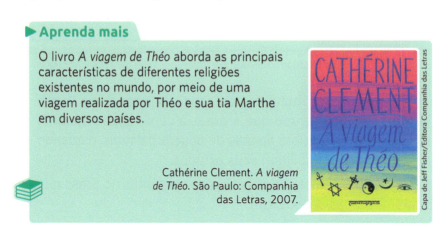

Povos e territórios

Os povos das mais diferentes culturas que existem em nosso planeta, como estudamos nas páginas anteriores, ocupam territórios dos diversos países da superfície terrestre. Observe abaixo o planisfério que mostra os limites que separam os territórios desses países.

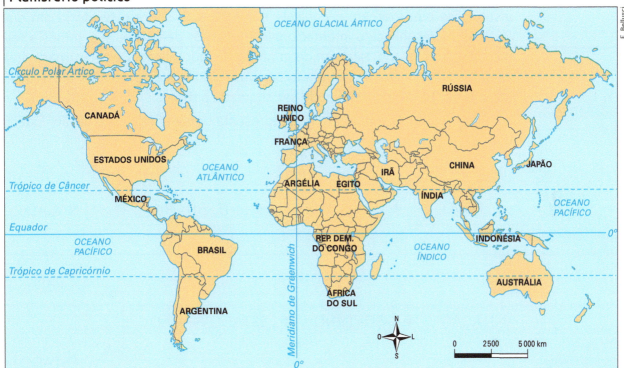

Planisfério político

Fonte de pesquisa: *Atlas geográfico escolar*. 7. ed. Rio de Janeiro: IBGE, 2016. p. 23.

Como se pode observar, as linhas traçadas nesse mapa indicam os limites que separam os territórios de cada país, ou seja, os limites marcam os locais onde termina o território de um país e começa o de outro.

O território de um país, também chamado **território nacional**, abrange a porção do espaço geográfico sobre a qual um Estado, com suas leis, governos e instituições políticas e sociais, exerce soberania, ou seja, tem autoridade com poder para ocupar, controlar e organizar esse espaço de acordo com suas necessidades e seus interesses.

Os territórios e seus limites

Os limites entre países são representados por linhas imaginárias traçadas sobre a superfície. Essas linhas são demarcadas, geralmente, sobre elementos naturais, como montanhas, rios e lagos, ou, ainda, a partir de marcos ou balizas construídos no terreno. Em geral, esses limites são estabelecidos por meio de acordos entre os países fronteiriços. Quando esses acordos são desrespeitados por algum país, eles podem levar a crises políticas e até conflitos armados.

Território, nação, Estado e país

Os povos que constituem uma nação são aqueles que apresentam uma identidade histórico-cultural, ou seja, que se mantêm ligados por uma cultura comum (língua, religião, costumes e tradições) e que ocupam um determinado território. Como exemplo, podemos citar nação brasileira, nação argentina, nação francesa, nação japonesa, etc.

Quando uma nação se organiza politicamente por meio de um conjunto de instituições que exercem o controle e a soberania sobre o território em que vive, sendo reconhecido internacionalmente pelos demais países, temos a formação de um Estado, também denominado Estado-nação. Dessa forma, a área geográfica do território controlado por um Estado, que se estende até seus limites e fronteiras, também pode ser chamada país.

Observe o esquema abaixo que representa os significados de nação, Estado e país.

POVO + CULTURA + TERRITÓRIO = NAÇÃO

NAÇÃO + GOVERNO = ESTADO-NAÇÃO → PAÍS / ESTADO

Povos sem territórios

Há muitos povos que não dispõem da soberania sobre o território em que vivem. Embora sejam considerados nações, pelo fato de apresentarem uma identidade histórico-cultural comum, com língua, religião, costumes e tradições que os diferenciam de outros povos, eles vivem em territórios controlados por outros povos.

Isso ocorre, por exemplo, em nosso país, onde as nações indígenas vivem em áreas controladas pelo governo brasileiro. Outros povos também se encontram nessa situação, como é o caso dos curdos, que vivem espalhados pelo território de vários países do Oriente Médio; dos bascos, na Espanha e na França; dos chechenos, na Rússia; dos tibetanos, na China; dos kosovares, na Sérvia; dos tâmeis, no Sri Lanka; e dos palestinos, na Cisjordânia e na Faixa de Gaza.

Por conta dessa situação, muitos povos têm lutado para conquistar a independência política sobre os territórios em que vivem, fato que tem sido a causa de conflitos em muitas regiões do mundo.

Atividades

Organizando o conhecimento

1. Explique como se caracteriza um território nacional.

2. Qual aspecto melhor caracteriza e identifica os diferentes povos do mundo?

3. Muitas nações do mundo constituem minorias nacionais, pois habitam territórios controlados por outros povos, como é o caso dos curdos e dos bascos. Escreva no caderno a alternativa que indica, além da identidade cultural, outro aspecto necessário para as nações constituírem um Estado soberano.

a) É preciso que modifiquem sua identidade histórico-cultural.

b) É importante que estabeleçam uma relação de domínio sobre outras nações.

c) É preciso que estabeleçam soberania sobre o território onde vivem.

4. Qual é a principal causa que tem desencadeado conflitos separatistas no mundo?

Conectando ideias

5. Leia a afirmação a seguir e **responda** às questões propostas.

> "O território é apenas o corpo de uma nação: o povo que o habita é a sua alma, o seu espírito, a sua vida."
>
> James A. Garfield. *O livro das citações e frases célebres para todas as ocasiões.* Rio de Janeiro: Ediouro. p. 162.

a) O texto acima apresenta três palavras-chave estudadas no decorrer deste capítulo. **Identifique-as** e **escreva-as** no caderno.

b) Com base no que você estudou, **diferencie** nação, Estado e país.

6. Observe a tira a seguir e **responda** às questões propostas.

Dik Browne. Hagar o horrível. *O melhor de Hagar.* Porto Alegre: L&PM Editores S/A, 1987. p. 38.

a) O que o personagem dessa história em quadrinhos quis dizer ao afirmar "Enfim em casa"?

b) O que representa a linha pontilhada na tirinha acima?

c) A tira mostra Hagar e seus companheiros prestes a entrar em território norueguês. Com base no que foi estudado, **explique** o que significa território e limite.

CAPÍTULO

4

População e espaço geográfico

Nos estudos de Geografia, o termo população faz referência ao conjunto de pessoas que vive em determinado local, como uma cidade, um país, um continente. Atualmente, de acordo com as estimativas da Organização das Nações Unidas (ONU), a população mundial já soma mais de 7,6 bilhões de pessoas.

Esse imenso contingente populacional, porém, encontra-se distribuído de maneira bastante desigual pela superfície terrestre. Algumas regiões do planeta, por exemplo, apresentam grande concentração populacional, com densidades demográficas que passam de 100 hab./km². Outras regiões, no entanto, são praticamente despovoadas formando verdadeiros vazios demográficos, com densidades demográficas inferiores a 3 hab./km².

O mapa abaixo mostra como a população mundial está distribuída na superfície do globo.

Mundo: densidade demográfica (2015)

Fonte de pesquisa: United Nations. *World population prospects*. Disponível em: <https://population.un.org/wup/>. Acesso em: 17 set. 2018.

> Identifique as áreas de maior e de menor concentração populacional.

Diversos fatores explicam a razão de a população estar distribuída de maneira tão desigual pela superfície terrestre, entre os quais se destacam:

- fatores **históricos**: explicam o elevado povoamento no leste e no sul do continente asiático, regiões onde se desenvolveram civilizações milenares, como a chinesa e a hindu (foto **A**);
- fatores **econômicos**: explicam o povoamento elevado nas regiões desenvolvidas e industrializadas do planeta, como em grande parte do continente europeu e também dos Estados Unidos e Japão;
- fatores **naturais**: explicam o reduzido povoamento em áreas que impõem limitações à ocupação humana, como ocorre nas regiões de temperaturas baixas todo o ano, como nos polos, no desertos áridos e no interior das grandes florestas (foto **B**).

Na foto **A**, podemos observar grande concentração populacional na cidade de Dacca, Bangladesh, em 2017. Já na foto **B**, é possível perceber a significativa redução da ocupação humana motivada pelo clima polar da região da Groenlândia, também em 2017.

População absoluta e população relativa

A **população absoluta** refere-se ao número total de habitantes que vivem em determinado local (cidade, estado, país, continente, etc.). Os países que têm um grande número de habitantes são considerados **populosos**. O Brasil, por exemplo, com cerca de 208 milhões de habitantes, é o quinto país mais populoso do mundo.

A **população relativa**, também chamada densidade demográfica, por sua vez, refere-se ao número de habitantes de um lugar em relação ao tamanho da área. Assim, para encontrar a densidade demográfica de um lugar basta dividir o número total de habitantes (população absoluta) pela área do território.

Quando um país apresenta densidade demográfica elevada, dizemos que ele é **muito povoado**, e, quando a densidade demográfica for baixa, consideramos o país **pouco povoado**. Com cerca de apenas 24 hab./km^2, por exemplo, o Brasil é um país pouco povoado. O Japão, por sua vez, com aproximadamente 337 hab./km^2, é um país muito povoado.

Geografia e História

Os rios e o florescimento das primeiras civilizações

As primeiras civilizações floresceram às margens de grandes rios. Na África, os egípcios se desenvolveram às margens do Nilo, enquanto na Mesopotâmia, região localizada entre os rios Tigre e Eufrates, atual Iraque, prosperaram civilizações como a dos sumérios, babilônios e assírios.

Nessas regiões, dominadas por vastos desertos áridos, a água dos rios foi de vital importância para o desenvolvimento de tais civilizações. Os sumérios, por exemplo, desenvolveram técnicas para controlar as cheias do Tigre e do Eufrates, por meio da construção de diques, represas e canais. Com isso também garantiram a irrigação de lavouras, proporcionando abundância de alimentos.

Os egípcios também souberam aproveitar as águas do Nilo. Durante o ciclo natural de suas cheias, as águas do Nilo transbordavam levando fertilidade natural às suas margens, permitindo o desenvolvimento de uma próspera agricultura.

Outras importantes civilizações também se desenvolveram às margens de grandes rios, organizando-se em torno da produção agrícola. No leste da Ásia, por exemplo, os chineses prosperaram às margens do rio Huang-Ho (Amarelo) e no vale do rio Yang-Tse-Kiang (Azul), já a civilização hindu se desenvolveu nos vales férteis dos rios Indo e Ganges.

Na imagem acima, gravada por Johann Adam Delsenbach com posterior colaboração de Fischer von Erlach Johann Bernhard, em 1721, podemos visualizar características da antiga Babilônia, como os jardins suspensos e o templo de Júpiter durante o Segundo Império Babilônico, por volta de 600 a.C.

O crescimento da população mundial

Durante quase toda a história da humanidade, o crescimento da população mundial se manteve baixo, fazendo o número de pessoas no planeta aumentar em ritmo muito lento. Isso aconteceu principalmente porque boa parte da população morria em idade precoce, vítimas de doenças, epidemias, guerras e fome.

No entanto, nos últimos dois séculos a população mundial passou a crescer de forma muito mais acelerada, como podemos observar no gráfico abaixo.

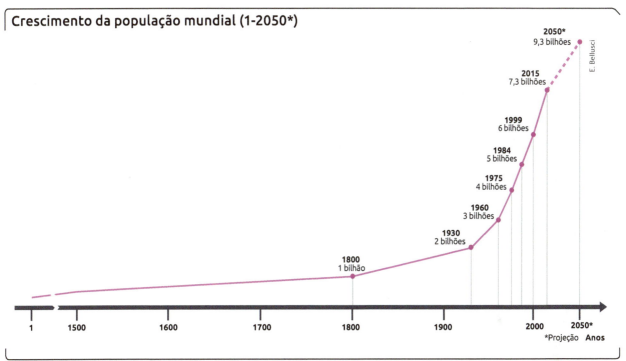

Fontes de pesquisa: U. S. Census Bureau. Disponível em: <www.census.gov/>. United Nations. *World population prospects*. Disponível em: <https://population.un.org/wpp/Download/Standard/Population/>. Acessos em: 20 set. 2018.

> A população mundial atingiu 1 bilhão de pessoas em 1800, e em 2015 passou dos 7,3 bilhões de habitantes. As projeções indicam que a população mundial ainda continuará aumentando nas próximas décadas. De acordo com essas projeções, qual será o número total de habitantes no planeta em 2050, de acordo com o gráfico?

Por que a população mundial cresceu tanto?

O crescimento acelerado da população mundial em tão pouco tempo nos últimos séculos está diretamente associado a dois fatores principais:
- aos avanços e melhorias nas condições higiênicas e sanitárias da população, como ampliação da rede de esgoto e água tratada, coleta de lixo, etc.;
- à expansão e melhoria dos serviços de saúde e dos avanços da medicina, como a descoberta de novos medicamentos e vacinas, etc.

A queda da mortalidade

Com a melhoria das condições de vida e a expansão nos serviços de saúde, houve uma redução das taxas de mortalidade pelo mundo, inclusive nos países pobres e menos desenvolvidos economicamente (foto abaixo).

Além de provocar redução nas taxas de mortalidade, esses avanços contribuíram para o aumento da expectativa de vida da população, o que vem contribuindo para o envelhecimento da população. Em outras palavras, isso significa que a população está vivendo mais e em condições melhores.

No Brasil, por exemplo, o aumento da expectativa de vida tem levado ao crescimento do número de idosos no total da população. Em 1980, de cada 100 brasileiros, apenas 6 tinham mais de 60 anos; em 2030 essa proporção será de 19 idosos para cada 100 habitantes.

Assim como no Brasil, a expectativa de vida média da população mundial aumentou e continuará avançando ao longo das próximas décadas, como mostra o gráfico abaixo.

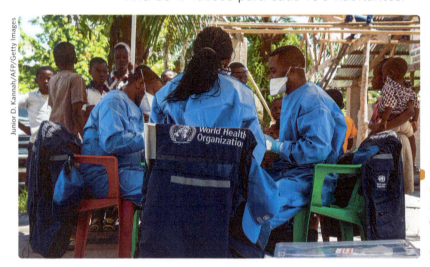

Na foto, membros da Organização Mundial da Saúde (OMS) em campanha de vacinação contra Ebola na República Democrática do Congo, África, em 2018.

1 Compare a expectativa de vida média da população mundial nos períodos mostrados. Em quantos anos aumentou a expectativa de vida média da população mundial entre os períodos de 1990-1995 e 2010-2015?

2 Segundo a projeção, qual será a expectativa de vida média da população mundial no final deste século?

> **Taxa de mortalidade:** número de pessoas que morrem em cada grupo de mil pessoas em determinado período de tempo.
>
> **Expectativa de vida:** número estimado de anos que uma pessoa poderá viver, mantidas as mesmas condições de vida no momento do nascimento.

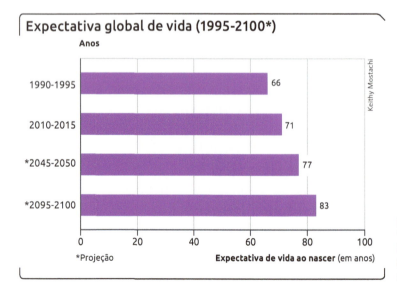

Expectativa global de vida (1995-2100*)

- 1990-1995: 66
- 2010-2015: 71
- *2045-2050: 77
- *2095-2100: 83

*Projeção. Expectativa de vida ao nascer (em anos)

Fonte de pesquisa: United Nations. *World population prospects*. Disponível em: <https://population.un.org/wpp/DataQuery/>. Acesso em: 26 set. 2018.

A queda da natalidade

Ao mesmo tempo que a população mundial está vivendo por mais tempo, também se observa uma diminuição das taxas de natalidade.

Fatores como a maior propagação dos métodos contraceptivos, a entrada da mulher no mercado de trabalho e o alto custo de criação dos filhos vêm contribuindo para a diminuição da natalidade ao longo das últimas décadas.

Isso significa, portanto, que as mulheres passaram a ter um número menor de filhos. Os levantamentos da ONU mostram que, entre 1960 e 1965, cada mulher no mundo tinha em média 5 filhos. Entre 2005 e 2010, essa média caiu para 2,5 filhos por mulher e ainda continua a recuar, devendo chegar a 2 filhos por mulher ao final deste século.

> **Taxa de natalidade:** número de pessoas que nascem em cada grupo de mil pessoas em determinado período de tempo.

Os países e suas dinâmicas demográficas

Embora a população mundial venha passando por muitas transformações ao longo das últimas décadas, como estudamos anteriormente, quando analisamos as características populacionais dos países encontramos grandes diferenças.

Os países ricos e desenvolvidos economicamente, por exemplo, apresentam baixas taxas de natalidade, quando comparados com os países pobres. A expectativa de vida também é elevada nos países desenvolvidos, enquanto as taxas de mortalidade nos países menos desenvolvidos ainda continuam muito altas se comparadas com os países desenvolvidos.

Observe a tabela abaixo e compare as características demográficas entre alguns países do mundo.

País	Taxa de natalidade (por grupo de mil pessoas) 2015-2020	Taxa de mortalidade (por grupo de mil pessoas) 2015-2020	Expectativa de vida (em anos) 2015	Crescimento demográfico (%) 2015-2020
Alemanha	8,9	11,3	81,1	0,20
França	11,7	9,0	82,4	0,39
Canadá	10,5	7,5	82,2	0,90
Japão	8,1	10,8	83,7	0,23
Brasil	13,8	6,3	74,7	0,75
Angola	41,1	8,4	52,7	3,28
Sudão	32,4	7,3	63,7	2,38
Paquistão	27,4	7,2	66,4	1,91

Fontes de pesquisa: United Nations. *World population prospects*. Disponível em: <https://population.un.org/wpp/Download/Standard/Population/>. The World Bank. *DataBank*. Disponível em: <http://databank.worldbank.org/data/reports.aspx?source=2&series=SP.DYN.IMRT.IN&country=>. Acessos em: 19 set. 2018.

Geografia em representações

Anamorfose e cartograma

Nos estudos de Geografia você já deve ter observado uma grande diversidade de mapas utilizados para representar os mais variados fenômenos, como clima, vegetação, movimentos migratórios, distribuição das atividades econômicas, etc.

Outra possibilidade de representarmos os fenômenos do espaço geográfico é por meio das chamadas anamorfoses e cartogramas.

Anamorfose e **cartograma** são representações cartográficas nas quais o tamanho e a forma dos territórios, como países, continentes, estados ou municípios, são distorcidos, proporcionalmente, de acordo com os valores da informação apresentada.

Desse modo, as áreas retratadas conservam suas posições, mas a forma e o tamanho são alterados de acordo com o dado representado.

No caso do cartograma, são utilizados figuras, como retângulos, quadrados e círculos, lado a lado, para compor a representação.

Observe a seguir uma anamorfose que representa a distribuição da população mundial por país.

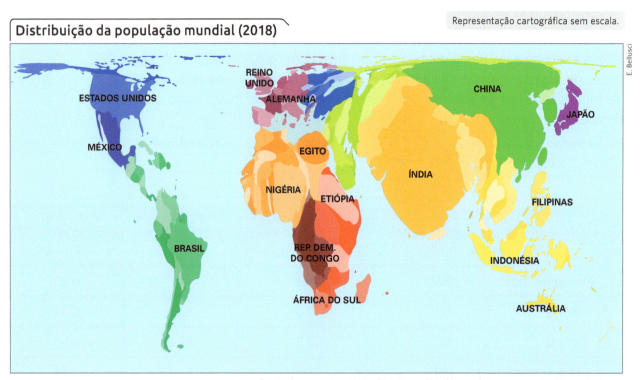

Distribuição da população mundial (2018)

Representação cartográfica sem escala.

Fonte de pesquisa: United Nations. *World population prospects*. Disponível em: <https://population.un.org/wpp/DataQuery/>. Acesso em: 20 set. 2018.

De acordo com a anamorfose, responda às questões a seguir:

1. Quais são os dois países mais populosos do mundo?

2. Quais são os países mais populosos do continente americano?

3. Quais são os países mais populosos do continente africano?

4. Quais são os países mais populosos no extremo leste da Ásia e na Oceania?

44

Agora, observe e compare atentamente as informações mostradas nos cartogramas a seguir.

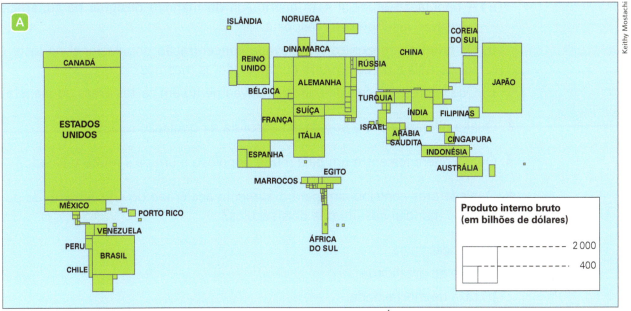

Fontes de pesquisa: Maria Elena Simielli. *Geoatlas*. 33. ed. São Paulo: Ática, 2010. p. 31. The World Bank. *Gross domestic product 2017*. Disponível em: <http://databank.worldbank.org/data/download/GDP.pdf>. Acesso em: 19 set. 2018.

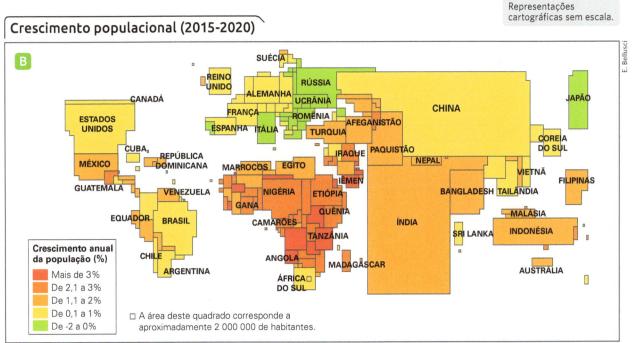

Representações cartográficas sem escala.

Fonte de pesquisa: United Nations. *World population prospects*. Disponível em: <https://population.un.org/wpp/DataQuery/>. Acesso em: 20 set. 2018.

1. Qual informação está sendo mostrada no cartograma **A**? E no cartograma **B**?

2. Comparando as informações mostradas nessas representações, é possível verificar alguma relação entre riqueza e crescimento demográfico? Explique.

45

Atividades

▌Organizando o conhecimento

1. Observe novamente o mapa da página **38** e responda:
   a) A população mundial está distribuída de maneira desigual na superfície terrestre? Justifique sua resposta.
   b) Os fatores que explicam a elevada concentração populacional no leste e sul da Ásia e no continente europeu são os mesmos?
   c) Que fatores naturais dificultam o povoamento em certas áreas do planeta?

2. Qual a diferença entre população absoluta e população relativa?

3. Qual a diferença entre um país muito populoso e um país muito povoado?

4. Quais fatores contribuíram para o aumento acelerado do crescimento da população mundial nos últimos dois séculos?

5. Diferencie:
   a) taxa de natalidade.
   b) taxa de mortalidade.
   c) expectativa de vida.

6. Quais os principais fatores que explicam o recuo das taxas de natalidade no mundo?

▌Conectando ideias

7. **Observe** e **analise** as informações apresentadas na tabela a seguir.

Densidade demográfica de alguns países do mundo (2018)

País	População total	Área territorial (km²)	Densidade demográfica (hab./ km²)
Argentina	44 689 000	2 791 810	16
Austrália	24 772 000	7 741 220	3
Bélgica	11 499 000	30 530	377
Brasil	208 494 900	8 515 759	24
China	1 415 046 000	9 600 001	147
Estados Unidos	326 767 000	9 831 510	33

Fontes de pesquisa: IBGE. *Países*. Disponível em: <https://paises.ibge.gov.br/#/pt.>. United Nations. *World population prospects*. Disponível em: <https://esa.un.org/unpd/wpp/DVD/Files/1_Indicators%20(Standard)/EXCEL_FILES/1_Population/WPP2017_POP_F01_1_TOTAL_POPULATION_BOTH_SEXES.xlsx>. Acessos em: 19 set. 2018.

- De acordo com a tabela da página anterior, **responda**:

    a) Quais desses países são os mais populosos e os menos populosos?

    b) Qual desses países são os mais povoados? E os menos povoados?

    c) Qual desses países é bastante povoado, mas pouco populoso?

    d) E quais desses países são muito populosos, mas pouco povoados?

8. **Observe** e **compare** as pirâmides etárias a seguir.

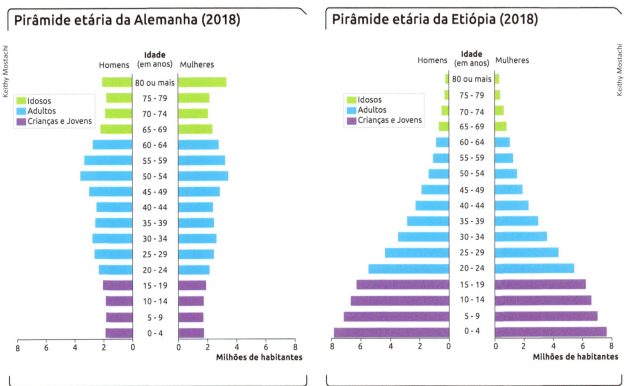

Fonte de pesquisa: United Nations. *World population prospects*. Disponível em: <https://population.un.org/wpp/DataQuery>. Acesso em: 19 set. 2018.

Fonte de pesquisa: United Nations. *World population prospects*. Disponível em: <https://population.un.org/wpp/DataQuery/>. Acesso em: 19 set. 2018.

- Agora, de acordo com o que você estudou **responda**:

a) Qual desses países apresenta taxa de natalidade mais elevada? Como isso pode ser observado na pirâmide?

b) Qual desses países apresenta expectativa de vida mais elevada? Como isso pode ser observado na pirâmide?

c) Em qual desses países a taxa de mortalidade da população é mais elevada? Como isso pode ser observado na pirâmide?

d) De acordo com essa análise e os seus conhecimentos, as condições de vida nesses países são semelhantes ou diferentes? **Explique**.

Migrações: a população em movimento

Ao longo de toda sua história, os seres humanos sempre se deslocaram pelo espaço terrestre. Nos primórdios de sua existência, esses deslocamentos ocorriam pela necessidade da busca de alimentos e abrigos. Foram as migrações que levaram a nossa espécie, chamada *Homo sapiens*, a se espalhar pela superfície do planeta.

Atualmente, uma das teorias mais aceitas pelos cientistas sugere que os seres humanos surgiram na África, de onde se dispersaram para os outros continentes. O mapa abaixo ilustra o provável processo de dispersão dos seres humanos pelo planeta.

Povoamento da Terra

Fonte de pesquisa: Cláudio Vicentino. *Atlas histórico*: geral e Brasil. São Paulo: Scipione, 2011. p. 20-21.

> Observe a representação acima e identifique a rota que os seres humanos provavelmente realizaram a partir do continente africano. Saindo da África, os seres humanos migraram primeiramente para quais áreas? Quando eles chegaram à Ásia e à Europa? Quando e por onde os seres humanos chegaram à América?

A teoria de Bering e a teoria transoceânica

Alguns estudos indicam que o povoamento do continente americano ocorreu com a migração de povos nômades que atravessaram o estreito de Bering. Isso provavelmente se tornou possível durante a última era glacial, período em que o mar entre a Ásia e a América ficou congelado permitindo a passagem pelo estreito de Bering. Outra teoria, no entanto, chamada teoria transoceânica, sustenta que os seres humanos chegaram ao continente americano vindos das ilhas polinésias do Pacífico em embarcações que, levadas pelas correntes marítimas, cruzaram o oceano atingindo o litoral da América do Sul.

Migrações contemporâneas

Se as migrações são um fenômeno marcante na história humana, atualmente os fluxos migratórios se tornaram ainda mais intensos, tanto aqueles que ocorrem no interior do território de um país quanto os que ocorrem entre os países.

Segundo estimativas da ONU, mais de 250 milhões de pessoas vivem atualmente fora dos países em que nasceram. Os fluxos migratórios em que as pessoas, por algum motivo, deixam seu país de origem para viver em outro país constituem as chamadas **migrações internacionais**.

Em geral, os fluxos migratórios ocorrem por fatores diversos, entre os quais:

- **fatores de repulsão**: que leva as pessoas a deixarem o país onde nasceram, entre os quais, a ocorrência de crises econômicas e desemprego, conflitos armados, perseguições políticas, etc.;
- **fatores de atração**: aqueles que estão presentes nos países para onde os migrantes se deslocam, como melhores condições de vida, oportunidades de trabalho e renda, etc.

O mapa abaixo representa os principais fluxos migratórios internacionais na atualidade.

Principais fluxos migratórios mundiais (1990-2017)

Fontes de pesquisa: Alain Gresh; Jean Radvanyi; Philippe Rekacewicz. *Le monde diplomatique*: el atlas geopolítico. Valencia: Akal/Fundación Mondiplo, 2010. p. 17.
Pew Research Center. *Origins and destinations of the world's migrants, from 1990-2017*. Disponível em: <http://www.pewglobal.org/2018/02/28/global-migrant-stocks/?country=VE&date=2017>. Acesso em: 13 abr. 2018.

Imigração e emigração

O termo **imigração** é utilizado para se referir ao fluxo de pessoas estrangeiras que entram em um país, enquanto a **emigração** refere-se ao movimento de pessoas que saem de seus países de origem. Sendo assim, **países de imigração** são aqueles em que o fluxo de entrada de pessoas é muito maior do que o fluxo de saída, enquanto **países de emigração** são aqueles em que o fluxo de saída de pessoas é muito maior do que o fluxo de entrada.

Ao observar o mapa mostrado na página anterior podemos notar que grande parte dos fluxos migratórios recentes no mundo tem origem nos países menos desenvolvidos da América, da África e da Ásia.

A maioria desses fluxos migratórios é formada por trabalhadores que buscam melhores condições de vida em outros países, sobretudo nas nações mais ricas e desenvolvidas. Nos países de destino, muitos desses imigrantes encontram trabalho apenas em atividades que requerem menor qualificação profissional e de menor remuneração.

Chinatown é um bairro de Nova York, nos Estados Unidos, marcado desde a sua formação pela grande presença de chineses e povos oriundos de países asiáticos.
Na foto, imigrantes chineses durante comemoração do ano novo lunar chinês no bairro de Chinatown, Nova York, em 2018.

Outro importante fluxo migratório no mundo é formado pelo deslocamento de refugiados. Esses fluxos são formados por pessoas que, por motivos como guerras, conflitos armados, perseguições políticas ou religiosas, são obrigadas a abandonar seu país de origem para viver em outro país. Ao contrário das que migram por vontade própria, essas pessoas são forçadas a migrar para outros lugares em busca de garantir a própria vida.

Os maiores fluxos de refugiados recentes no mundo têm origem em países envolvidos em guerras internas, como as que ocorrem na Síria, no Afeganistão, na Somália e na Nigéria, ou mesmo países controlados por governos extremamente autoritários, como o Afeganistão, na Ásia, e a Eritreia, na África.

Desde 2011, a Síria enfrenta uma violenta guerra civil interna provocada pela tentativa de derrubar o governo do país. Os conflitos, que também envolvem a participação de grupos radicais extremistas, já forçaram a migração de mais de 7 milhões de sírios, que buscam refúgio principalmente na Europa. Ao lado, grupo de refugiados em Beirute, Síria, em 2018.

O Brasil e as migrações internacionais

Historicamente, o Brasil está inserido na rota das migrações internacionais, seja pela entrada de imigrantes, seja pela saída de brasileiros para o exterior. Durante mais de três séculos de nossa história, por exemplo, mais de 5 milhões de africanos foram trazidos à força para trabalharem como mão de obra escrava nos engenhos de açúcar no Nordeste. A imigração forçada de escravos se estendeu até o fim do império, quando a escravidão foi oficialmente proibida após a assinatura da Lei Áurea, em 1888.

Com o fim do tráfico negreiro, o Brasil estimulou a vinda de imigrantes ao país, vindos principalmente de Portugal, Itália, Espanha, Alemanha e Japão. Em menor número também vieram sírios, libaneses e turcos. Entre o final do século XIX e as primeiras décadas do século passado, calcula-se que cerca de 4,7 milhões de imigrantes entraram no Brasil (veja a foto abaixo). Após a década de 1930, a imigração diminuiu depois que o governo brasileiro passou a restringir a entrada de estrangeiros no país.

Desde então, o Brasil tem apresentado um fluxo migratório equilibrado, ou seja, não há grandes diferenças entre o número de pessoas que entram (imigração) e o número de pessoas que saem (emigração) do país.

Grande parte desses imigrantes foi trabalhar nas lavouras de café no estado de São Paulo. Outros foram para os centros urbanos da região Sudeste, onde buscaram trabalho no comércio e também nas indústrias, que se expandiam em ritmo acelerado. No Sul, os imigrantes foram assentados principalmente em colônias, com o objetivo de promover o povoamento da região e assegurar a posse do território.

Contudo, ao longo das últimas décadas, os fluxos de imigração e emigração no Brasil se tornaram mais significativos. Movidos por dificuldades econômicas, milhares de brasileiros foram para o exterior em busca de trabalho e melhores condições de vida. Por outro lado, imigrantes vindos principalmente dos países vizinhos, entre eles bolivianos, colombianos, venezuelanos e haitianos, além de outros países asiáticos e africanos, também entraram em nosso país à procura de trabalho.

Por conta da grande crise econômica enfrentada pela Venezuela nos últimos anos, muitas pessoas vêm deixando o país vizinho. Parte desses venezuelanos tem entrado no Brasil, principalmente pelo estado de Roraima. Somente no primeiro semestre de 2018, o Brasil recebeu cerca de 50 mil venezuelanos, a maioria em situação ilegal. Na foto ao lado, venezuelanos aguardam atendimento na Polícia Federal para obter autorização de entrada no país, na cidade de Pacaraíma, Roraima, em 2018.

Atividades

▌Organizando o conhecimento

1. Defina o que são migrações internacionais.

2. O que são fatores de repulsão? Cite alguns deles.

3. O que são fatores de atração? Cite alguns deles.

4. Diferencie:
   a) Imigração.
   b) Emigração.

5. Observe novamente o mapa na página **49** e identifique:
   a) Três países de imigração.
   b) Três países de emigração.
   c) Três países que apresentam saldo migratório equilibrado.

▌Conectando ideias

6. Atualmente, estima-se que mais de 3 milhões de brasileiros vivam no exterior. Analise as informações do mapa e da tabela a seguir que mostram os países que possuem as maiores concentrações de brasileiros.

Brasileiros no mundo (2015)

- AMÉRICA DO NORTE: 1 467 000
- EUROPA: 750 983
- ORIENTE MÉDIO E ÁSIA: 239 489
- AMÉRICA CENTRAL E CARIBE: 5 046
- ÁFRICA: 25 387
- AMÉRICA DO SUL: 553 040
- OCEANIA: 47 310

Fonte de pesquisa: Ministério das Relações Exteriores. *Brasileiros no mundo*. Disponível em: <http:www.brasileirosnomundo.itamaraty.gov.br/a-comunidade/estimativas-populacionais-das-comunidades/Estimativas%20RCN%202015%20-%20Atualizado.pdf>. Acesso em: 19 set. 2018.

Países do exterior com maior concentração de brasileiros (2015)		
1º	Estados Unidos	1 410 000
2º	Paraguai	332 042
3º	Japão	170 229
4º	Reino Unido	120 000
5º	Portugal	116 271
6º	Espanha	86 691
7º	Alemanha	85 272
8º	Suíça	81 000
9º	Itália	72 000
10º	França	70 000

Fonte de pesquisa: BRASIL. Ministério das relações exteriores. *Brasileiros no mundo*. Disponível em: <http:www.brasileirosnomundo.itamaraty.gov.br/a-comunidade/estimativas-populacionais-das-comunidades/Estimativas%20RCN%202015%20-%20Atualizado.pdf>. Acesso em: 19 set. 2018.

De acordo com as informações, **responda**:

a) Em que se encontram as duas maiores concentrações de brasileiros? Quantos brasileiros vivem nesses continentes?

b) Onde estão as maiores concentrações de brasileiros na Europa? E na América?

c) De acordo com o que você estudou, qual é a principal causa que tem levado milhares de brasileiros a emigrarem para outros países?

7. Pesquise em livros, *sites*, internet e revistas, notícias e informações sobre como é a vida dos brasileiros em outros países e quais são as principais dificuldades enfrentadas por essas pessoas. **Apresente** o resultado de sua pesquisa para a turma e veja o que eles pesquisaram.

Verificando rota

- A natureza atua na formação e na transformação das paisagens terrestres.
- Para viver em ambientes tão diversos, o ser humano desenvolve técnicas que garantem sua sobrevivência.
- Por meio de técnicas e do seu trabalho, o ser humano transforma as paisagens, produzindo o espaço geográfico.
- No mundo existem povos com culturas diversas e que se distinguem pela língua, religião, costumes e tradições.
- Alguns povos do mundo não possuem soberania sobre seus territórios, vivendo em áreas controladas por outros povos.
- A população mundial passou a crescer de maneira muito acelerada ao longo dos últimos dois séculos.
- A população está distribuída de maneira desigual na superfície terrestre.
- A anamorfose é uma representação cartográfica que deforma a área dos territórios de acordo com os valores da informação representada.
- As migrações são fenômenos marcantes na história humana, impulsionadas por fatores de atração e fatores de repulsão.
- As migrações internacionais são formadas pelo fluxo de pessoas entre os países.

UNIDADE

2

Regionalização do espaço mundial

Capítulos desta unidade

- **Capítulo 5** - A desigualdade no mundo em que vivemos
- **Capítulo 6** - Economia e desenvolvimento

Imagem ilustrativa de um tipo de regionalização.

Iniciando rota

1. A imagem se refere a qual tipo de regionalização do espaço geográfico mundial?
2. Em qual região representada no mapa o Brasil está inserido?
3. Qual outro tipo de regionalização você conhece? Conte para seus colegas.

Kamil Macniak/Shutterstock.com/ID/BR

CAPÍTULO 5
A desigualdade no mundo em que vivemos

Os países do mundo apresentam grande diferença entre suas condições socioeconômicas, as quais causam intensa desigualdade entre eles, como veremos a seguir.

As desigualdades entre os países são expressas de diversas formas, entre elas, está o acesso a serviços de qualidade. As fotos mostram exemplos de transporte coletivo em Londres, Inglaterra, em 2018 (foto **A**), e em Nova Délhi, Índia, em 2017 (foto **B**).

População do mundo que vive com menos de US$ 1,90 por dia (2015)

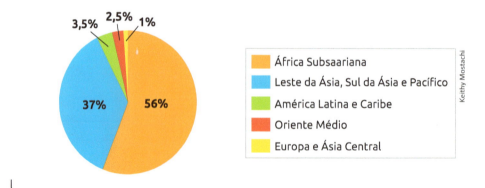

- África Subsaariana
- Leste da Ásia, Sul da Ásia e Pacífico
- América Latina e Caribe
- Oriente Médio
- Europa e Ásia Central

Fonte de pesquisa: The World Bank. *World development indicators*. Disponível em: <http://wdi.worldbank.org/table/1.2.2#>. Acesso em: 22 set. 2018.

> As fotos e o gráfico apresentados acima retratam a desigualdade socioeconômica existente no mundo. Como essas desigualdades estão retratadas?

Países desenvolvidos e países subdesenvolvidos

As informações apresentadas na página anterior revelam uma grande disparidade econômica e social entre os países do mundo. Levando em consideração essas características, podemos agrupar, ou seja, regionalizar os países do mundo da seguinte forma:

Desenvolvidos

Grupo de países ricos, em geral com renda alta e elevados indicadores sociais, como alta expectativa de vida, baixas taxas de mortalidade infantil e baixo índice de analfabetismo. A princípio, podemos achar que se trata de um grupo de países em condições socioeconômicas iguais, mas na realidade eles apresentam diferenças entre si, como em relação ao nível de desenvolvimento tecnológico, por exemplo. Alguns exemplos de países desenvolvidos atualmente são: Estados Unidos, Alemanha, Japão, Austrália e França.

Subdesenvolvidos

Grupo de países geralmente com renda e expectativa de vida mais baixas, comparado com os desenvolvidos. As taxas de mortalidade infantil e o índice de analfabetismo são mais elevados. Nesse grupo, encontram-se países em situações muito diversas: desde aqueles com renda nacional muito baixa e graves problemas socioeconômicos até países que têm apresentado diminuição acentuada da pobreza e crescimento da renda nacional, a exemplo do Brasil, que tem conseguido melhorar seus indicadores sociais. São exemplos de países subdesenvolvidos atualmente: Etiópia, Paraguai, Panamá, Indonésia e Afeganistão.

Quando analisamos o desenvolvimento econômico de um país, é necessário também levar em consideração o modo como a riqueza produzida está distribuída. Mesmo em países desenvolvidos, podemos encontrar pessoas vivendo em condições precárias. Na foto, homem vivendo em situação precária nas ruas de Paris, França, em 2017.

As desigualdades internas

A regionalização que separa os países em desenvolvidos e subdesenvolvidos é uma forma simplificada de interpretar a realidade. No entanto, não podemos nos esquecer de que a realidade é bem mais complexa, pois, dentro de cada um dos grupos, as condições socioeconômicas dos países variam muito.

No grupo de países considerados desenvolvidos, por exemplo, encontram-se economias dinâmicas, como a dos Estados Unidos, e economias com sérios problemas de endividamento e elevadas taxas de desemprego, como a da Espanha, a de Portugal e a da Grécia. Já no grupo dos subdesenvolvidos estão países que vêm crescendo economicamente, como o México, a Índia e a China, e países extremamente pobres, como a Etiópia.

A renda nacional bruta *per capita* é um dos indicadores utilizados na avaliação do desenvolvimento de um país. Observe no mapa abaixo como podem ser classificados os países a partir dessa renda.

> **Renda nacional bruta *per capita*:** corresponde à soma de todo o rendimento interno de um país, mais os rendimentos que entram e menos os que saem, dividido pelo número de habitantes.

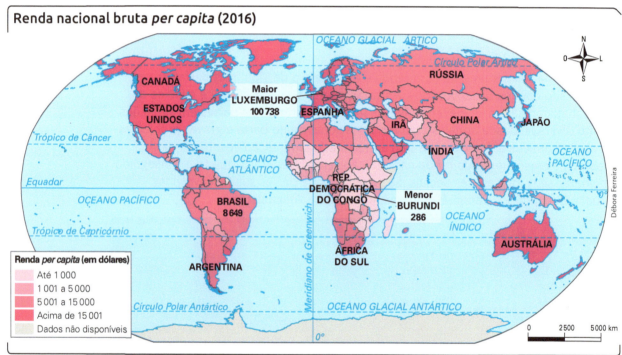

Fonte de pesquisa: The World Bank. *DataBank*. Disponível em: <http://databank.worldbank.org/data/source/world-development-indicators>. Acesso em: 20 set. 2018.

De maneira geral, os países desenvolvidos têm uma renda *per capita* maior que a dos países considerados subdesenvolvidos; porém, existem exceções, como a Arábia Saudita, que é um país de renda alta, mas que é classificado como subdesenvolvido por causa de seus indicadores sociais.

O termo "subdesenvolvido"

Esse termo passou a ser usado após a Segunda Guerra Mundial para caracterizar os países onde grande parte da população vivia em condições precárias. Atualmente, organizações internacionais, como a Organização das Nações Unidas (ONU) e o Banco Mundial, adotam diferentes nomenclaturas em seus relatórios, por exemplo, países desenvolvidos e em desenvolvimento.

A regionalização da UNCTAD

Devido à grande diversidade das condições socioeconômicas existentes, sobretudo no interior do grupo de países subdesenvolvidos, a Conferência das Nações Unidas sobre Comércio e Desenvolvimento (UNCTAD), órgão da ONU, desenvolveu uma classificação desse grupo de países da seguinte maneira:

- **países menos desenvolvidos**: países extremamente pobres onde a população convive com sérios problemas socioeconômicos;
- **países em desenvolvimento ou emergentes**: países que apresentam crescimento econômico e industrial;
- **países com economia em transição**: antigos países socialistas, conforme veremos na página **73**.

Veja no mapa a seguir a regionalização proposta pela UNCTAD.

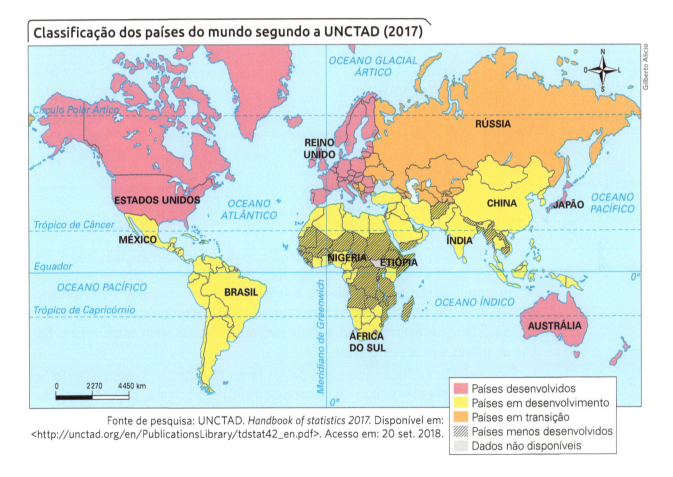

Classificação dos países do mundo segundo a UNCTAD (2017)

Fonte de pesquisa: UNCTAD. *Handbook of statistics 2017*. Disponível em: <http://unctad.org/en/PublicationsLibrary/tdstat42_en.pdf>. Acesso em: 20 set. 2018.

A UNCTAD

A Conferência das Nações Unidas sobre Comércio e Desenvolvimento (UNCTAD) foi criada em 1964 em Genebra, na Suíça, com o objetivo de proteger os interesses dos países subdesenvolvidos considerados em desenvolvimento, ou seja, subdesenvolvidos que vêm crescendo economicamente no comércio mundial, como México, Rússia, África do Sul, Brasil e China.

Países do Norte e países do Sul

Por causa da posição geográfica que ocupam na superfície terrestre, os países desenvolvidos e subdesenvolvidos muitas vezes recebem, respectivamente, a denominação de **países do Norte** e **países do Sul**. Isso acontece porque os países desenvolvidos, com exceção da Austrália e da Nova Zelândia, encontram-se na parte norte do planeta, enquanto a maioria dos países subdesenvolvidos situa-se na parte sul. Veja o mapa.

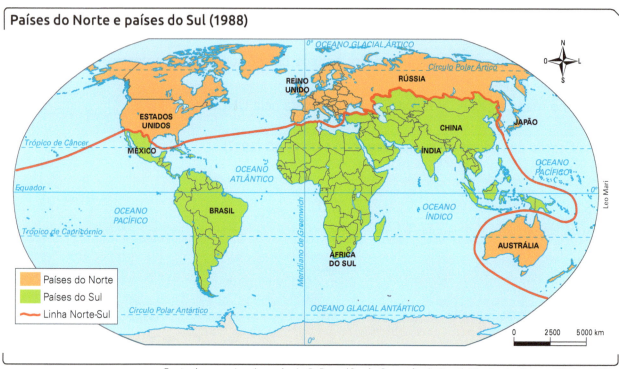

Fonte de pesquisa: Jurandyr L. S. Ross (Org.). *Geografia do Brasil*. São Paulo: Edusp, 2011. p. 285.

Ao observarmos o mapa acima, é importante perceber que nem todos os países do Norte são desenvolvidos. Países como Turcomenistão, Quirguistão e Uzbequistão, por exemplo, enfrentam vários problemas socioeconômicos, típicos de países subdesenvolvidos.

É importante destacar que esses países foram repúblicas da antiga União Soviética (socialista até o início da década de 1990) e, portanto, passaram por um processo diferente de desenvolvimento, se comparados à maioria dos países capitalistas do mundo. Mesmo depois da desagregação soviética, permaneceram dependentes economicamente entre si e politicamente da Rússia, país mais industrializado e a maior economia da ex-União Soviética. As características do socialismo e da antiga União Soviética serão tratadas adiante, ainda nesta unidade.

Essa mesma observação deve ser feita em relação a alguns países do Sul, como a Austrália, que, ao longo das últimas décadas, vem apresentando indicadores sociais e econômicos semelhantes aos verificados nos países desenvolvidos.

> Ao observar o mapa acima, você pôde verificar que essa regionalização divide o mundo em duas partes desiguais: uma minoria de países no norte e uma maioria no sul. O que você poderia concluir dessa observação?

O nível de desenvolvimento de um país

Como é possível saber se um país é ou não desenvolvido? Como medir o nível de desenvolvimento de um país? Antes de responder a essas perguntas, precisamos entender o que pode ser considerado como desenvolvimento.

De maneira geral, podemos dizer que um país é desenvolvido quando o conjunto de sua população possui um elevado nível de bem-estar material (acesso a alimentação, moradia, roupas, entre outros bens) e imaterial (acesso aos bens culturais e de saúde).

Os países precisam de duas condições básicas para alcançar o desenvolvimento: promover o aumento e a distribuição de suas riquezas e aperfeiçoar constantemente suas instituições políticas e sociais, de modo que a sua população seja beneficiada por esse desenvolvimento e lhe seja garantido o pleno exercício de seus direitos humanos.

Para medir o nível de desenvolvimento de um país, a ONU, por meio do Programa das Nações Unidas para o Desenvolvimento (Pnud), analisa três dimensões da vida: educação, renda e saúde, levando em conta um conjunto de indicadores que retratam a situação econômica e social dos países. Combinados, esses indicadores geram o **Índice de Desenvolvimento Humano (IDH)**. Veja a seguir os indicadores utilizados para a obtenção desse índice.

Direitos humanos: conjunto de direitos que devem ser assegurados a todo ser humano e encontram-se registrados na Declaração Universal dos Direitos Humanos, documento elaborado em 1948 pela ONU. Esse documento está baseado em 30 princípios, entre eles: o direito à vida, o direito à liberdade e à igualdade, o direito a uma nacionalidade, o direito de praticar qualquer religião e o direito à segurança.

Renda — Renda nacional bruta *per capita*
Saúde — Expectativa de vida ao nascer
Educação — Anos de estudo

ACESSE O RECURSO DIGITAL

O valor do IDH pode variar de 0 (zero) até 1 (um). Quanto mais próximo de zero for o IDH, menos desenvolvido será o país, e quanto mais próximo de 1 for o IDH, mais desenvolvido ele será.

▶ Aprenda mais

No *site* do Programa das Nações Unidas para o Desenvolvimento – Brasil (Pnud), você encontrará informações sobre a desigualdade socioeconômica entre os países do mundo e outros temas mundiais variados.

Pnud. *Desenvolvimento Humano e IDH*. Disponível em: <http://linkte.me/f86d8>. Acesso em: 19 set. 2018.

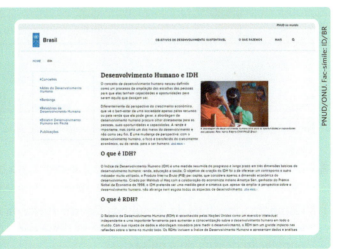

61

Índice de Desenvolvimento Humano (IDH)

Leia o texto abaixo, que trata da criação do Índice de Desenvolvimento Humano.

> Produto Interno Bruto (PIB): é um indicador econômico que expressa o valor de toda a riqueza gerada em um país, ou seja, indica o valor de todos os bens e serviços produzidos durante um determinado período, independentemente da nacionalidade das unidades produtivas desses bens e serviços. O PIB *per capita* expressa a riqueza produzida dividida pelo número de habitantes.

O objetivo da criação do Índice de Desenvolvimento Humano foi o de oferecer um contraponto a outro indicador muito utilizado, o Produto Interno Bruto (PIB) *per capita*, que considera apenas a dimensão econômica do desenvolvimento. Criado por Mahbub ul Haq com a colaboração do economista indiano Amartya Sen, ganhador do Prêmio Nobel de Economia de 1998, o IDH pretende ser uma medida geral, sintética, do desenvolvimento humano. Apesar de ampliar a perspectiva sobre o desenvolvimento humano, o IDH não abrange todos os aspectos de desenvolvimento e não é uma representação da "felicidade" das pessoas, nem indica "o melhor lugar no mundo para se viver". Democracia, participação, equidade, sustentabilidade são outros dos muitos aspectos do desenvolvimento humano que não são contemplados no IDH.

O IDH tem o grande mérito de sintetizar a compreensão do tema e ampliar e fomentar o debate.

[...]

Pnud Brasil. *O que é o IDH*. Disponível em: <http://www.br.undp.org/content/brazil/pt/home/idh0/conceitos/o-que-e-o-idh.html>. Acesso em: 19 set. 2018.

Com base no texto, podemos concluir que o IDH representa uma média e, portanto, mascara as desigualdades internas de cada país. Observe o mapa a seguir.

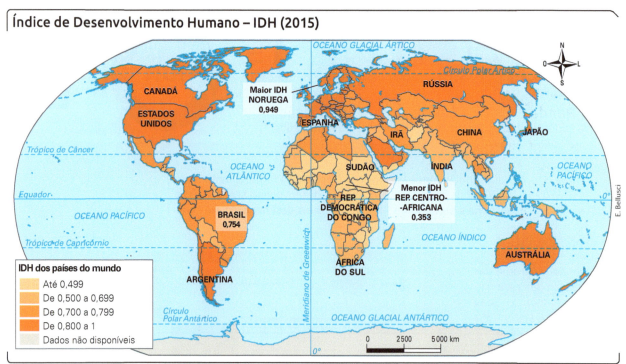

Fonte de pesquisa: Pnud. *Relatório do desenvolvimento humano 2016*. Disponível em: <http://hdr.undp.org/sites/default/files/2016_human_development_report.pdf>. Acesso em: 24 set. 2018.

1 De acordo com o mapa, identifique e escreva, no caderno, o nome de alguns países que possuem IDH mais alto, igual e mais baixo que o do Brasil.

2 Comparando o IDH da República Centro-Africana com o da Noruega, indicados no mapa acima, escreva como você poderia caracterizar a qualidade de vida da população desses dois países.

Atividades

Organizando o conhecimento

1. De acordo com o que você estudou, explique o que é o IDH e quais são os indicadores necessários para obtê-lo.

2. Quais são as principais características que diferenciam o grupo de países desenvolvidos do grupo de países subdesenvolvidos?

3. O IDH abrange todos os aspectos de desenvolvimento de um país? Explique.

4. Observe o mapa da página **62** e identifique o IDH dos Estados Unidos e do Sudão.
   a) Qual país apresenta o maior IDH? E qual apresenta o menor?
   b) Como você poderia caracterizar a qualidade de vida da população desses dois países?
   c) De acordo com o mapa, o que se pode concluir sobre o nível de desenvolvimento do continente africano em relação às demais regiões do mundo?

Conectando ideias

5. O bolo ilustrado na charge abaixo representa a distribuição da riqueza mundial. **Observe-o** atentamente e **responda** no caderno às questões propostas.

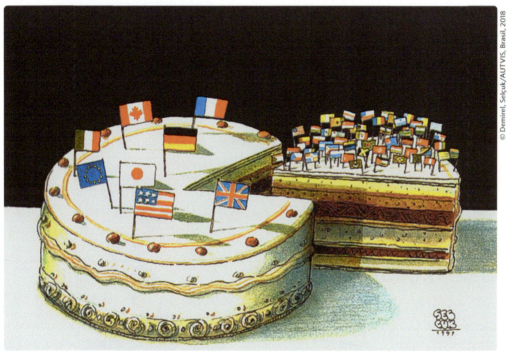

Selçuk Demirel. Disponível em: <www.selcuk-demirel.com>. Acesso em: 19 set. 2018.

a) Como a charge está retratando a distribuição da riqueza entre os países do mundo?
b) Em sua opinião, essa distribuição é igualitária? Por quê? **Converse** com os colegas sobre isso.

Geografia em representações

Infográfico

Ao longo das páginas deste livro, e também em vários outros materiais como revistas, jornais, e você pôde verificar a presença de textos, fotos, ilustrações, mapas, gráficos. Isso acontece porque podemos representar uma informação de diferentes maneiras, ou seja, utilizando diferentes recursos visuais.

Um recurso visual muito utilizado para representar informações é o **infográfico**: uma forma de apresentação de informações que geralmente integra elementos gráficos, como fotos, mapas, gráficos, dados estatísticos e textos sintéticos.

De modo geral, os infográficos buscam apresentar as informações de modo contextualizado e atrativo para o leitor. Vamos ver um exemplo.

EDUCAÇÃO NO BRASIL

O ANALFABETISMO

O analfabetismo e o analfabetismo funcional são uma realidade preocupante no Brasil. O analfabeto funcional é aquele que tem dificuldades para interpretar o que lê ou para expressar melhor suas ideias, portanto, ele lê e escreve mal. Para combater essas deficiências, é necessário desenvolver o hábito de ler livros, jornais, revistas, *blogs* e *sites* na internet.

ANALFABETISMO FUNCIONAL (2001-2012)
- 2001: 27%
- 2012: 18%

MATRÍCULAS NA EDUCAÇÃO BÁSICA (2017)
- Pública: 82%
- Particular: 18%

TAXA DE ANALFABETISMO NO BRASIL (2017)
- NORTE: 8%
- NORDESTE: 15%
- SUDESTE: 4%
- SUL: 4%
- CENTRO-OESTE: 5%

Fontes de pesquisa: MEC. Disponível em: <http://portal.mec.gov.br/index.php?option=com_docman&view=download&alias=15774-ept-relatorio-06062014&Itemid=30192>. IBGE. Disponível em: <ftp://ftp.ibge.gov.br/Trabalho_e_Rendimento/Pesquisa_Nacional_por_Amostra_de_Domicilios_continua/Anual/Educacao_2017/PNAD_Continua_2017_Educacao.xls>. Todos Pela Educação. Disponível em: <https://www.todospelaeducacao.org.br/pag/cenarios-da-educacao>. Acessos em: 28 set. 2018.

Educação e desenvolvimento

Quando o assunto é desenvolvimento de um país, um fator fundamental a ser considerado é a educação. Um país que investe na educação tem maiores chances de possuir uma população com melhor qualificação para o mercado de trabalho e ainda desenvolver áreas como ciência e pesquisa tecnológica.

No Brasil houve uma melhoria na educação, conforme podemos perceber ao observar o infográfico abaixo. Apesar disso, nosso país ainda apresenta graves problemas relacionados a essa área. O infográfico a seguir mostra alguns desses problemas.

No ano de 2017, **41,5%** dos jovens não concluíram o ensino médio até os 19 anos

Quase metade dos jovens do país não chegam nesse patamar.

No mesmo ano, **24%** das crianças e jovens não concluíram o ensino fundamental até os 16 anos

Quase um quarto das crianças e quase metade dos jovens do país não chegam nesse patamar.

Em **2017, 96,4%** das crianças e jovens estavam na escola

Esse número era de 48% em 1970. Realmente demos um salto no atendimento escolar dos 4 aos 17 anos, mas ainda temos 2,5 milhões fora da escola.

Somma Studio

1. Qual o principal tema abordado no infográfico?
2. Quais recursos gráficos o infográfico utilizou?
3. Pesquise em livros, revistas e na internet outro infográfico. Depois, mostre-o aos colegas e explique qual o tema abordado e os recursos utilizados.

CAPÍTULO 6

Economia e desenvolvimento

No passado, algumas teorias sugeriam que o desenvolvimento dos países estava relacionado somente ao crescimento de sua economia. Essa é uma ideia equivocada, pois o crescimento econômico de um país não é capaz de promover, por si só, o seu desenvolvimento. Veja o caso do Brasil mostrado na tabela abaixo.

Países	PIB (em bilhões US$) 2016	Renda *per capita* (em US$) 2016	IDH 2015	Posição no IDH (no mundo) 2015
Romênia	188	9 523	0,802	51º
Bulgária	53	7 469	0,794	57º
Malásia	297	9 508	0,789	59º
Costa Rica	57	11 825	0,776	66º
México	1 047	8 209	0,762	77º
Brasil	1 796	8 650	0,754	79º

Fontes de pesquisa: Pnud. *Relatório do Desenvolvimento Humano 2016*. Disponível em: <http://hdr.undp.org/sites/default/files/2016_human_development_report.pdf>. The World Bank. *DataBank*. Disponível em: <http://databank.worldbank.org>. Acessos em: 25 set. 2018.

Analisando os dados da tabela, é possível observar que, apesar de o Brasil ser uma das maiores economias do planeta, com um PIB de aproximadamente 1,8 trilhão de dólares, ele ocupa apenas a 79ª posição no IDH do mundo, ficando atrás de países como Malásia e Costa Rica, que possuem um PIB inferior ao do nosso país. Podemos concluir, então, que o crescimento econômico nem sempre proporciona o desenvolvimento.

Em países como o Brasil, o que ocorre é a ausência ou mesmo a deficiência de programas públicos que invistam parte da riqueza gerada no país em melhorias nas condições de vida de seus habitantes, como na construção de escolas, moradias, hospitais e obras de infraestrutura e saneamento básico.

No entanto, é um equívoco pensar que o crescimento econômico não seja importante para o desenvolvimento. Na verdade, quando o crescimento econômico deixa de existir por um longo período, torna-se muito difícil o avanço do desenvolvimento, já que a renda, cada vez mais escassa, deixa de financiar as políticas públicas.

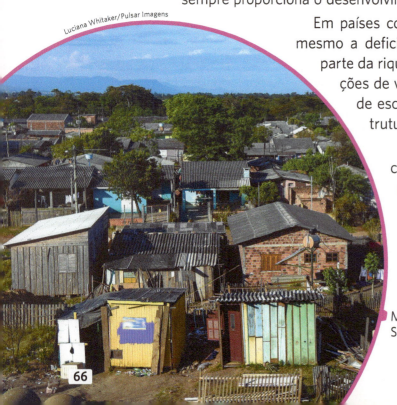

Moradias precárias construídas na cidade de São Leopoldo, Rio Grande do Sul, em 2016.

As raízes históricas do subdesenvolvimento

Para podermos entender as diferenças nas condições de desenvolvimento dos países do mundo, precisamos buscar suas origens históricas.

Entre os séculos XVI e XX, as nações europeias exerceram forte dominação sobre algumas áreas dos continentes americano, africano e asiático, com a exploração de suas riquezas. Durante esse período, os territórios chamados coloniais permaneceram submetidos ao controle e aos interesses das metrópoles colonizadoras europeias. Veja as imagens a seguir, que retratam algumas dessas condições.

> **Metrópole colonizadora:** nação que entre os séculos XVI e XX estabelecia colônias em outros locais do mundo, com o intuito de ampliar seus domínios territoriais e explorar riquezas.

Representação de Johann Moritz Rugendas, no século XIX, do trabalho de escravizados africanos em minas de ouro na região de Ouro Preto, Minas Gerais.

Africanos escravizados trabalhando em lavoura de café em Camarões, África, em meados do século XX.

67

Domínio colonial entre os séculos XVI e XX

Por meio das imagens da página anterior, podemos verificar alguns exemplos da exploração das riquezas feita pelas nações europeias em suas colônias conquistadas na América e na África.

Agora, observe a extensão dos domínios coloniais mantidos pelas metrópoles europeias na América, na África e na Ásia entre os séculos XVI e XX, no planisfério a seguir.

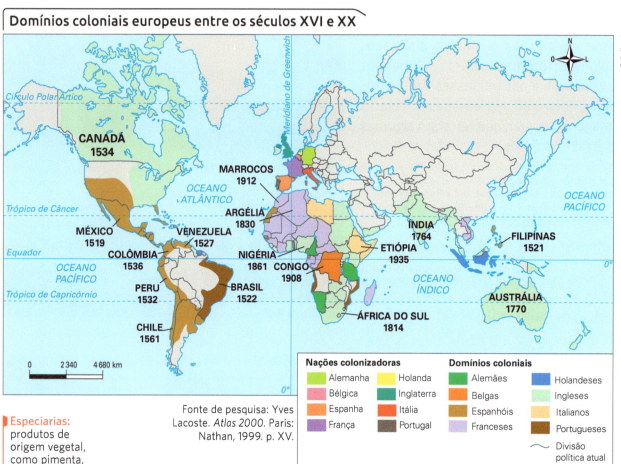

Fonte de pesquisa: Yves Lacoste. *Atlas 2000*. Paris: Nathan, 1999. p. XV.

Especiarias: produtos de origem vegetal, como pimenta, cravo-da-índia, gengibre, noz-moscada e canela, usados para dar sabor e aroma aos pratos culinários. Eram comercializadas entre o Oriente e o Ocidente e bastante disputadas pelos colonizadores, por causa da sua importância no preparo e na conservação de alimentos e também pelo seu uso medicinal.

Para garantir o controle sobre suas colônias e visando à exploração das riquezas nessas terras, como ouro, prata, madeira, especiarias e produtos agrícolas, os colonizadores europeus exerceram um intenso domínio sobre os povos e as terras conquistadas, escravizando e dizimando populações nativas. É o que ocorreu, por exemplo, com os povos indígenas que habitavam as terras que atualmente pertencem ao Brasil.

Os períodos da exploração colonial

A exploração colonial ocorreu em épocas diferentes em cada região do planeta. Na América, essa exploração teve início no século XVI com os portugueses e espanhóis. Na África e na Ásia, a colonização ocorreu mais tarde, nos séculos XIX e XX, pelos portugueses, espanhóis, ingleses, franceses, alemães, belgas, italianos, entre outros, e por isso é chamada de **neocolonialismo**.

Para que serviu a exploração colonial?

A exploração colonial serviu para o enriquecimento das nações europeias; no entanto, para as colônias representou a perda de suas riquezas. Com isso, nesses períodos estabeleceu-se uma relação desigual de trocas comerciais entre metrópoles e colônias. As metrópoles forneciam produtos manufaturados às suas colônias (tecidos, ferramentas e louças), enquanto as colônias forneciam riquezas minerais (ouro e prata), matérias-primas agrícolas (açúcar e especiarias), madeira, entre outros produtos primários que as metrópoles comercializavam na Europa obtendo grandes lucros. Observe a imagem a seguir.

No Brasil, a exploração colonial teve início no século XVI com a extração do pau-brasil. A xilogravura de frei André Thévet ilustra o corte e o embarque da madeira. Essa ilustração faz parte da obra *La Cosmographie Universelle d'André Thévet*, publicada em 1575, em Paris. Extração de pau-brasil, 1575. Biblioteca Nacional da França, Paris.

A organização da produção nas colônias estava baseada nos interesses externos (das metrópoles), o que não possibilitou o desenvolvimento de uma economia interna articulada. A compreensão desse processo histórico pode contribuir para entendermos por que a maioria dos países subdesenvolvidos de hoje foi, no passado, colônia de exploração das metrópoles europeias.

Embora, com o passar do tempo, o comércio mundial tenha se modificado e adquirido novas características, grande parte dos países subdesenvolvidos ainda continua dependente dos aspectos econômico e tecnológico.

Desse modo, podemos concluir que o estágio de desenvolvimento dos países pode ter suas raízes no processo histórico de dominação e exploração que algumas nações promoveram sobre outros povos e seus territórios.

> Com base no que foi apresentado neste capítulo, contextualize o Brasil em relação à exploração colonial europeia. Converse sobre isso com os colegas.

Governo e desenvolvimento

O subdesenvolvimento também decorre de fatores internos relacionados às elites dominantes de cada país. Essas elites formaram-se com o próprio processo de colonização e, em troca de privilégios, como a posse de terras e o controle de minas, elas defendiam os interesses das metrópoles, garantindo a exploração sobre os domínios coloniais.

Quando as colônias se tornaram independentes, essas classes dominantes, também conhecidas como oligarquias, ocuparam o poder político, fazendo prevalecer seus interesses e privilégios para enriquecer cada vez mais.

Em muitos países, essas elites se mantiveram no poder com a instalação de governos extremamente autoritários e antidemocráticos, instituídos por golpes militares ou conflitos armados. Isso explica, historicamente, o fato de grande parte dos países subdesenvolvidos terem convivido ou ainda conviverem com regimes e estruturas democráticas frágeis e pouco consolidadas, com longas e violentas guerras civis, que agravam ainda mais as condições de vida da população.

Além disso, em muitos desses países, elites e governos corruptos tomam em benefício próprio boa parte das verbas que deveriam ser investidas, por exemplo, na ampliação dos serviços de saúde e educação, para melhorar a qualidade de vida da população em geral.

Desse modo, para acabar com a situação de subdesenvolvimento em que se encontram, esses países precisam transformar suas estruturas políticas, promovendo o fortalecimento da democracia com governos que invistam prioritariamente no bem-estar e na equidade social de suas populações.

> **Oligarquia:** regime político controlado por um pequeno grupo de pessoas, geralmente pertencentes a um mesmo partido político.
>
> **Golpe militar:** estratégia política autoritária, apoiada pelas Forças Armadas, que transgride a Constituição adotada no país com o objetivo de tomar o poder.

> Converse com seus colegas sobre o que poderia ser feito por esses países para transformar suas estruturas políticas e promover o fortalecimento da democracia.

Parte da população que vive no Quênia sofre com os constantes conflitos armados envolvendo diferentes grupos políticos. Na foto, é possível observar um acampamento de quenianos refugiados, em 2018.

As mudanças nas regionalizações do mundo

Desde as últimas décadas do século passado, o mundo vem passando por importantes transformações políticas e econômicas: a reunificação da Alemanha Ocidental com a Alemanha Oriental, que ficaram separadas desde o final da Segunda Guerra Mundial; o fim da União Soviética, potência econômica que dividiu, com os Estados Unidos, a hegemonia do mundo durante o período conhecido como Guerra Fria; o fortalecimento econômico do Japão; o crescimento da China como potência econômica, entre tantas outras transformações.

Todas essas mudanças alteraram significativamente o panorama geopolítico internacional, a ponto de podermos dizer que o mundo de hoje está muito diferente do que era há algumas décadas.

▶ Aprenda mais

O filme *Apollo 13* narra a viagem espacial de três astronautas americanos com destino à Lua, em abril de 1970. Após um problema na nave, os tripulantes, sem ter pisado na Lua, se veem numa difícil missão de retornar ao nosso planeta. Baseado em fatos reais, nesse filme você poderá conhecer a corrida espacial dos EUA pelo domínio do espaço e reconhecimento mundial.

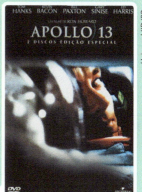

Apollo 13. Direção de Ronald William Howard. Estados Unidos, 1995 (140 min).

Guerra Fria: guerra ideológica entre os Estados Unidos e a ex-União Soviética, que ocorreu após o fim da Segunda Guerra Mundial, em 1945, e se estendeu até o final da década de 1980. Esse período foi marcado por uma grande tensão que ameaçava a paz mundial, pois essas duas superpotências passaram a investir no desenvolvimento de um poderoso arsenal bélico, principalmente de armas nucleares, e buscaram expandir suas respectivas áreas de influência pelo mundo.

A divisão da Alemanha

Após a Segunda Guerra Mundial, a Alemanha foi dividida entre os vencedores do conflito: Estados Unidos, Reino Unido, França e União Soviética. Formou-se então a República Federal da Alemanha, também chamada de Alemanha Ocidental, sob o domínio dos estadunidenses, britânicos e franceses; e a República Democrática Alemã, também chamada de Alemanha Oriental, sob o domínio dos soviéticos. A capital Berlim também foi dividida em zonas de ocupação. A reunificação da Alemanha ocorreu apenas em 1990, e o principal símbolo desse acontecimento foi a queda do Muro de Berlim, que dividia a capital.

Destruição do Muro de Berlim, vista da Berlim Ocidental, em 9 de novembro de 1989.

Primeiro, Segundo e Terceiro Mundo

O mundo mudou e algumas regionalizações que eram utilizadas para organizar o espaço geográfico mundial também ficaram desatualizadas. Como exemplo, podemos citar o caso da regionalização utilizada até o final da década de 1980, que dividia o mundo em três grandes grupos ou conjuntos de países:

Primeiro Mundo
Formado pelos países capitalistas desenvolvidos economicamente.

Segundo Mundo
Formado pelos países socialistas ou de economia planificada.

Terceiro Mundo
Formado pelos países capitalistas subdesenvolvidos.

Observe atentamente no planisfério abaixo como os países estavam regionalizados de acordo com esses critérios.

Fonte de pesquisa: Demétrio Magnoli. *O novo mapa do mundo*. São Paulo: Moderna, 1993. p. 48.

A expressão "Terceiro Mundo"

Essa expressão ganhou notoriedade a partir da década de 1950, com a publicação de um artigo escrito pelo economista francês Alfred Sauvy sobre as enormes disparidades econômicas e sociais entre os países do mundo. Segundo ele, o Terceiro Mundo compreendia todos os países menos desenvolvidos do ponto de vista econômico e social.

Em razão do uso dessa expressão, os países passaram, então, a ser regionalizados em Primeiro, Segundo e Terceiro Mundo. Essa regionalização foi utilizada até o final da década de 1980, quando muitos países abandonaram o socialismo como sistema social, político e econômico, o que, na prática, fez desaparecer o chamado Segundo Mundo. Atualmente, essa regionalização deixou de expressar a realidade econômica e política dos países.

Para entender melhor a regionalização baseada em Primeiro, Segundo e Terceiro Mundo, conheça, de maneira resumida, as principais características que diferenciam o capitalismo do socialismo, apresentadas a seguir.

> **Meio de produção:** processo empregado na produção de determinada mercadoria, como máquinas, ferramentas, instalações, energia e também a mão de obra do trabalhador.

Economia

Capitalista
Economia de mercado e busca do lucro
A economia é movida pela competitividade entre empresas, principalmente privadas, que buscam a obtenção do lucro por meio da venda de produtos e serviços.

Socialista
Economia planificada
A economia é controlada pelo Estado, que é encarregado de definir o que será produzido, onde e a que preço. O Estado também define o valor dos salários pagos aos trabalhadores.

Sociedade

Capitalista
Sociedade dividida em classes sociais
De um lado estão os proprietários dos meios de produção, que se apropriam da riqueza gerada por esses meios; de outro, os trabalhadores, que vendem sua força de trabalho em troca de salários.

Socialista
Sociedade sem divisão em classes sociais
Como os meios de produção ficam sob o controle do Estado, a única classe social que deve existir é a dos trabalhadores. Na prática, porém, o socialismo soviético caracterizou-se pela existência de uma elite, formada pelos altos funcionários do governo.

Desigualdade

Capitalista
Desigualdades sociais muito acentuadas
Grandes diferenças entre poucos ricos e muitos pobres. Essas desigualdades tendem a se ampliar à medida que os proprietários se apropriam dos lucros obtidos com os meios de produção.

Socialista
Desigualdades sociais menos acentuadas
Como todos os trabalhadores ganham um salário equivalente, em geral a população possui um padrão de vida muito semelhante. Na prática, a elite política obteve privilégios e vantagens que não estavam ao alcance da população em geral.

Consumo

Capitalista
Estímulo ao consumismo
O aumento das vendas e dos lucros depende do lançamento de produtos novos, cada vez mais avançados e sofisticados tecnologicamente, além de grandes investimentos em propagandas para induzirem ao consumo.

Socialista
Menor estímulo ao consumo
Como a produção não é orientada para a obtenção de lucro, não há estímulo ao consumo. Em geral, os produtos consumidos são pouco avançados tecnologicamente.

Geografia e História

Ascensão e queda do socialismo

O socialismo foi inicialmente implantado na Rússia, em 1917, como um sistema social, político e econômico, por meio de uma revolução que provocou a queda do antigo governo monarquista. Esse sistema deu origem, em 1922, à União das Repúblicas Socialistas Soviéticas (URSS) e se estendeu para outros países do mundo.

Países que formavam a URSS (1991)

Fonte de pesquisa: Graça Maria Lemos Ferreira. *Atlas geográfico*: espaço mundial. 4. ed. São Paulo: Moderna, 2013. p. 98.

Monarquista: sistema de governo em que o poder supremo de uma nação é exercido por uma única pessoa, geralmente um rei ou uma rainha.

O sistema de governo socialista caracterizou-se pelo controle do Estado na vida econômica, política e social do país. No campo econômico, esse controle foi exercido com a socialização dos meios de produção, ou seja, todas as empresas, incluindo indústrias, estabelecimentos comerciais, bancos e propriedades rurais, passaram a ser controlados pelo Estado, a quem cabia definir também o valor do salário pago aos trabalhadores, o preço das mercadorias, os setores que deveriam receber mais investimentos, etc.

No plano político, o controle ocorreu com a centralização do poder por uma classe dirigente autoritária, que restringia, inclusive com o uso da força, a participação popular em movimentos organizados.

Após mais de 70 anos de conquistas sociais, que melhoraram em muitos aspectos as condições de vida da população, o socialismo soviético começou a apresentar sinais de desgaste, com o agravamento de crises econômicas que se estenderam aos planos político e social.

As crises econômicas foram provocadas, entre outros fatores, pelo atraso tecnológico que comprometeu seriamente a produtividade da indústria e do campo, gerando um sério problema de desabastecimento. A recuperação da economia, no entanto, foi diretamente afetada pela escassez de investimentos, comprometidos com enormes gastos na área militar durante o período da Guerra Fria.

Além desses problemas, o enriquecimento de uma minoria da população, formada pelos altos funcionários do governo, associado à falta de liberdade política, desencadeou uma série de manifestações populares reivindicando reformas.

Essas manifestações tornaram-se mais intensas após a queda do Muro de Berlim, em 1989, que selou a reunificação entre a Alemanha Ocidental (capitalista) e a extinta Alemanha Oriental (socialista).

Diante disso, o governo soviético, que desde o início da década de 1980 vinha promovendo mudanças muito tímidas, viu-se obrigado a implantar reformas mais profundas visando à abertura política e às mudanças econômicas. Tais reformas acabaram culminando com a queda do socialismo soviético e o fim da URSS, desmembrada em 15 novos países. Esses países, com exceção da Letônia, Estônia e Lituânia, deram origem à Comunidade dos Estados Independentes (CEI).

Logo em seguida, vários outros países, sobretudo os do Leste Europeu, também abandonaram o socialismo, incorporando-se à economia capitalista. Atualmente, são poucos os países que ainda se declaram socialistas, entre eles China, Cuba, Coreia do Norte e Vietnã.

Faça uma pesquisa na internet, com mais dois colegas, sobre os países socialistas na atualidade. Durante a pesquisa procure saber informações como:

› localização dos países socialistas;
› quais são suas principais atividades econômicas;
› como se caracterizam as relações econômicas internacionais.

Depois que a pesquisa estiver finalizada, produza um texto no caderno com as principais informações coletadas e apresente aos colegas.

> **Comunidade dos Estados Independentes (CEI):** bloco formado por 12 dos 15 países da ex-União Soviética. As economias desses países apresentam uma grande disparidade, sendo a Rússia a maior economia do grupo.

O descontentamento com o regime socialista levou milhares de pessoas às ruas para reivindicar reformas políticas do governo. A foto mostra uma dessas manifestações, ocorrida em 1990, em Krymsky, antiga União Soviética.

Ampliando fronteiras

A aids no mundo

A aids é uma síndrome presente tanto em países desenvolvidos quanto em países subdesenvolvidos. No entanto, as condições de pobreza em que vive grande parte da população dos países subdesenvolvidos, associadas à precariedade dos sistemas de saúde e à falta de hospitais e de campanhas preventivas de doenças, têm contribuído para a propagação de grandes epidemias nesse grupo de países.

A seguir, vamos conhecer um pouco mais sobre a aids e analisar alguns dados sobre a sua presença no mundo.

Aids: em português, Síndrome da Imunodeficiência Adquirida. É causada pelo HIV, um vírus que ataca o sistema imunológico, diminuindo a resistência do corpo, deixando-o vulnerável às doenças.

África Subsaariana: grupo de países localizados ao sul do deserto do Saara. Na África Subsaariana vive cerca de 81% da população africana.

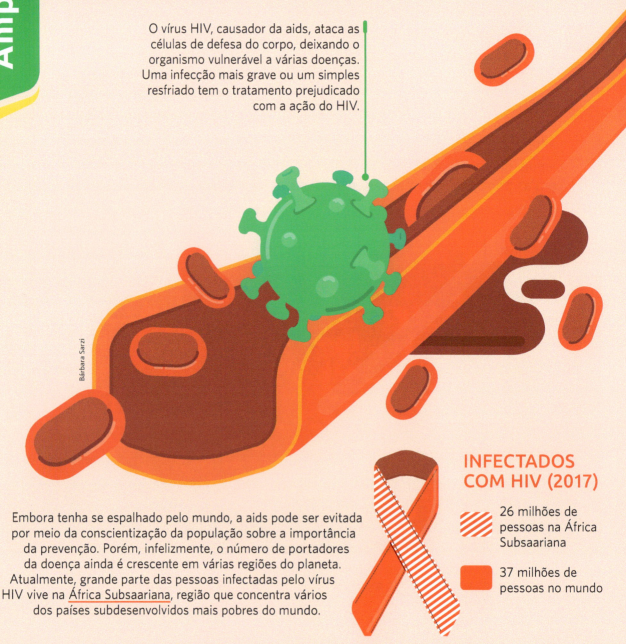

O vírus HIV, causador da aids, ataca as células de defesa do corpo, deixando o organismo vulnerável a várias doenças. Uma infecção mais grave ou um simples resfriado tem o tratamento prejudicado com a ação do HIV.

Bárbara Sarzi

Embora tenha se espalhado pelo mundo, a aids pode ser evitada por meio da conscientização da população sobre a importância da prevenção. Porém, infelizmente, o número de portadores da doença ainda é crescente em várias regiões do planeta. Atualmente, grande parte das pessoas infectadas pelo vírus HIV vive na África Subsaariana, região que concentra vários dos países subdesenvolvidos mais pobres do mundo.

INFECTADOS COM HIV (2017)

- 26 milhões de pessoas na África Subsaariana
- 37 milhões de pessoas no mundo

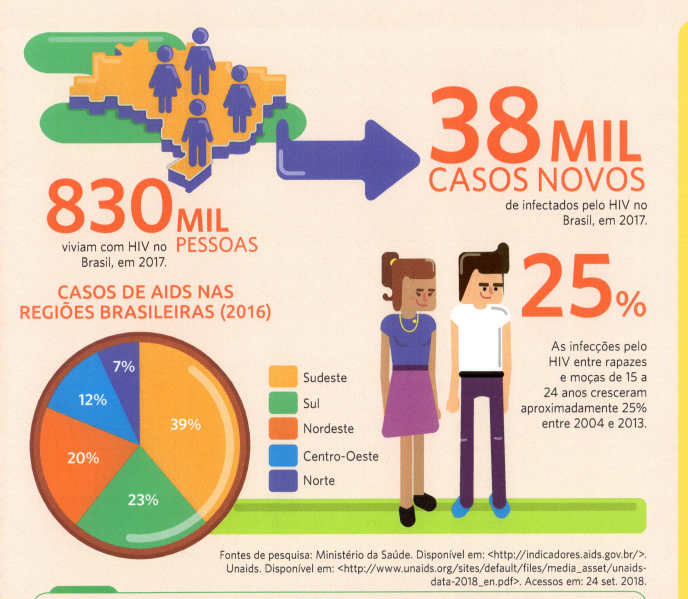

Fontes de pesquisa: Ministério da Saúde. Disponível em: <http://indicadores.aids.gov.br/>. Unaids. Disponível em: <http://www.unaids.org/sites/default/files/media_asset/unaids-data-2018_en.pdf>. Acessos em: 24 set. 2018.

1. Por que os países subdesenvolvidos são mais suscetíveis a epidemias como a de HIV?
2. Conhecer as informações sobre essa síndrome é suficiente para evitar sua transmissão? Por quê?
3. Uma das principais formas de transmissão do HIV é por meio do contato sexual. Para evitá-la, o uso de preservativos é fundamental. No entanto, apesar das campanhas de prevenção, vimos que o índice de contágio pelo HIV entre os jovens brasileiros continua crescendo. Em sua opinião, por que isso acontece?
4. A desigualdade econômica em um país resulta na má qualidade de vida de parte de sua população. Certas doenças tropicais que atingem as populações dos países mais pobres, como a malária e a dengue, por exemplo, muitas vezes são negligenciadas pela indústria farmacêutica, que não tem interesse em investir em pesquisa de possíveis tratamentos. Essas doenças, que não recebem atenção suficiente da medicina, são chamadas de "doenças negligenciadas". Organizem-se em grupos para pesquisar sobre o assunto. Cada grupo deverá abordar uma doença negligenciada, descobrindo suas características e observando em quais regiões e de que forma ela atinge as populações mais pobres. Depois, apresentem aos outros grupos as informações coletadas.

Atividades

Organizando o conhecimento

1. O subdesenvolvimento de alguns países tem origens históricas. Explique essas origens de acordo com o que você aprendeu.

2. Além das origens históricas externas, o subdesenvolvimento também está ligado a problemas internos. Explique como esses problemas interferem no desenvolvimento de um país.

3. Caracterize as trocas comerciais, em escala mundial, realizadas durante o período colonial. Qual era o papel das metrópoles e das colônias?

4. Cite as principais transformações políticas e econômicas pelas quais o mundo vem passando desde as últimas décadas do século passado.

Conectando ideias

5. **Compare** os valores do PIB e do IDH dos países apresentados na tabela abaixo.

País	PIB (em bilhões US$) 2016	IDH 2015
Índia	2 264	0,624
Egito	333	0,691
África do Sul	295	0,666
Equador	99	0,739
Costa Rica	57	0,776
Uruguai	52	0,795
Cabo Verde	2	0,648

Fontes de pesquisa: Pnud. *Relatório do Desenvolvimento Humano 2016*. Disponível em: <http://hdr.undp.org/sites/default/files/2016_human_development_report.pdf>; The World Bank. *DataBank*. Disponível em: <http://databank.worldbank.org>. Acessos em: 25 set. 2018.

De acordo com os dados da tabela e com o que você estudou, podemos dizer que o IDH de um país varia necessariamente de acordo com o tamanho de sua economia? **Justifique** a sua resposta com base na seguinte afirmação:

• O crescimento econômico nem sempre é sinônimo de desenvolvimento.

6. **Observe** a foto ao lado.
Essa foto retrata uma das características mais marcantes do capitalismo. **Identifique** qual é e **explique-a**.

Trabalhador em atividade informal em rua da cidade de Teresina, Piauí, em 2015.

7. O gráfico a seguir mostra como ocorre a inserção do Brasil nas trocas comerciais em escala mundial. **Observe-o** com atenção.

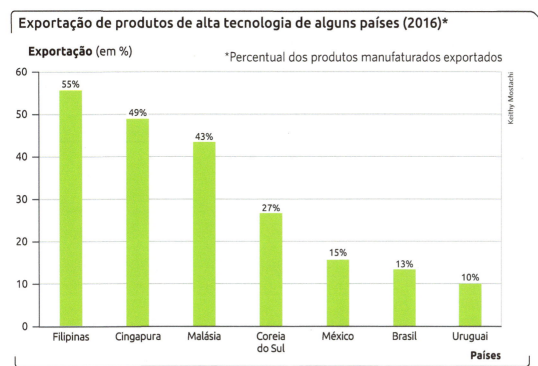

Fonte de pesquisa: The World Bank. *DataBank*. Disponível em: <http://databank.worldbank.org/data/reports.aspx?source=world-development-indicators>. Acesso em: 24 set. 2018.

a) De acordo com o gráfico, podemos dizer que o Brasil é um grande exportador de produtos de alta tecnologia? **Justifique**.

b) A situação mostrada no gráfico pode ser considerada um fato positivo ou negativo para o nosso país? **Explique**.

Verificando rota

- As desigualdades estão presentes nos diversos indicadores econômicos e sociais de cada país, que podem ser expressos por meio do Índice de Desenvolvimento Humano (IDH).
- Por meio dos indicadores de desigualdades, o mundo pode ser regionalizado em dois grandes conjuntos de países com realidades bem distintas: países desenvolvidos e países subdesenvolvidos.
- O subdesenvolvimento dos países tem origens históricas, ligadas ao processo de colonização e descolonização ocorrido no passado, mas também está ligado ao papel desempenhado pelas elites internas que dominam e controlam esses países.
- Desde as últimas décadas do século passado, o mundo vem passando por importantes transformações políticas e econômicas. Todas essas mudanças alteraram significativamente o panorama geopolítico internacional.
- O capitalismo e o socialismo apresentam características divergentes.

79

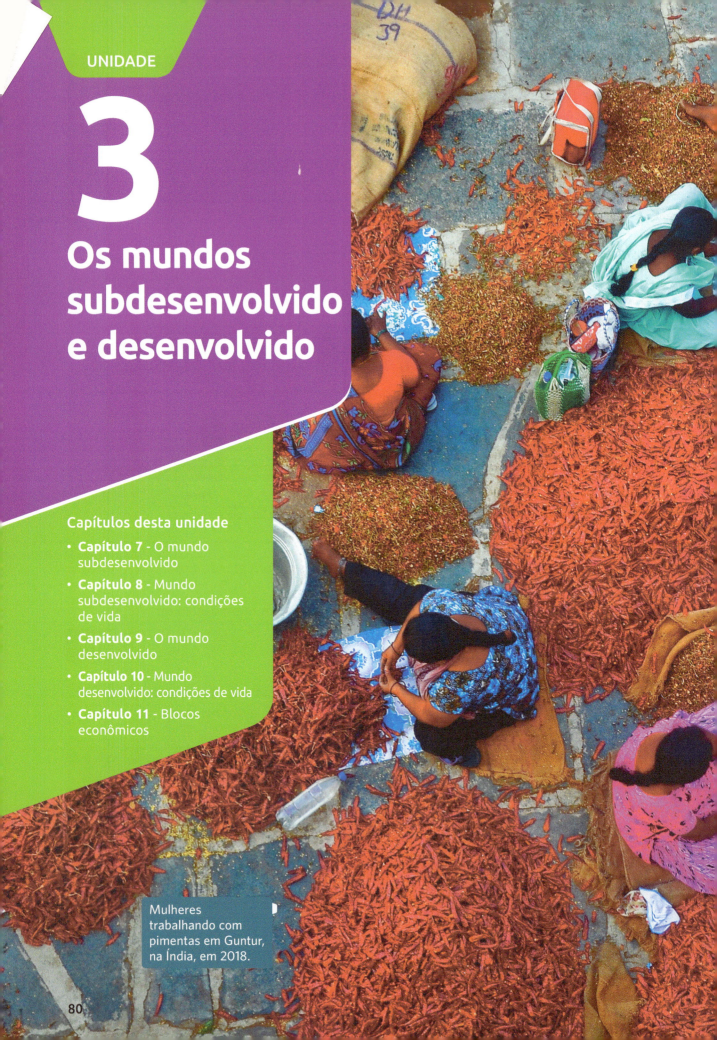

UNIDADE

3

Os mundos subdesenvolvido e desenvolvido

Capítulos desta unidade
- **Capítulo 7** - O mundo subdesenvolvido
- **Capítulo 8** - Mundo subdesenvolvido: condições de vida
- **Capítulo 9** - O mundo desenvolvido
- **Capítulo 10** - Mundo desenvolvido: condições de vida
- **Capítulo 11** - Blocos econômicos

Mulheres trabalhando com pimentas em Guntur, na Índia, em 2018.

Iniciando rota

1. Com os colegas, citem algumas características que vocês conhecem que diferencie os países desenvolvidos dos países subdesenvolvidos.

2. Muitos países subdesenvolvidos são grandes exportadores de produtos agropecuários, como é o caso da Índia, mostrada na foto de abertura. Em sua opinião, por quais motivos esses países, de modo geral, não se destacam pela exportação de produtos industrializados?

3. Você já ouviu falar em dívida externa? Conte para seus colegas o que você sabe sobre esse assunto.

CAPÍTULO 7
O mundo subdesenvolvido

O **mundo subdesenvolvido** abrange um conjunto de países onde vive a maior parte da população mundial. Nesse conjunto, podemos encontrar países com características muito distintas, principalmente quando comparamos os aspectos culturais e a realidade socioeconômica de sua população.

No mundo subdesenvolvido podemos encontrar desde países extremamente populosos, como China e Índia, com população superior a 1 bilhão de habitantes, até países bem menos populosos, como o Congo, com apenas 5,4 milhões de habitantes.

A tabela a seguir apresenta dados socioeconômicos de alguns países subdesenvolvidos. Observe-a.

Indicadores socioeconômicos de alguns países

Países	Renda *per capita* (em US$) 2016	Mortalidade infantil (por grupo de mil nascidos vivos) 2016	Expectativa de vida (em anos) 2015	Taxa de analfabetismo (em %) 2015
Chile	13 793	7	82	3
Brasil	8 650	14	75	3
China	8 123	9	76	4
África do Sul	5 275	34	58	6
Haiti	740	51	63	39
Chade	664	75	52	60
Malauí	300	39	64	60

Fontes de pesquisa: Unicef. *The state of the world's children* 2017. Disponível em: <https://www.unicef.org/publications/files/SOWC_2017_ENG_WEB.pdf>. Pnud. *Relatório do desenvolvimento humano 2016*. Disponível em: <http://hdr.undp.org/sites/default/files/2016_human_development_report.pdf>. The World Bank. *World development indicators.* Disponível em: <http://databank.worldbank.org/data/reports.aspx?source=world-development-indicators#advancedDownloadOptions>. Acessos em: 29 set. 2018.

Moradias precárias em Porto Príncipe, capital do Haiti, em 2017.

Como podemos perceber por meio dos dados da tabela, alguns países como Chile e Brasil apresentam rendimentos *per capita* bem mais elevados que Haiti, Chade e Malauí.

Observe também que no Chile, por exemplo, a taxa de analfabetismo é de apenas 3% e a expectativa de vida atinge 82 anos, enquanto no Haiti a taxa de analfabetismo é de 39% e a expectativa de vida atinge 63 anos. Na Tanzânia, a expectativa de vida é de 66 anos e a taxa de analfabetismo é de 20%.

Muitos países subdesenvolvidos ainda são essencialmente agrários ou dependentes de atividades extrativas minerais, como Guiana, República Democrática do Congo e Camboja. Nesses países, grande parte da população ainda vive no campo.

Outros países, ao contrário, são industrializados e avançados do ponto de vista tecnológico, como Brasil, Argentina e México. Com o processo de industrialização, esses países também se urbanizaram e, por isso, possuem predomínio de populações urbanas.

Agricultores utilizando arado de tração animal, em Dedaye, Mianmar, em 2017.

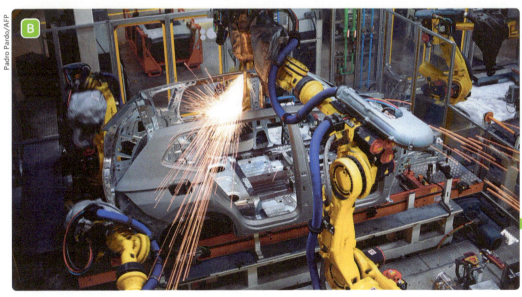

Atividade industrial em Puebla, México, em 2018.

Embora os países apresentados nas fotos **A** e **B** sejam subdesenvolvidos, eles retratam características contrastantes em relação ao desenvolvimento tecnológico. Troque ideias com seus colegas e apontem essa diferença.

Países emergentes

Nos últimos anos, alguns países subdesenvolvidos, como Brasil, Rússia, Índia, China e África do Sul, vêm apresentando elevado crescimento econômico e ganhando destaque nas relações comerciais internacionais. Esses países são denominados **emergentes** ou de **economias emergentes**.

De modo geral, tais países oferecem determinados atrativos econômicos, como parque industrial, com possibilidade de expansão, e numeroso mercado consumidor, cada vez mais atraindo investimentos externos.

Desse modo, os países emergentes vêm se tornando áreas promissoras para investimentos de grandes potências econômicas mundiais, que visam principalmente à entrada de suas multinacionais, entre elas indústrias automobilísticas e de informática.

Embora os países emergentes tenham despontado no cenário econômico mundial por suas elevadas taxas de crescimento econômico e relativa melhora nas condições de vida da população, eles ainda não superaram alguns problemas sociais, como a concentração de renda e a pobreza. Vejamos a seguir algumas características de alguns países considerados emergentes.

Brasil

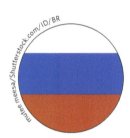

A economia brasileira passou a se destacar no cenário mundial a partir da década de 1990 devido ao fortalecimento de suas relações comerciais internacionais e também ao seu elevado PIB frente às demais economias do mundo. Em 2017 o PIB do país foi de 2 trilhões de dólares.

Embora nosso país também exporte produtos industrializados, grande parte do PIB brasileiro é composto por exportações de produtos de origem primária, ou seja, agropecuários e minerais.

Rússia

Após o fim do sistema socialista soviético, o país passou a investir na modernização de suas indústrias. A grande disponibilidade de recursos minerais em seu território ajudou tanto o desenvolvimento industrial quanto a vida econômica do país, uma vez que a exportação de minérios, principalmente petróleo, é um dos principais pilares da economia russa.

Desde o início do século XXI, a Rússia passou a figurar como um país emergente devido ao crescimento econômico apresentado. No cenário internacional, a Rússia apresenta grande importância pela sua influência político-econômica em grande parte dos países do Leste Europeu e também por causa de seu grande potencial bélico.

Índia

O país se destaca mundialmente pelo desenvolvimento de indústrias de alta tecnologia, como satélites espaciais e informática. O investimento estrangeiro no país a partir da década de 1990 intensificou o desenvolvimento do parque industrial indiano. Além da atividade industrial, o setor de prestação de serviços, a agricultura e a extração mineral também são importantes pilares da economia indiana.

84

China

Possuindo cerca de 1,4 bilhão de habitantes, o país tem cada vez mais se destacado no cenário internacional devido a seu elevado crescimento econômico.

Com uma economia diversificada, principalmente na área industrial, os chineses exportam os mais diferentes tipos de produtos industrializados e cada vez mais vêm realizando investimentos em países estrangeiros, principalmente na América Latina e na África.

No que se refere à disponibilidade de recursos naturais, a China se destaca na produção de carvão mineral, estanho, ferro, alumínio e petróleo, ou seja, recursos minerais fundamentais para o desenvolvimento da atividade industrial.

África do Sul

A África do Sul é um dos países mais desenvolvidos do continente africano e apresenta economia diversificada com destaque para a exportação de produtos minerais, como platina, diamante e minério de ferro. Além disso, o país também possui uma importante produção industrial, sobretudo na área da siderurgia, metalurgia e química.

A tendência é que os países emergentes continuem crescendo economicamente e se firmem entre as maiores economias do mundo. Observe o gráfico abaixo, ele mostra o crescimento econômico de alguns países no intervalo de dez anos.

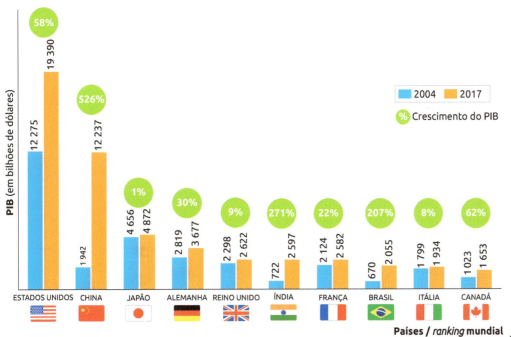

Fonte de pesquisa: The World Bank. *DataBank*. Disponível em: <http://databank.worldbank.org/data/source/world-development-indicators#>. Acesso em: 21 set. 2018.

1 De acordo com o gráfico, qual país apresentou maior crescimento econômico no intervalo de treze anos?

2 Qual é a relação entre os países chamados emergentes e o crescimento econômico retratado no gráfico acima?

A dependência econômica

Grande parte dos países subdesenvolvidos enfrenta sérias dificuldades econômicas. A falta de recursos, a escassez de investimentos, a estagnação e a recessão da economia, por exemplo, são alguns dos principais obstáculos para o desenvolvimento desses países. Mas, afinal, por que muitos dos países subdesenvolvidos não conseguem promover o crescimento de suas economias?

Como já estudamos na unidade anterior, os países subdesenvolvidos estão historicamente inseridos na divisão da produção e das trocas comerciais, em escala mundial, como exportadores de gêneros primários (matérias-primas de origem agrícola, vegetal e mineral, as chamadas *commodities*), produtos que possuem baixo valor no mercado internacional.

Por outro lado, grande parte desses mesmos países compra produtos industrializados (máquinas e equipamentos, automóveis, tratores, computadores, etc.) das nações ricas e desenvolvidas. Por serem mais avançados tecnologicamente, esses produtos possuem preços muito mais elevados do que aqueles que são exportados.

Com isso, o resultado entre os valores das exportações e os das importações acaba sendo desfavorável para os países subdesenvolvidos, pois, em geral, os valores que recebem pelos produtos que vendem são menores que os valores que pagam pelos produtos que compram. Nesse caso, ocorre um desequilíbrio na balança comercial desses países, com a acumulação de déficits crescentes e, consequentemente, crescimento do seu endividamento externo.

As imagens abaixo mostram como funciona a balança comercial de um país.

> **Recessão:** período em que diminuem as atividades econômicas de um país, causando o declínio do crescimento econômico.
>
> *Commodities:* produtos agrícolas de grande importância comercial, produzidos em larga escala e que têm seus preços definidos internacionalmente.
>
> **Balança comercial:** registro que expressa o valor das exportações e importações efetuadas por um país durante determinado período.

Superávit comercial

Quando o valor das exportações ultrapassa o das importações, o país apresenta superávit em sua balança comercial, ou seja, tem mais a receber do que a pagar.

Déficit comercial

Quando o valor das importações supera o das exportações, o país apresenta déficit em sua balança comercial, isto é, tem mais a pagar do que a receber.

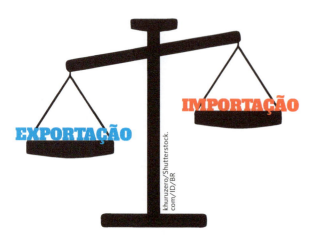
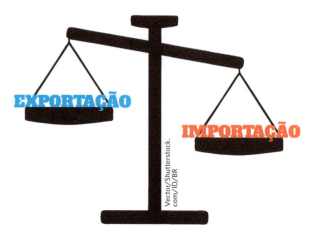

86

O endividamento externo

Com déficits na balança comercial, os países subdesenvolvidos, em geral, não conseguem obter dinheiro suficiente para investir no desenvolvimento de suas economias, como na ampliação do parque industrial, na expansão e modernização das atividades agropecuárias e na implantação de infraestrutura (construção de estradas, ferrovias, portos, usinas para geração de energia elétrica, etc.).

Diante dessa realidade, esses países acabam contraindo empréstimos para cobrir o déficit comercial e também para investir no desenvolvimento interno. Esses empréstimos são adquiridos em organismos internacionais, como o Fundo Monetário Internacional (FMI) e o Banco Mundial.

Entre as décadas de 1960 e 1970, os países subdesenvolvidos foram incentivados pelos credores estrangeiros a contrair grandes empréstimos. Porém, na década de 1980, com a alta exagerada dos juros no mercado internacional, houve um aumento excessivo no valor da dívida externa dos países devedores.

Com isso, a dívida total dos países subdesenvolvidos deu um salto extraordinário, passando de aproximadamente 70 bilhões de dólares em 1970, para 6,8 trilhões de dólares em 2016, como podemos observar no gráfico abaixo.

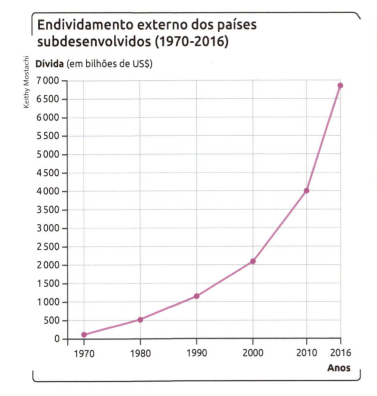

Fonte de pesquisa: The World Bank. DataBank. Disponível em: <http://databank.worldbank.org/data/reports.aspx?source=world-development-indicators#>. Acesso em: 22 set. 2018.

Juros: valor pago pelo empréstimo de certa quantia de dinheiro.

Divisa: moeda estrangeira de que um país dispõe, utilizada e aceita no mundo inteiro como meio de pagamento.

Serviço de dívida: juros e outros encargos incidentes sobre o valor total da dívida externa de um país.

> De acordo com o gráfico, em qual intervalo de tempo o valor da dívida externa aumentou mais? Justifique a sua resposta.

Esse elevado endividamento passou a comprometer seriamente o crescimento econômico dos países pobres. Com o aumento da dívida, muitos deles foram obrigados a destinar uma porção cada vez maior de suas divisas para saldar as parcelas e os serviços da dívida externa, diminuindo, assim, seus investimentos em áreas como educação, saúde e habitação. Nesses países, a redução dos investimentos nas áreas sociais compromete a qualidade de vida de grande parcela de suas populações.

87

Barreiras alfandegárias e o protecionismo

O desenvolvimento econômico dos países subdesenvolvidos também tem sido dificultado pelo protecionismo comercial que os países ricos praticam para defender seus mercados da concorrência externa. Na maioria das vezes, esse protecionismo ocorre por meio de barreiras alfandegárias, justamente em relação àqueles produtos em que os países pobres são mais competitivos, como no caso de cereais, frutas, sucos, carnes, produtos têxteis, calçados, ferro, aço, entre outros.

Entre essas barreiras estão a cobrança de altas taxas de importação e a imposição de cotas que limitam a importação de certos produtos. Além das tarifas, muitas medidas protecionistas adotadas pelos países mais ricos também são justificadas por razões de ordem sanitária, a fim de prevenir riscos de contaminação e disseminação de pragas ou doenças, vindas de outros países.

Com a redução das exportações, a produção interna dos países subdesenvolvidos também fica prejudicada, inibindo o crescimento econômico e a geração de empregos. Veja a seguir exemplos de tarifas para alguns produtos exportados pelo Brasil.

> **Barreira alfandegária:** sistema de tarifas e cotas adotado pelos governos para controlar o fluxo internacional de mercadorias importadas, com o objetivo de proteger os produtos nacionais.
>
> **União Europeia:** bloco econômico que reúne 28 países de Europa.

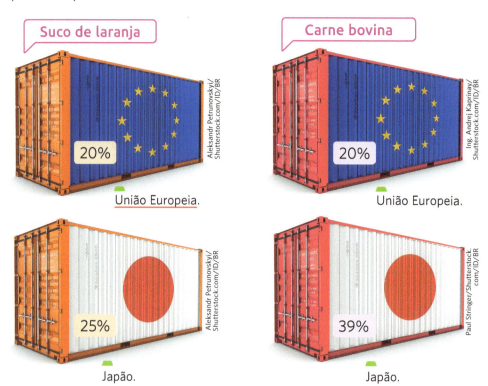

Suco de laranja — União Europeia 20%. Japão 25%.
Carne bovina — União Europeia 20%. Japão 39%.

Se a União Europeia e o Japão suspendessem as barreiras comerciais sobre o suco de laranja e a carne bovina, por exemplo, a comercialização desses produtos contribuiria substancialmente para o aumento das exportações na balança comercial do Brasil.

> De que forma a eliminação das barreiras protecionistas e o aumento das exportações beneficiariam a economia dos países subdesenvolvidos? Converse sobre isso com os colegas da sala.

Subsídio agrícola

Além das barreiras protecionistas, os países ricos também se defendem da concorrência externa com a concessão de grandes subsídios aplicados no desenvolvimento de suas atividades econômicas. Em geral, esses subsídios são concedidos pelos governos dos países ricos, que pagam, por exemplo, aos seus agricultores, eventuais diferenças entre os custos de produção e o valor dos produtos agrícolas cotado no mercado internacional. Assim, se os agricultores gastam 100 dólares para produzir uma tonelada de trigo, por exemplo, e o preço desse produto no mercado externo estiver abaixo desse valor, o governo paga a diferença ao agricultor, livrando-o de prejuízos.

Os agricultores dos Estados Unidos e da União Europeia, por exemplo, recebem subsídios agrícolas que chegam a quase 25 bilhões de dólares ao ano.

Desse modo, os subsídios garantem a lucratividade dos agricultores, protegendo-os em relação à competitividade dos países subdesenvolvidos. Portanto, a eliminação dos subsídios agrícolas nos países ricos levaria a um melhor equilíbrio nas relações comerciais internacionais, podendo contribuir diretamente para o desenvolvimento econômico dos países mais pobres.

A falta de recursos financeiros (financiamentos e subsídios) não permite o desenvolvimento das atividades agrícolas em muitos países, como em Cuba. Nesse país, muitos agricultores cultivam as terras com técnicas tradicionais, o que compromete o rendimento e a produtividade de suas lavouras. A foto mostra um agricultor em Viñales, Cuba, em 2017.

Com base no que foi apresentado nesta página, o Brasil e outros países subdesenvolvidos se beneficiariam com a eliminação do subsídio agrícola? De que maneira? Troque ideias com os colegas.

A OMC

O mapa a seguir representa os grupos de países-membros e observadores da Organização Mundial do Comércio (OMC). Observe.

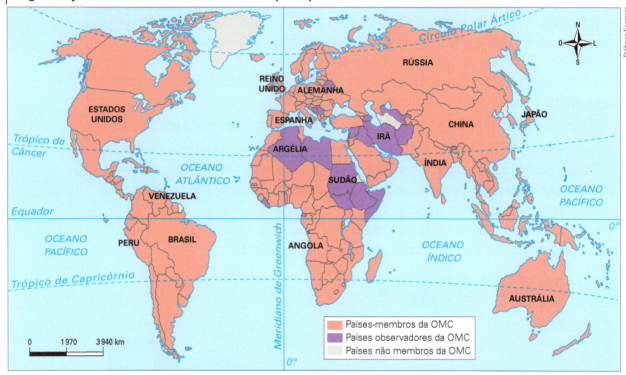

Fonte de pesquisa: WTO. *Members and observers of the WTO*. Disponível em: <www.wto.org/english/thewto_e/countries_e/org6_map_e.htm>. Acesso em: 1º ago. 2018.

Você sabe qual é o papel desempenhado pela OMC no cenário mundial? Troque ideias com os colegas.

A OMC representa uma instituição internacional, criada em 1995, com o objetivo de regular as relações comerciais entre os países que a compõem. Ela exerce a função de mediadora nas negociações na busca por soluções amigáveis às controvérsias comerciais. Essa instituição atua principalmente quando um ou mais países envolvidos em determinada transação de comércio julgam-se prejudicados.

De modo geral, os principais casos de queixas partem dos países subdesenvolvidos, pois alegam desvantagens em relação às tarifas alfandegárias e subsídios agrícolas de *commodities* que favorecem os países desenvolvidos. Para o mundo subdesenvolvido, as políticas protecionistas privilegiam os países ricos, colaborando para sua primazia diante dos países mais pobres do mundo.

WTO

A sigla WTO, em inglês, significa *World Trade Organization*, cuja tradução quer dizer Organização Mundial do Comércio, também conhecida por OMC.

A OMC substituiu o antigo Gatt – Acordo Geral de Tarifas e Comércio – criado em 1948.

A diferença tecnológica

Outra característica marcante do mundo subdesenvolvido é o baixo desenvolvimento científico e tecnológico em relação aos países mais ricos e industrializados. Observe a tabela a seguir.

	Países	PIB (em bilhões de dólares) 2016	Investimentos em educação (% do PIB) 2014	Investimentos em ciência e pesquisa (% do PIB) 2015	Técnicos e cientistas (por milhão de pessoas) 2005-2015
Desenvolvidos	Dinamarca	306	7,6	3	9 610
	Alemanha	3 477	4,9	2,9	6 333
	Austrália	1 204	5,2	1,9	5 665
	Estados Unidos	18 624	5	2,7	4 232
Subdesenvolvidos	Chade	9 601	2,9	sem dados	sem dados
	Brasil	1 796	6	1,3	1 343
	Chile	247	4,7	0,4	740
	Peru	192	3,7	0,1	sem dados

Fontes de pesquisa: Pnud. *Relatório do Desenvolvimento Humano 2016*. Disponível em: <http://hdr.undp.org/sites/default/files/2016_human_development_report.pdf>. Unesco. *Data Centre*. Disponível em: <http://data.uis.unesco.org/index.aspx?queryid=61#>. Acessos em: 26 set. 2018.

1. De acordo com as informações da tabela acima, compare os investimentos em educação, ciência e pesquisa entre os países desenvolvidos e subdesenvolvidos.
2. Compare também o número de técnicos e cientistas entre esses países.
3. Quais conclusões podem ser estabelecidas com essas comparações? Anote-as no caderno.

Os números da tabela revelam que a maior parte dos países subdesenvolvidos, ao contrário das nações mais ricas, destinam poucos investimentos às áreas de educação, ciência e pesquisa. O resultado disso, como também mostra a tabela, é observado na proporção de técnicos e cientistas desses países.

A disparidade tecnológica mostrada na tabela coloca os países desenvolvidos e subdesenvolvidos em situações opostas. De um lado, temos a maioria dos países pobres e subdesenvolvidos com reduzido ou quase nenhum domínio tecnológico. Do outro, há o grupo dos países ricos e desenvolvidos que detém o domínio das mais avançadas tecnologias.

A dependência tecnológica

Em razão das disparidades tecnológicas, como vimos anteriormente, os países subdesenvolvidos, principalmente os mais pobres, precisam recorrer às importações para ter acesso aos produtos mais sofisticados e avançados tecnologicamente, como equipamentos eletrônicos, máquinas industriais, insumos agrícolas, medicamentos e vacinas.

Essa dependência tecnológica atinge até mesmo os países subdesenvolvidos industrializados, como Brasil, México e Argentina. Mesmo tendo domínio tecnológico sobre determinadas áreas – como é o caso da indústria aeroespacial brasileira, que está entre as mais avançadas do mundo –, os países subdesenvolvidos não conseguem acompanhar a dianteira tecnológica liderada pelo mundo desenvolvido, que mantém o domínio sobre os mais variados e avançados campos do conhecimento e da produção científica.

O problema da dependência tecnológica tende a se ampliar cada vez mais, já que muitos países subdesenvolvidos, como vimos, são os que menos investem nas áreas de educação, ciência e pesquisa. Ainda hoje, existem nesses países inúmeros problemas, como falta de escolas, superlotação das salas de aula, precariedade das instalações escolares, desvalorização dos professores, entre outros.

Além da falta de investimentos, os problemas que afetam a educação em muitos países subdesenvolvidos também são agravados pelas difíceis condições socioeconômicas da população. Nesses países, um grande número de crianças e adolescentes abandona os estudos para trabalhar e ajudar no sustento da família. O resultado disso reflete diretamente no baixo nível de escolaridade da população. Como boa parte da população não consegue concluir o estudo básico, é grande o número de pessoas sem qualificação profissional para exercer atividades especializadas e mais bem remuneradas. A baixa qualificação dificulta o acesso a um mercado de trabalho cada vez mais exigente e competitivo. Com isso, crescem as filas do desemprego.

Sem a devida qualificação profissional, muitos desses trabalhadores ingressam no setor da economia informal, exercendo atividades que exigem pouca ou nenhuma capacitação.

> **Economia informal:** compreende as atividades econômicas sem registro formal em dados estatísticos e em documentos como a carteira de trabalho, como é o caso dos vendedores ambulantes, artesãos, catadores de sucata, etc. Nesses casos, devido à informalidade, não há recolhimento de impostos por parte dos trabalhadores nem acesso aos direitos trabalhistas.

Vendedores ambulantes em mercado de produtos frescos nas ruas de Yangon, Mianmar, em 2018.

Atividades

▌Organizando o conhecimento

1. Justifique a frase a seguir.

> No conjunto de países que formam o mundo subdesenvolvido, podemos encontrar países com características muito distintas.

2. Caracterize os países emergentes.

3. De acordo com o que você estudou até agora, explique, no caderno, o que significa:

a) balança comercial;

b) superávit comercial;

c) déficit comercial.

▌Conectando ideias

4. Leia a manchete a seguir e **responda** às questões propostas.

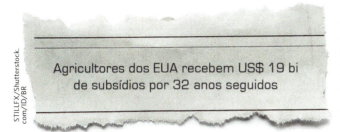

Gazeta do Povo, 7 jun. 2018. Disponível em: <https://www.gazetadopovo.com.br/agronegocio/agricultura/agricultores-dos-eua-recebem-us-19-bi-de-subsidios-por-32-anos-seguidos-7a9cols67bdqhtvtwui4xyw2h/>. Acesso em: 27 set. 2018.

a) **Explique** de que maneira os países ricos dão subsídios ao desenvolvimento de suas atividades, especialmente ao setor agrícola.

b) Além dos subsídios, os países ricos também se defendem da concorrência externa por meio de medidas protecionistas. **Explique** como isso ocorre.

c) **Cite** quais são as consequências do protecionismo comercial para os países subdesenvolvidos.

5. Observe e **interprete** as informações apresentadas na tabela abaixo. Em seguida, **responda** às questões propostas.

Usuários de internet em alguns países do mundo – 2016 (por grupo de cem habitantes)	
Noruega	97
Suécia	90
Sudão	28
Mali	11

Fonte de pesquisa: International Telecommunication Union. *Percentage of individuals using the internet*. Disponível em: <https://www.itu.int/en/ITU-D/Statistics/Documents/statistics/2018/Individuals_Internet_2000-2016%20Jan2018.xls>. Acesso em: 26 set. 2018.

- De acordo com o que você estudou neste capítulo, podemos dizer que o acesso à internet reflete as disparidades tecnológicas entre os países desenvolvidos e subdesenvolvidos? **Explique**.

Ampliando fronteiras

Migração de cérebros

Sabemos que a maioria dos países subdesenvolvidos investe pouco nas áreas de educação e pesquisa, o que resulta em um baixo desenvolvimento científico e tecnológico. Com poucos recursos, faltam laboratórios modernos e bem equipados, os pesquisadores são mal remunerados e enfrentam péssimas condições de trabalho.

Com isso, os países ricos e industrializados tornam-se atraentes para vários cientistas e pesquisadores que procuram melhores oportunidades de estudo, trabalho e remuneração, em melhores faculdades, institutos e laboratórios de pesquisa.

O deslocamento desses profissionais qualificados e especializados em direção aos países ricos tornou-se um fenômeno conhecido pela expressão "migração de cérebros" (*brain drain*, em inglês).

Observe a ilustração a seguir e verifique a atual situação desse fenômeno, no mundo.

Cerca de 258 milhões de pessoas são migrantes internacionais que vivem e trabalham em países estrangeiros. Os migrantes qualificados profissionalmente são uma minoria, mas atraem a atenção dos países desenvolvidos, pois o envelhecimento de suas populações causa preocupações referentes à reposição de diferentes tipos de profissionais.

China e Índia são considerados os dois maiores exportadores de cérebros do mundo. Nos últimos anos, passaram a desenvolver programas voltados a profissionais de ponta e empreendedores. O objetivo desses programas é atrair os cidadãos e seus descendentes de volta aos seus países de origem.

Os Estados Unidos possuem os maiores polos de pesquisa e centros de tecnologia, onde há maior concentração de pessoas com qualificação profissional do mundo. Quase metade das empresas criadas no Vale do Silício, desde 2006, foi fundada por imigrantes estrangeiros atraídos pelas importantes universidades existentes na região.

1. O que você já sabia sobre a "migração de cérebros"? Conte para os colegas e ouça o que eles têm a dizer sobre o assunto.

2. Considerando os conceitos de país desenvolvido e país subdesenvolvido e com base na análise das informações destas páginas, o que podemos concluir sobre o fenômeno da "migração de cérebros"?

3. Qual é a sua opinião sobre esse assunto? Para ajudá-lo a refletir sobre isso, considere a hipótese de que você seja um profissional e tenha recebido uma proposta para trabalhar em um país desenvolvido, com boa remuneração e condições adequadas de trabalho. Você aceitaria? Justifique a sua opção.

4. Imagine-se na seguinte situação: você foi contratado por um jornal para escrever um artigo sobre o fenômeno da "migração de cérebros". Nesse artigo, você deverá explicar para o público leitor:

   a) o que significa o fenômeno conhecido como "migração de cérebros" e quais são suas causas;

   b) as consequências sociais e econômicas provocadas pela "migração de cérebros";

   c) quais medidas os países que perdem seus pesquisadores poderiam tomar para interromper a "migração de cérebros". Ao terminar seu artigo, leia-o para os colegas de sala e verifique o que eles escreveram sobre o tema.

A formação em medicina em Cuba é equivalente à existente em países desenvolvidos. Em razão disso, para evitar a "migração de cérebros" do setor da saúde, o país estabeleceu restrições de viagens ao exterior para médicos especialistas.

A Alemanha, preocupada com a falta de profissionais especializados, passou a facilitar o visto de permanência para não europeus com diploma acadêmico e salários acima de 40 560 euros por ano, além de investir em programas para financiar cursos de alemão e estágios para jovens europeus.

O Brasil possui um dos maiores déficits de mão de obra qualificada do mundo, com apenas 16% da população acima de 25 anos com formação em nível superior.
Entre os motivos que ameaçam o desempenho brasileiro na corrida global por cérebros estão a falta de investimentos em pesquisa e ciência, a excessiva burocracia nas universidades e a dificuldade na emissão de vistos de trabalho.

Bárbara Sarzi

95

CAPÍTULO 8
Mundo subdesenvolvido: condições de vida

> **Caloria:** quantidade de energia contida nos alimentos. De acordo com as recomendações da Organização Mundial da Saúde (OMS), uma pessoa adulta precisa ingerir pelo menos 2500 calorias por dia.
>
> **Taxa de mortalidade infantil:** proporção de crianças que morrem antes de completar 1 ano de idade em cada grupo de mil crianças nascidas vivas.

Sabemos que em grande parte dos países subdesenvolvidos é elevado o número de pessoas em situação de pobreza. Nesses países, grande parcela da população não possui renda suficiente para ter acesso nem sequer a uma alimentação adequada, isto é, que possa assegurar a quantidade mínima de calorias que uma pessoa deve ingerir diariamente para manter uma boa saúde. A carência alimentar leva as pessoas a sofrerem os efeitos provocados pela fome.

Ao mesmo tempo, a precariedade dos sistemas de saúde e a inexistência desses serviços em muitos países, como a falta de médicos e de vagas em hospitais, a ausência de campanhas de vacinação em massa e de prevenção de doenças, entre outros fatores, contribuem para o elevado índice de mortalidade entre a população. Isso explica tanto as altas taxas de mortalidade infantil registradas em alguns países subdesenvolvidos quanto a baixa expectativa de vida de suas populações.

> Com os colegas, promova uma roda de conversa para que vocês exponham o que sabem sobre as condições de vida da população brasileira. Na opinião de vocês, ela enfrenta problemas semelhantes aos apresentados nesta página?

Na foto, é possível observar as precárias condições de moradias construídas com sobras de materiais em Bangcoc, Tailândia, em 2017.

Refletindo sobre a infância no mundo subdesenvolvido

Alguns problemas como fome, pobreza e doenças, como a aids, afetam principalmente os países subdesenvolvidos. Na África, milhares de pessoas são atingidas por eles, incluindo um elevado número de crianças.

As crianças vítimas desses problemas são motivo de grande preocupação, pois elas representam o futuro dos países. Vivendo sem acesso à educação e à alimentação de qualidade, por exemplo, essas crianças têm os seus desenvolvimentos intelectual e físico comprometidos, o que impacta na evolução de toda a população no futuro. Essa situação reforça a pobreza, prejudica o crescimento econômico e impede o desenvolvimento pleno das nações.

Diante dessas situações, atitudes de solidariedade surgem em diferentes regiões do mundo.

Não é só na África que existem crianças precisando de auxílio. Ações solidárias simples, que todas as pessoas podem realizar, contribuem para melhorar a qualidade de vida de crianças que vivem perto de nós e necessitam de ajuda.

Buscando promover a solidariedade diante destas adversidades, instituições, entre elas o Fundo das Nações Unidas para a Infância (Unicef), vêm desenvolvendo diversas ações voltadas à defesa da infância em todo o mundo. Essa foto, de 2015, mostra crianças em orfanato em Aleppo, Síria, que recebe ajuda humanitária para acolher órfãos dos violentos conflitos ocorridos neste país.

Muitos locais, como orfanatos, creches e ONGs que ajudam crianças com problemas de saúde e seus familiares, por exemplo, recebem doações de roupas, calçados, fraldas, livros, brinquedos, alimentos e até mesmo ingressos para cinema e teatro. Essas doações são muito importantes para a manutenção de diversas instituições, pois muitas delas dependem, justamente, da solidariedade alheia para garantir uma boa assistência às crianças atendidas.

1. Você se considera uma pessoa solidária? Por quê?

2. Você já esteve em alguma situação na qual necessitou da solidariedade de alguém? Como você se sentiu? Relate sua experiência aos colegas.

Geografia e Ciências

Saneamento básico e leptospirose

Outro fator que também colabora para o elevado índice de mortalidade em grande parte dos países subdesenvolvidos é a falta de serviços de infraestrutura e saneamento básico, sobretudo nas áreas mais densamente povoadas e urbanizadas.

Na periferia dos grandes centros urbanos de muitos países subdesenvolvidos é grande o número de pessoas que vivem em moradias precárias e sem as mínimas condições de higiene e conforto, desprovidas até mesmo de rede de água encanada e de esgoto.

Essa situação contribui para a proliferação de doenças e epidemias que se alastram rapidamente entre a população, como diarreias infecciosas e leptospirose, causando um grande número de vítimas, principalmente crianças.

A leptospirose é uma doença causada pela bactéria *Leptospira interrogans*, presente na urina de roedores contaminados, como os ratos.

O contato com água de enchentes deve ser evitado por todos, pois a contaminação pela bactéria *Leptospira interrogans* acontece por meio da pele, principalmente quando há ferimentos. Na foto, observamos uma pessoa andando em rua alagada do município de Anamã, Amazonas, em 2017.

Como acontece a transmissão

A urina de animais contaminados mistura-se com a água de rios, lagos, esgotos e enchentes. Ao entrar em contato com essas águas contaminadas, as pessoas podem ser infectadas. A leptospirose também pode ser transmitida pela ingestão de bebidas ou de alimentos contaminados.

Principais sintomas

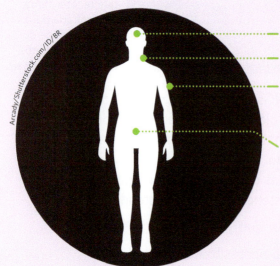

- Dor de cabeça.
- Febre.
- Pele e olhos com aparência amarelada.
- Dores no corpo, vômitos, diarreia e tosse.

Os ratos são os principais transmissores da leptospirose.

Como evitar

Utilizar água tratada, própria para o consumo humano.

Manter as caixas-d'água limpas e tampadas.

Destinar o esgoto doméstico às redes de coleta para tratamento adequado.

Utilizar botas e luvas de borracha ou então sacos plásticos duplos (nas mãos e nos pés) ao realizar a limpeza de lama, entulhos e desentupimento de esgoto.

Controlar a proliferação de roedores.

Lavar bem os alimentos que serão ingeridos crus.

Evitar o contato com água de enchentes.

Embalar adequadamente os resíduos sólidos (lixo) e armazená-los em locais apropriados.

1. Com base nas informações apresentadas e com a orientação do professor, realize, junto com os colegas da sala, uma investigação sobre ações para a prevenção da leptospirose na escola onde estudam. Procurem saber:
- se a água consumida na escola é proveniente de rede de abastecimento;
- se os resíduos sólidos (lixo) gerados na escola estão sendo embalados e armazenados adequadamente;
- se a manutenção da limpeza da caixa-d'água da escola está sendo realizada periodicamente;
- se os alimentos consumidos na escola estão armazenados de maneira adequada;
- como está sendo realizado o combate aos roedores no ambiente escolar.

2. Elaborem cartazes com as informações obtidas e fixem-nos em diferentes lugares da escola para que os demais alunos possam vê-los.

Atividades

Organizando o conhecimento

1. Elabore uma frase para cada um dos tópicos a seguir, com o objetivo de contextualizar as condições de vida de grande parte da população do mundo subdesenvolvido.

   a) Pobreza.

   b) Sistema de saúde.

   c) Taxa de mortalidade.

2. Com base no que você estudou, dê exemplos de outros efeitos da pobreza, relacionando-a aos indicadores sociais apresentados pelos países subdesenvolvidos.

3. Quais sugestões você daria para ajudar a combater o problema da pobreza em nosso país e no mundo? Ouça a opinião dos colegas e conte a sua.

Conectando ideias

4. **Leia** e **interprete** a história em quadrinhos a seguir.

Angeli. *Folha de S.Paulo*, São Paulo, 8 jun. 2000. Opinião, p. 2.

   a) **Descreva** a característica do mundo subdesenvolvido expressa na história em quadrinhos.

   b) Qual é a sua opinião sobre os motivos que levam as pessoas a terem que viver dessa maneira?

   c) Com os colegas, **identifiquem** algumas características que vocês conhecem sobre as diferenças entre os países desenvolvidos e subdesenvolvidos.

5. Observe as fotos a seguir e depois **responda** no caderno às questões abaixo.

Sala de aula no Camboja, em 2017.

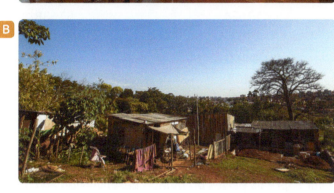

Bairro com moradias precárias no município de Londrina, Paraná, em 2016.

a) Cada uma das fotos retrata um problema que atinge as populações dos países subdesenvolvidos. Quais são esses problemas?

b) Quais são as consequências dos problemas mostrados nas imagens para as populações dos países subdesenvolvidos?

6. Estudamos que os países subdesenvolvidos apresentam entre si várias diferenças relativas a economia, desenvolvimento tecnológico, condições de vida da população, etc. Agora, vamos conhecer melhor as características de algumas nações subdesenvolvidas realizando uma pesquisa sobre elas. Para isso, **reúna-se** com dois colegas e **escolham** o país que será investigado. Cada grupo deve escolher um país diferente e seguir o roteiro abaixo.

a) **Pesquisem** em diferentes fontes de informações, como livros, jornais, revistas, almanaques, enciclopédias e *sites* na internet.

b) **Procurem** informações sobre questões ambientais, principais atividades econômicas, principais manifestações culturais e religiosas, riquezas naturais e notícias sobre acontecimentos recentes no país escolhido.

c) Com os dados em mãos, **elaborem** um painel com textos que **resumam** as informações pesquisadas. Se possível, **complementem** o painel com fotos ou desenhos.

d) **Exponham** o trabalho para os colegas da sala e **verifiquem** o resultado da pesquisa realizada pelos demais grupos.

e) Ao final das apresentações, toda a sala deve elaborar uma síntese, por meio de um texto, explicando a heterogeneidade do mundo subdesenvolvido, com base nas informações sobre os países pesquisados.

CAPÍTULO 9

O mundo desenvolvido

Assim como no caso dos países subdesenvolvidos, os países que compõem o **mundo desenvolvido** também abrangem um grande e variado conjunto de países, que muitas vezes apresentam diferenças em suas economias. Veja a tabela a seguir.

País	PIB (em bilhões de dólares) 2016	Renda *per capita* (em dólares) 2016
Estados Unidos	18 624	57 638
Dinamarca	307	53 578
Japão	4 940	38 901
Austrália	1 205	49 755
Grécia	193	17 891
Portugal	205	19 838

Fonte de pesquisa: The World Bank. *DataBank*. Disponível em: <http://databank.worldbank.org>. Acesso em: 26 set. 2018.

> O que podemos concluir sobre os países do mundo desenvolvido ao comparar os dados econômicos mostrados na tabela?

No entanto, ainda que os países desenvolvidos apresentem diferenças quanto à geração de riquezas, elas são menos expressivas se comparadas aos países subdesenvolvidos, gerando uma característica comum a todos os países desenvolvidos, que é a elevada qualidade de vida de grande parte de sua população.

O poderio econômico alcançado por grande parte dos países desenvolvidos, como Estados Unidos, Alemanha, Reino Unido e França, está ligado principalmente ao expressivo desenvolvimento de suas indústrias, que começaram a surgir ainda no início da Revolução Industrial. Iniciada nas últimas décadas do século XVIII, na Inglaterra, essa revolução prolongou-se até meados do século XIX, estendendo-se depois para outros países europeus, como França, Alemanha, Bélgica, Holanda, e também para os Estados Unidos, na América.

Atualmente, esses países abrigam os mais complexos e sofisticados parques industriais do planeta, formados pelos mais variados tipos de indústrias, como as de base (metalúrgicas, siderúrgicas, mineradoras e petroquímicas), de bens de produção (que fabricam máquinas e equipamentos para outras indústrias), de alta tecnologia (informática, microeletrônica e aeroespacial) e também diversas outras empresas.

Área industrial em Londres, Inglaterra, em 2018.

As multinacionais

Entre as diversas empresas originárias dos países desenvolvidos, destacam-se as multinacionais, que são empresas com matrizes instaladas em determinado país, mas que atuam também no mercado de outros países. Com a finalidade de conquistar novos mercados e atraídas por vantagens que lhes garantissem maior obtenção de lucros, essas empresas se expandiram e instalaram filiais em vários países subdesenvolvidos, principalmente a partir da segunda metade do século XX.

Entre as vantagens concedidas a essas multinacionais estão: menor custo da mão de obra, abundância de matérias-primas a custos reduzidos, liberdade para remeter os lucros às matrizes no país de origem, existência de mercados consumidores em expansão e de legislações trabalhistas e ambientais menos rigorosas.

Hegemonia: domínio, superioridade, supremacia (política ou econômica).

A chegada dessas empresas acelerou o processo de industrialização em vários países, como Brasil, México, Chile e Argentina, na América Latina; Egito, Nigéria e África do Sul, no continente africano; e Índia, Coreia do Sul, Cingapura, Malásia e Tailândia, na Ásia.

A expansão dessas grandes multinacionais pelo mundo ampliou a hegemonia dos países ricos sobre a economia e o comércio mundial, contribuindo para que o poderio econômico dessas multinacionais fosse superior ao PIB de muitos países do mundo, como podemos observar no mapa abaixo.

As marcas apresentadas são utilizadas para fins estritamente didáticos, portanto não representam divulgação de qualquer tipo de produto ou empresa.

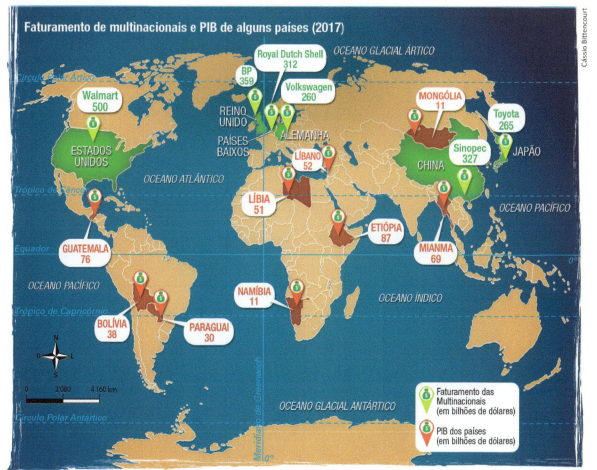

Fontes de pesquisa: Fortune. *Global 500*. Disponível em: <http://fortune.com/global500/>.The World Bank. *DataBank*. Disponível em: <http://databank.worldbank.org/data/download/GDP.pdf>. Acessos em: 1º set. 2018.

Urbanização nos países desenvolvidos

O intenso crescimento da atividade industrial ocorrido nos países desenvolvidos a partir dos séculos XVIII e XIX também foi acompanhado por um contínuo processo de urbanização, que levou tanto ao aumento gradativo do número de cidades quanto ao crescimento da população nos centros urbanos.

À medida que as fábricas surgiam, novos postos de trabalho eram abertos, aumentando a demanda por mão de obra nas cidades. Atraído pela maior oferta de trabalho, os agricultores e camponeses foram migrando do campo para as cidades.

Ao mesmo tempo, as transformações ocorridas no campo, sobretudo a crescente mecanização agrícola, que gerou o aumento da produção mercantil como fornecedora de matérias-primas agrícolas para a indústria nascente, e a diminuição das culturas de subsistência também contribuíram para a migração campo-cidade.

Assim, o processo de urbanização nos países desenvolvidos foi ocorrendo de forma mais gradual, ao longo de várias décadas. Esse ritmo de crescimento permitiu que as cidades fossem sendo mais bem dotadas de infraestrutura, como abastecimento de água, energia elétrica, saneamento básico, moradias, etc.

Na maioria dos países desenvolvidos, o êxodo rural foi diminuindo entre o final do século XIX e o início do século XX, quando a população urbana já era bem maior que a rural. Atualmente, em muitos desses países, a população urbana se aproxima de 80% do total de habitantes. Por isso, suas paisagens são marcadas pela presença de extensas áreas urbanas e industriais, como podemos observar na foto abaixo.

> **Cultura de subsistência:** produção agrícola destinada quase exclusivamente ao consumo do próprio produtor e de seus familiares.

Área urbana de Paris, França, em 2017.

As pesquisas científicas no mundo desenvolvido

O intenso crescimento econômico alcançado pelos países mais ricos e desenvolvidos (Estados Unidos, França, Japão, Alemanha, entre outros) também foi impulsionado pelos grandes investimentos em ciência, pesquisa e desenvolvimento (observe novamente a tabela apresentada na página **91**). A aplicação de tais investimentos resultou na formação de mão de obra altamente especializada e na criação dos mais avançados laboratórios e institutos de pesquisa do mundo, muitos deles instalados em centros universitários.

As descobertas científicas e os avanços tecnológicos decorrentes das pesquisas desenvolvidas nesses países foram aplicados, em grande parte, no desenvolvimento do setor produtivo, especialmente da indústria.

A integração da ciência com o setor produtivo levou os países desenvolvidos a uma verdadeira revolução tecnocientífica, caracterizada pelo domínio das atividades que empregam a mais alta tecnologia. Entre essas tecnologias podemos citar, por exemplo, a informática (fabricação de computadores, _softwares_, _microchips_ e demais componentes eletrônicos), as telecomunicações (construção e lançamento de satélites artificiais, sistemas de transmissão de rádio e televisão, redes de telefonia fixa e móvel, internet), a robótica (produção de robôs industriais) e a biotecnologia (desenvolvimento de medicamentos e outras substâncias obtidas de animais e de plantas geneticamente modificadas).

O domínio sobre os mais variados e avançados campos do conhecimento e da ciência vem aumentando a grande distância tecnológica que separa os países mais ricos e desenvolvidos das nações mais pobres. Atualmente, os países desenvolvidos respondem por quase todas as grandes inovações tecnológicas que caracterizam o mundo em que vivemos.

> _Software_: conjunto de programas que propiciam o funcionamento e a utilização do computador.
>
> _Microchip_: microprocessador formado por um circuito integrado que controla o funcionamento de um computador.

O domínio tecnológico exercido pelos países desenvolvidos contribui para que neles se concentrem indústrias de alta tecnologia. Na foto ao lado, pesquisador utiliza óculos de realidade virtual e robô humanoide para montagem de automóvel em indústria da Espanha, em 2017.

105

Atividades

Organizando o conhecimento

1. De acordo com o que você estudou até agora, explique a relação entre industrialização e urbanização nos países desenvolvidos.

2. Além do avanço da atividade industrial, quais outros fatores contribuíram para a urbanização em muitos países desenvolvidos?

3. Aponte as razões que levaram as multinacionais a se instalarem em países subdesenvolvidos.

Conectando ideias

4. O cartograma abaixo ilustra o IDH de alguns países do mundo e a população de cada um deles. **Observe-o** atentamente.

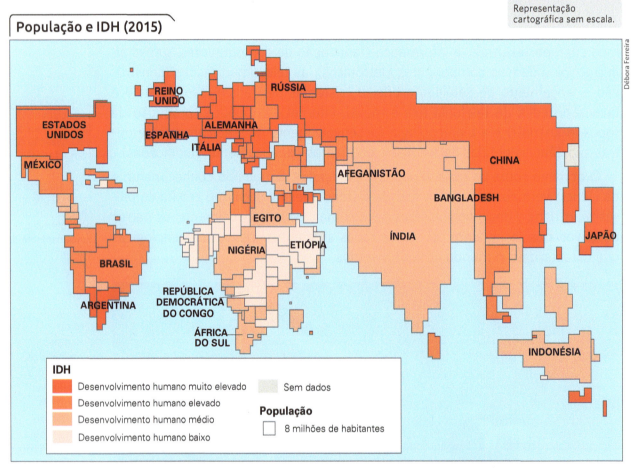

Fontes de pesquisa: Pnud. *Relatório do Desenvolvimento Humano 2016*. Disponível em: <http://hdr.undp.org/sites/default/files/2016_human_development_report.pdf>. United Nations. *World population prospects*. Disponível em: <https://esa.un.org/unpd/wpp/DVD/Files/1_Indicators%20(Standard)/EXCEL_FILES/1_Population/WPP2017_POP_F01_1_TOTAL_POPULATION_BOTH_SEXES.xlsx>. Acessos em: 3 set. 2018.

a) Entre os países nomeados no mapa, **identifique** alguns que possuem IDH muito elevado e alguns dos que possuem IDH baixo.

b) De acordo com o cartograma acima, o que podemos concluir sobre o IDH dos países e o tamanho de sua população?

5. **Leia** o texto e **observe** a fotos a seguir, que aborda aspectos dos chamados tecnopolos.

Uma das estratégias que os países mais ricos adotaram para promover o desenvolvimento científico e tecnológico, como estudamos neste capítulo, apoiou-se na concentração de empresas e laboratórios de alta tecnologia nas mais avançadas universidades e centros de pesquisa.

Nasceram, assim, os chamados **tecnopolos**, modernos centros de inovação e difusão tecnológica, baseados nas chamadas indústrias da informação e do conhecimento que empregam mão de obra altamente qualificada, como as de informática (peças, *hardwares*, sistemas, *softwares* de computadores) e de internet, microeletrônica (*chips* e circuitos miniaturizados), telecomunicações, biotecnologia, robótica, etc.

O Vale do Silício (Silicon Valley), localizado no estado da Califórnia (Estados Unidos), é o mais antigo e importante tecnopolo do mundo. Criado no início da década de 1950, a partir de um complexo de indústrias do setor eletrônico, instalado ao redor das universidades de Stanford e da Califórnia, esse tecnopolo serviu de modelo, e, entre as décadas de 1970 e 1980, difundiu-se para outros países desenvolvidos. Como exemplo, podemos citar os tecnopolos de Cambridge, no Reino Unido; de Paris e Toulouse, na França; de Munique e Frankfurt, na Alemanha; de Tsukuba e Tóquio, no Japão; entre outros.

Os tecnopolos podem ser considerados um dos símbolos da superioridade científica e tecnológica dos países mais ricos em relação ao mundo subdesenvolvido.

Vista aérea do Vale do Silício, no estado da Califórnia, Estados Unidos, em 2018. Essa região abriga o maior e o mais importante tecnopolo do mundo.

a) Os tecnopolos expressam a relação entre ciência, pesquisa e desenvolvimento nos países desenvolvidos? **Justifique** a sua resposta.

b) Por que os tecnopolos são importantes para o desenvolvimento de um país? **Escreva** um texto apresentando sua posição sobre esse assunto.

CAPÍTULO 10

Mundo desenvolvido: condições de vida

A população dos países desenvolvidos, de maneira geral, desfruta de melhores condições de vida, como boa alimentação, moradia, condições adequadas de saúde, incentivo ao lazer e acesso à educação e à cultura, se comparada à população dos países econômica e socialmente menos desenvolvidos.

Um dos principais fatores que explicam essa melhor qualidade de vida é a elevada renda *per capita* de suas populações.

Além da elevada renda *per capita*, a alta qualidade de vida nos países desenvolvidos também foi alcançada pela adoção de políticas que deram prioridade ao bem-estar social, o chamado *welfare state* (ou estado de bem-estar social), implantado de maneira mais efetiva a partir da segunda metade do século XX.

Por meio dessa política, os governos dos países desenvolvidos passaram a investir maciçamente na área social, especialmente na expansão e melhoria dos serviços de saúde, educação, seguridade e previdência social (seguro-desemprego e aposentadorias), entre outros benefícios.

Leia o texto a seguir que explica melhor sobre o estado de bem-estar social ou *welfare state*.

> Sistema econômico baseado na livre-empresa, mas com acentuada participação do Estado na promoção de benefícios sociais. Seu objetivo é proporcionar ao conjunto dos cidadãos padrões de vida mínimos, desenvolver a produção de bens e serviços sociais, controlar o ciclo econômico e ajustar o total da produção, considerando os custos e as rendas sociais. Não se trata de uma economia estatizada; enquanto as empresas particulares ficam responsáveis pelo incremento e realização da produção, cabe ao Estado a aplicação de uma progressiva política fiscal, de modo a possibilitar a execução de programas de moradia, saúde, educação, Previdência social, seguro-desemprego e, acima de tudo, garantir uma política de pleno emprego.
>
> [...]
>
> Paulo Sandroni. *Novo Dicionário de Economia*. São Paulo: Best Seller, 1994. p. 127.

O elevado nível de vida nos países desenvolvidos também pode ser verificado nessas luxuosas moradias em Sydney, Austrália, em 2018.

As melhorias nas condições de vida das populações, além de contribuírem para a redução da taxa de mortalidade, também promoveram um aumento significativo na expectativa de vida da população dos países desenvolvidos.

A ampliação dos serviços de saneamento básico (água tratada e rede de esgoto), a maior disponibilidade de médicos, leitos hospitalares, laboratórios e clínicas, além dos bons planos de apoio e amparo à velhice (boas aposentadorias, por exemplo), têm permitido que a população desses países viva mais e em melhores condições. Assim, enquanto nos países desenvolvidos a expectativa de vida pode chegar aos 80 anos ou mais, em alguns países subdesenvolvidos a expectativa de vida da população não chega aos 50 anos.

As tabelas abaixo trazem informações sobre a expectativa de vida e a taxa de mortalidade infantil em alguns países desenvolvidos e subdesenvolvidos. Compare-as.

Idoso realizando exercícios em uma praça de Benidorm, Espanha, em 2018.

Expectativa de vida (em anos) 2015

Países desenvolvidos		Países subdesenvolvidos	
Japão	84	Tailândia	75
Nova Zelândia	82	Brasil	74
Canadá	82	Timor Leste	69
Holanda	82	Haiti	63
Alemanha	81	Serra Leoa	51

Mortalidade infantil (por grupo de mil crianças nascidas vivas) 2016

Países desenvolvidos		Países subdesenvolvidos	
Estados Unidos	6	Mali	68
França	3	Angola	55
Austrália	3	Índia	35
Itália	3	Bolívia	30
Suécia	2	Brasil	14

Fontes de pesquisa: Pnud. *Relatório do Desenvolvimento Humano 2016*. Disponível em: <http://hdr.undp.org/sites/default/files/2016_human_development_report.pdf>. Unicef. *The state of the world's children 2017*. Disponível em: <https://www.unicef.org/publications/files/SOWC_2017_ENG_WEB.pdf>. Acesso em: 26 set. 2018.

> Identifique a posição do Brasil nas tabelas. Comparando os dados brasileiros com os dos países desenvolvidos e os dos subdesenvolvidos, como você avalia a situação da população brasileira em relação à expectativa de vida e à mortalidade infantil? Troque ideia com os colegas.

Questões sociais no mundo desenvolvido

Apesar do elevado padrão de vida da maior parte de sua população, os países desenvolvidos também enfrentam problemas sociais, como pobreza, fome, desemprego, violência e criminalidade.

De acordo com o Banco Mundial, em 2013, somente na Alemanha, Itália, Espanha, Reino Unido e Estados Unidos, mais de 5 milhões de pessoas viviam com menos de 1,90 dólar por dia.

Essa parcela mais pobre da população, desprovida de recursos financeiros, sem condições de comprar um imóvel ou de pagar o alto preço dos aluguéis, acaba residindo nos locais mais deteriorados das grandes cidades e até mesmo nas ruas, e estão, por isso, mais suscetíveis à criminalidade e à violência, entre outros problemas.

O aumento da pobreza no mundo desenvolvido está relacionado à combinação de diferentes fatores:

- a diminuição de concessão de benefícios sociais (auxílio-moradia, seguro-desemprego, seguro-saúde, entre outros) por parte do governo de alguns países, na tentativa de conter o crescente aumento dos déficits orçamentários;
- uma tendência mundial que combina o aumento da concentração de renda e das desigualdades sociais com o crescimento do desemprego.

O desenvolvimento tecnológico alcançado pelos países desenvolvidos tem levado muitas empresas a adotar técnicas cada vez mais avançadas no processo produtivo, promovendo a automatização e a robotização dos serviços e das linhas de produção, o que, consequentemente, vem diminuindo a utilização de mão de obra. Segundo o Banco Mundial, em 2017 o desemprego na União Europeia atingiu aproximadamente 7,6% da mão de obra, o que totalizou cerca de 38 milhões de desempregados.

Na foto ao lado podemos observar moradias precárias na Bulgaria, em 2016.

O envelhecimento da população

Os países desenvolvidos vêm enfrentando problemas ligados ao aumento crescente da população idosa (mais de 60 anos). A população desses países está vivenciando um processo de envelhecimento graças ao aumento da expectativa de vida.

Por outro lado, eles também têm registrado a diminuição de suas taxas de natalidade. Esse declínio da natalidade tem levado a população de muitos países a um crescimento natural negativo, o que proporciona uma diminuição de suas populações. Com isso, o número de jovens torna-se cada vez menor, o que, em muitos casos, chega a provocar até mesmo escassez de mão de obra, por causa do reduzido número de pessoas que ingressam no mercado de trabalho.

Esse envelhecimento da população vem sendo motivo de grande preocupação em muitos países, pois o aumento de idosos no conjunto da população significa maiores gastos com aposentadorias e pensões, fato que coloca em risco o equilíbrio das contas dos sistemas previdenciários. Observe o planisfério abaixo, que mostra a porcentagem da população jovem, com menos de 15 anos, no mundo.

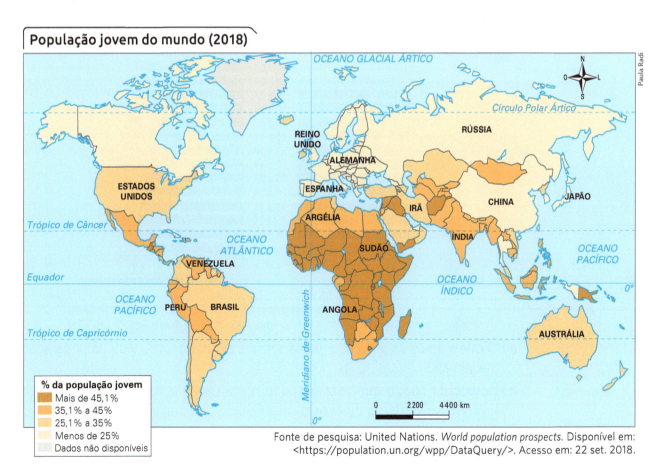

Fonte de pesquisa: United Nations. *World population prospects*. Disponível em: <https://population.un.org/wpp/DataQuery/>. Acesso em: 22 set. 2018.

> Com base no planisfério, compare a proporção de jovens no total da população entre os países desenvolvidos e subdesenvolvidos. Anote as conclusões no caderno.

111

Atividades

Organizando o conhecimento

1. Caracterize a política do bem-estar social (*welfare state*).

2. Quais fatores têm contribuído para agravar a pobreza em muitos países desenvolvidos? Explique com base no que você estudou neste capítulo.

3. O aumento da pobreza no mundo desenvolvido pode ameaçar a qualidade de vida alcançada pela política do bem-estar social (*welfare state*)? Justifique.

4. Explique por que o envelhecimento da população nos países desenvolvidos tem gerado preocupações para seus governos.

Conectando ideias

5. As pirâmides etárias ou pirâmides de idade mostram como a população está distribuída de acordo com o sexo e a idade dos habitantes. **Observe**, a seguir, a pirâmide etária de um país desenvolvido. Depois, **responda** às questões propostas.

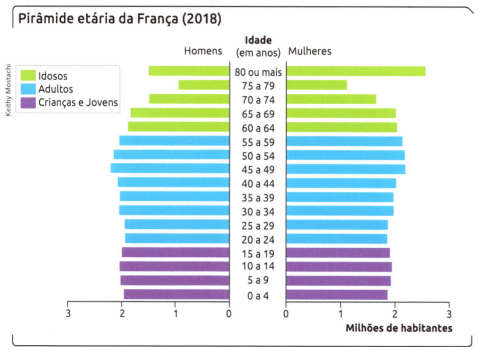

Fonte de pesquisa: United Nations. *World population prospects*. Disponível em: <https://population.un.org/wpp/DataQuery/>. Acesso em: 26 set. 2018.

a) O que o ápice da pirâmide revela sobre a expectativa de vida da população desse país?

b) De acordo com o que você estudou neste capítulo, **aponte** as razões que levaram ao aumento da expectativa de vida nos países desenvolvidos.

c) Observando a base da pirâmide, podemos verificar uma reduzida proporção de crianças e jovens no conjunto da população. De acordo com o que você estudou até agora, **explique** por que a baixa taxa de natalidade tem sido um problema para os países desenvolvidos. **Relacione** sua resposta ao problema do envelhecimento da população.

112

6. A cólera é uma doença causada pela bactéria *Vibrio cholerae*, que, ao infectar o intestino de uma pessoa, provoca diarreia e vômitos, que podem levar à morte por desidratação intensa. As principais formas de contágio estão relacionadas à ingestão de alimentos ou água contaminados com as fezes ou o vômito de pessoas infectadas. **Observe** a seguir o planisfério que mostra os casos de cólera no mundo.

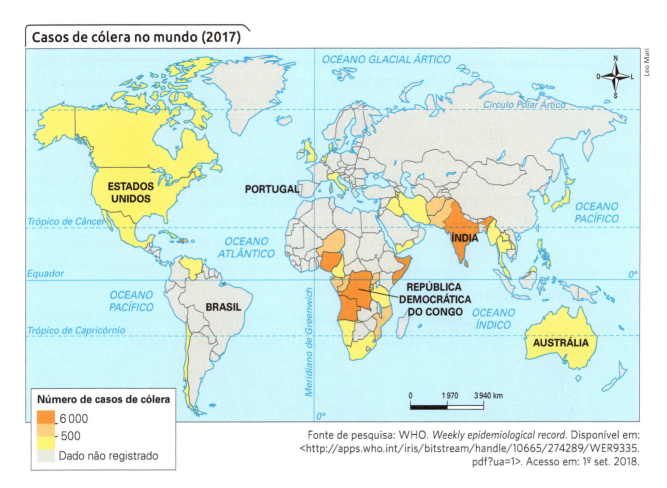

a) De acordo com o mapa acima, quais regiões do planeta apresentam maior número de casos de cólera?

b) De acordo com o mapa, cite países desenvolvidos que apresentam casos de cólera.

c) Que relação podemos estabelecer entre a cólera e as condições de saúde da população?

▶ **Aprenda mais**

No *site* do Ministério da Saúde, é possível consultar programas de combate e erradicação de diversas doenças, entre outras informações.

Brasil. Ministério da Saúde. Disponível em: <http://linkte.me/d6m61> . Acesso em: 27 set. 2018.

113

CAPÍTULO 11

Blocos econômicos

Buscando o desenvolvimento econômico e o fortalecimento frente à economia mundial, tanto países desenvolvidos quanto países subdesenvolvidos têm adotado a formação de blocos econômicos como estratégia para facilitar os fluxos e a circulação de mercadorias e de capitais. Para isso, firmam acordos comerciais e econômicos que diminuem ou mesmo eliminam as barreiras alfandegárias existentes entre os países-membros.

Ao se unirem em blocos econômicos, os países-membros buscam se fortalecer comercialmente em relação a países isolados (que não compõem blocos econômicos) e a outros blocos. Com isso, buscam ampliar a participação no comércio mundial, aumentando suas exportações, como forma de acelerar o próprio crescimento econômico e, assim, tornarem-se cada vez mais competitivos no mercado internacional.

Entre os blocos econômicos da atualidade, podemos destacar a União Europeia (UE), o Acordo de Livre Comércio da América do Norte (Nafta), o Mercado Comum do Sul (Mercosul), do qual o Brasil faz parte, e a Cooperação Econômica da Ásia e do Pacífico (Apec).

O mapa abaixo mostra os principais blocos econômicos do mundo. Observe-o com atenção.

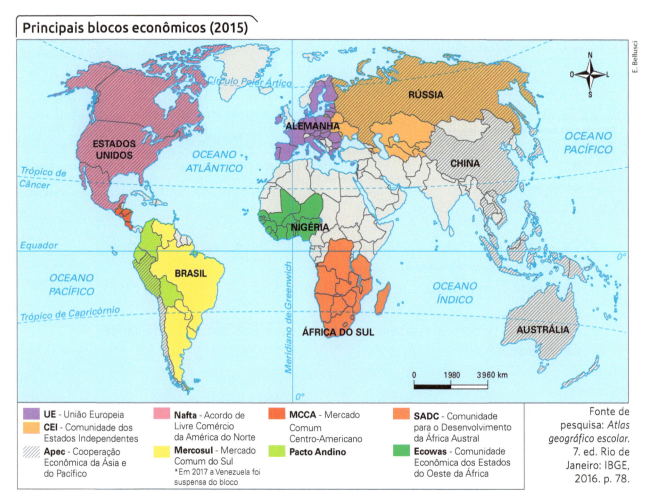

> Observe no mapa da página anterior quais são os principais blocos econômicos de cada continente. Identifique o bloco formado pelo maior número de países e o bloco formado pelo menor número de países. Registre suas observações no caderno.

A expansão do comércio mundial, por um lado, tem como objetivo atingir um maior número de consumidores e produzir a maior diversidade de produtos. No entanto, os acordos comerciais estabelecidos entre os países de um bloco, por vezes, ocasionam barreiras contra os demais ou os prejudicam com a perda do mercado consumidor.

Contudo, a formação dos blocos econômicos tem sido uma estratégia imposta pela atual economia mundial. Isso porque, se as trocas comerciais e os fluxos de capitais no interior de cada bloco cresceram aceleradamente nas últimas décadas, o comércio e os investimentos entre os diferentes blocos também vêm se expandindo de maneira significativa com o estabelecimento de acordos e negociações entre eles.

Representantes do bloco econômico SADC, em 2018.

Quando surgiram os blocos econômicos?

A formação dos grandes blocos econômicos não é um processo recente. As primeiras tentativas de promover uma integração econômica regional tiveram início em meados do século passado, a partir de acordos comerciais estabelecidos por alguns países europeus, como França, Alemanha, Itália, Bélgica, Holanda, entre outros. Nas décadas seguintes, surgiram várias outras tentativas de integração econômica em países da América Latina, da África e da Ásia.

Entretanto, a consolidação e o processo de integração entre os países dos blocos econômicos ocorreu somente a partir da década de 1990, com a integração econômica europeia e com a criação de acordos como o Nafta, o Mercosul, a Apec, entre outros.

Blocos econômicos e os níveis de integração

Os blocos econômicos na atualidade apresentam-se em diferentes níveis ou estágios. Alguns encontram-se em estágios de integração mais avançados, como a União Europeia, que possui, inclusive, uma moeda única, facilitando as finanças entre os países do bloco e tornando sua economia mais sólida. Existem blocos ainda em processo inicial de integração e outros estabelecem acordos que limitam a integração econômica e restringem-se à criação de uma zona de livre-comércio ou de uma união aduaneira.

Desse modo, de acordo com o nível de integração entre os países, os blocos econômicos apresentam características diferentes. Veja a seguir.

Zona de livre-comércio

Em uma zona de livre-comércio, os países eliminam gradativamente as barreiras tarifárias para estimular as trocas comerciais e os investimentos entre eles. Esse é o estágio mais inicial de integração de um bloco econômico. Um exemplo é o Nafta, bloco formado pelos Estados Unidos, Canadá e México.

União aduaneira

Na união aduaneira, assim como na zona de livre-comércio, os países de um bloco praticam o livre-comércio, suspendendo as barreiras alfandegárias entre eles. No entanto, adotam uma tarifa externa comum (TEC) para as relações comerciais com outros países do mundo. Nesse caso, os produtos importados de outros países pagam os mesmos impostos e taxas para entrar em qualquer um dos países do bloco. Um exemplo desse bloco é o Mercosul, do qual o Brasil faz parte.

Mercado comum

Supranacional: organismo ou poder que está acima do governo de uma nação.

Além do livre-comércio de mercadorias e de serviços, o mercado comum estabelece a livre circulação de capitais (investimentos) e de pessoas (trabalhadores) entre os países-membros. Nesse estágio de integração, os países também padronizam seus impostos e suas legislações, criando instituições e órgãos supranacionais.

União econômica e monetária

É o estágio mais completo de integração entre os países de um bloco econômico. Nesse estágio, os países passaram a estabelecer a padronização de sua política econômica com metas que fixam as taxas de juros, inflação, endividamento, etc. Para atingir essas metas, os países criam um banco central único e substituem as moedas nacionais por uma moeda única. A União Europeia é o único exemplo de bloco que atingiu o estágio de união econômica e monetária, embora nem todos os países-membros tenham aderido ao euro.

Os blocos econômicos e as práticas protecionistas

A formação dos grandes blocos econômicos pode ser analisada como uma tendência mundial que visa criar condições necessárias para a formação de um mercado global unificado com a livre circulação principalmente de mercadorias e capitais entre os países.

A constituição de um mercado globalizado, aliás, tem sido uma das principais metas de organismos internacionais que há décadas dão sustentação à expansão do capitalismo, tanto do ponto de vista econômico, como é o caso da Organização Mundial do Comércio (OMC), quanto do ponto de vista financeiro, como é o caso do Banco Mundial e do Fundo Monetário Internacional (FMI).

A OMC, por exemplo, determina as regras gerais do comércio internacional e tem o poder de impor políticas de retaliação aos países que adotam práticas protecionistas, trazendo, assim, prejuízos à economia de outros países.

Leia as manchetes a seguir, sobre a OMC.

> **Retaliação:** imposição de uma pena; às vezes, pode também significar represália.
> **Protecionismo:** fixação de tarifas ou cotas (limite) impostas por um país, com o objetivo de restringir o fluxo de importações.

OMC alerta que protecionismo ameaça o crescimento do comércio

O Globo, 12 abr. 2018. Disponível em: <https://oglobo.globo.com/economia/omc-alerta-que-protecionismo-ameaca-crescimento-do-comercio-22585551>. Acesso em: 27 set. 2018.

China denuncia os EUA à OMC pelas tarifas ao aço e alumínio

El País, 10 abr. 2018. Disponível em: <https://brasil.elpais.com/brasil/2018/04/10/economia/1523350552_719606.html>. Acesso em: 27 set. 2018.

1. As manchetes mostram que as práticas de protecionismo comprometem as exportações entre alguns países. Quais são eles, de acordo com a manchete?

2. Com os colegas, identifique o papel da OMC como intermediário das relações comerciais.

Ainda que a OMC atue com o objetivo de reduzir e abolir as barreiras comerciais entre os países (diminuindo as tarifas de importação e exportação, suspendendo subsídios dos governos aos seus produtores, etc.), visando ao livre mercado, o protecionismo comercial continua sendo uma prática adotada por muitos países. A existência dessas práticas protecionistas evidencia que o livre-comércio, com a formação de um único e megamercado global, ainda está longe de ser realmente efetivado.

Fachada da Sede da OMC. Em inglês, é utilizada a sigla WTO de *World Trade Organization*.

Os polos econômicos

A formação dos blocos econômicos é resultado da busca dos países em conquistar novos mercados dentro do sistema econômico capitalista mundial, e tornou-se mais uma maneira pela qual os países mantêm e reforçam suas disputas por hegemonia (econômica, política, geopolítica) no cenário internacional. Assim, além da importância militar e política, o cenário geopolítico mundial tem sido marcado cada vez mais pela disputa econômica e comercial de países ou blocos de países.

Ao longo da década de 1990, configurou-se a existência de três principais centros ou polos de poder econômico e político, liderados pelas grandes potências mundiais com suas respectivas áreas de influência, como descrito a seguir.

- Estados Unidos: ainda a maior potência econômica do mundo, exercem sua supremacia militar com intervenções em várias regiões do planeta.
- Japão: importante potência econômica, posição alcançada pelo intenso ritmo de crescimento de sua economia ao longo da segunda metade do século XX.
- União Europeia: reúne os países mais desenvolvidos da Europa e é liderada por grandes potências econômicas, como Alemanha e França.

Observe no planisfério abaixo como se organizavam os três grandes polos de poder econômico e suas respectivas áreas de influência.

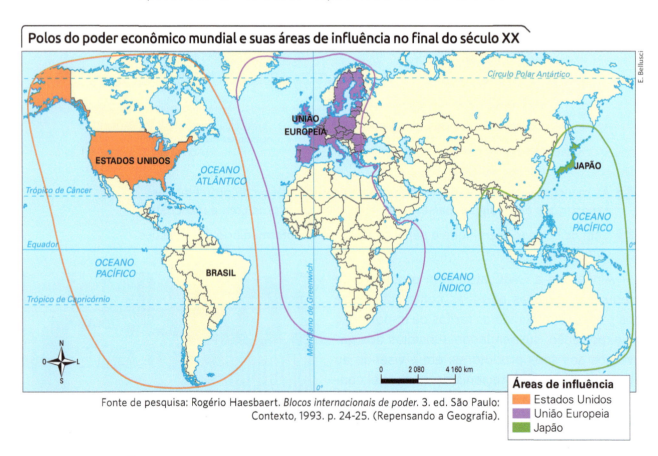

Polos do poder econômico mundial e suas áreas de influência no final do século XX

Fonte de pesquisa: Rogério Haesbaert. *Blocos internacionais de poder*. 3. ed. São Paulo: Contexto, 1993. p. 24-25. (Repensando a Geografia).

> De acordo com o mapa, identifique como o Brasil estava inserido no cenário econômico e geopolítico internacional no final do século XX.

Entretanto, nas últimas décadas, a configuração do mundo apresentada no mapa da página anterior sofreu alterações. Embora os grandes centros econômicos e de poder, como os Estados Unidos, o Japão e a União Europeia, ainda exerçam supremacia no cenário internacional, os últimos anos trouxeram algumas mudanças nessa configuração. Veja algumas delas:

- a China vem aumentando sua área de influência comercial e política em várias regiões, sobretudo na África e, mais recentemente, na América Latina;
- alguns países subdesenvolvidos vêm ganhando destaque nas relações econômicas e comerciais, atraindo investimentos externos, entre os quais as chamadas economias emergentes, como Brasil, Rússia, Índia e África do Sul, que, com a China, formam o grupo Brics.

As economias consideradas emergentes têm despontado no cenário econômico internacional, algumas delas disputando áreas e mercados econômicos até então dominados pelas grandes potências.

O mapa a seguir mostra os países-membros do G-20, fórum de cooperação econômica internacional que reúne as maiores economias da atualidade.

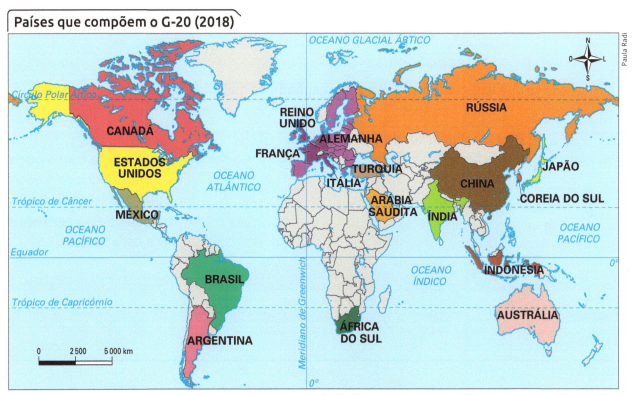

Países que compõem o G-20 (2018)

Fonte de pesquisa: G-20. Disponível em: <www.g20.org>. Acesso em: 26 set. 2018.

O G-20 e o Brics

O G-20 é um fórum com o objetivo de promover o debate entre países industrializados e emergentes sobre assuntos relacionados à estabilidade da economia global. Apoia o crescimento e o desenvolvimento mundial por meio da integração da economia internacional e do diálogo sobre políticas nacionais. É formado por 20 membros: 19 países mais a União Europeia.

Brics é a sigla formada pela inicial do nome dos países considerados emergentes que pertencem a esse grupo: Brasil, Rússia, Índia, China e África do Sul (South Africa, em inglês).

119

Atividades

Organizando o conhecimento

1. Por que tanto países desenvolvidos quanto países subdesenvolvidos têm buscado a formação de blocos econômicos?

2. Subsídios, barreiras e taxas alfandegárias são algumas práticas protecionistas adotadas por muitos países do mundo. Qual é a relação entre essas práticas e a formação de um grande mercado global?

3. Escreva, no caderno, uma característica importante de cada tipo de integração dos blocos econômicos.

   a) Zona de livre-comércio.
   b) União aduaneira.
   c) Mercado comum.
   d) União econômica monetária.

4. Pesquise em jornais, revistas e na internet, notícias recentes sobre os blocos econômicos estudados neste capítulo. Após ler as reportagens, liste no caderno os assuntos tratados em cada uma delas. Traga as matérias para a sala de aula e apresente suas anotações aos colegas.

Conectando ideias

5. **Observe** o mapa abaixo e **responda** às questões no caderno.

a) De acordo com o mapa, quais blocos correspondem às letras **A**, **B** e **C**?

b) Quais países pertencem a cada bloco?

Fonte de pesquisa: *Atlas geográfico escolar*. 7. ed. Rio de Janeiro: IBGE, 2016. p. 78.

6. **Leia** e **interprete** o texto abaixo e depois **responda** às questões no caderno.

> **Brasil leva China à OMC por barreiras ao açúcar**
>
> Até 2016, o Brasil era o maior fornecedor de açúcar para a China, que por sua vez era o principal destino das exportações de açúcar bruto produzido aqui. As vendas totalizavam perto de 2,5 milhões de toneladas ao ano, pouco menos de 10% das exportações totais do País – o açúcar brasileiro era competitivo mesmo pagando, na maior parte, alíquota de 50% para ingressar naquele mercado.
>
> Em 2017, porém, os chineses elevaram essa tarifa para 95%, o que fez as exportações brasileiras caírem para cerca de 300 mil toneladas.
>
> Jamil Chade. Brasil leva China à OMC por barreiras ao açúcar. *Estadão*, 20 set. 2018. Disponível em: <https://economia.estadao.com.br/noticias/geral,brasil-leva-china-a-omc-por-barreiras-ao-acucar,70002511470>. Acesso em: 27 set. 2018.

a) Quais países estão envolvidos na questão mencionada no texto?
b) Como o protecionismo se apresenta na China?
c) Qual o reflexo do protecionismo chinês para as exportações de açúcar do Brasil?

7. Vamos realizar um debate em sala de aula simulando uma disputa na OMC. Com ele, poderemos analisar as vantagens e as desvantagens do protecionismo e da abertura de mercado. Para isso, com a orientação do professor, reúnam-se em três grupos.

1º grupo: deve representar países contrários ao protecionismo.
2º grupo: deve representar os países que adotam a prática do protecionismo.
3º grupo: deve representar a OMC, como grupo regulador do debate.

Escolham algum produto comercializado entre esses países e uma prática protecionista, como estudadas anteriormente.

Verificando rota

- Os países subdesenvolvidos apresentam aspectos em comum, como dependência econômica, endividamento externo e dependência tecnológica e científica em relação aos países mais ricos e desenvolvidos.
- No mundo subdesenvolvido é marcante a existência de graves problemas sociais que afetam uma grande parcela de suas populações.
- Os países desenvolvidos exercem uma grande supremacia econômica e tecnológica perante os países mais pobres.
- Contudo, também apresentam problemas sociais como a pobreza e o desemprego.
- A população dos países desenvolvidos está vivenciando um processo de envelhecimento por causa do aumento na expectativa de vida e da redução das taxas de natalidade.
- Países desenvolvidos e subdesenvolvidos têm buscado se fortalecerem economicamente a partir da formação de blocos econômicos regionais.
- Os blocos econômicos formados pelos países do mundo possuem diferentes níveis de integração.
- A organização do cenário econômico mundial vem passando por modificações nos últimos anos, sobretudo por certo enfraquecimento da influência dos Estados Unidos e crescente importância dos países emergentes, como a China.

121

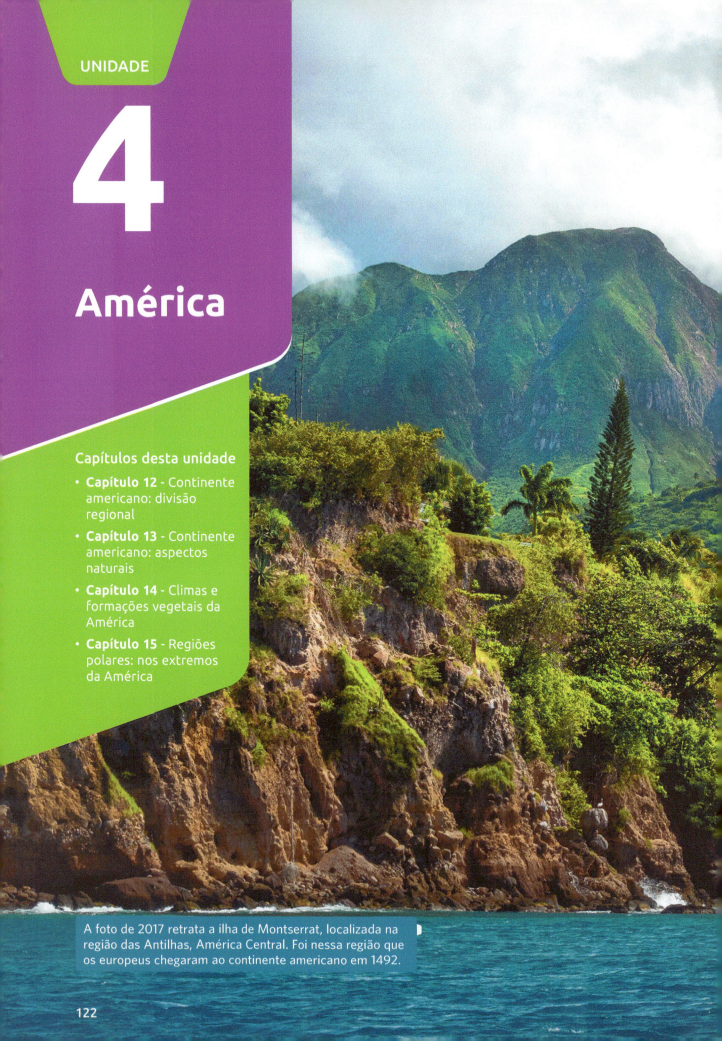

UNIDADE 4

América

Capítulos desta unidade

- **Capítulo 12** - Continente americano: divisão regional
- **Capítulo 13** - Continente americano: aspectos naturais
- **Capítulo 14** - Climas e formações vegetais da América
- **Capítulo 15** - Regiões polares: nos extremos da América

A foto de 2017 retrata a ilha de Montserrat, localizada na região das Antilhas, América Central. Foi nessa região que os europeus chegaram ao continente americano em 1492.

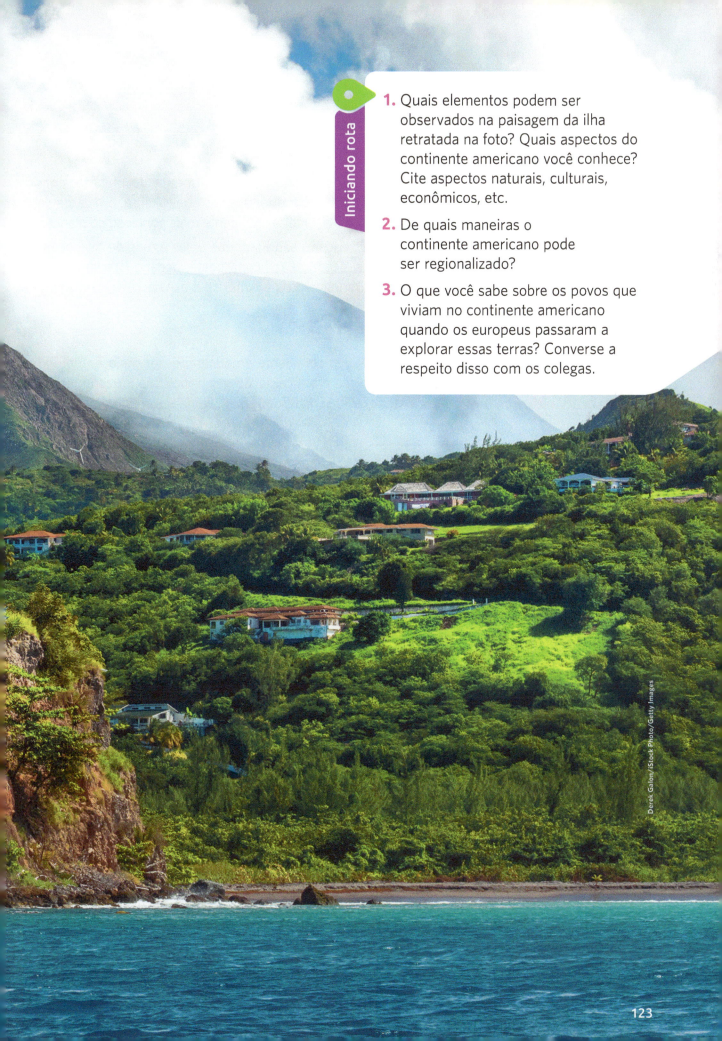

Iniciando rota

1. Quais elementos podem ser observados na paisagem da ilha retratada na foto? Quais aspectos do continente americano você conhece? Cite aspectos naturais, culturais, econômicos, etc.

2. De quais maneiras o continente americano pode ser regionalizado?

3. O que você sabe sobre os povos que viviam no continente americano quando os europeus passaram a explorar essas terras? Converse a respeito disso com os colegas.

123

CAPÍTULO 12

Continente americano: divisão regional

O continente americano é o segundo maior continente do planeta, com aproximadamente 42 milhões de km², menor apenas que a Ásia. Com cerca de 1 bilhão de habitantes, a América é o terceiro continente mais populoso do planeta.

As terras do continente americano são limitadas pelas águas de três oceanos: oceano Atlântico, a leste; oceano Pacífico, a oeste; oceano Glacial Ártico, ao norte, onde o estreito de Bering separa a América e a Ásia.

> **Istmo:** faixa estreita de terra, cercada por água em dois lados, que une duas grandes áreas continentais.

Divisão geográfica

Uma maneira de regionalizar o continente americano é por meio do critério físico, considerando a distribuição e a localização geográfica das terras emersas. De acordo com esse critério, a América pode ser dividida em três regiões:

Continente americano – divisão geográfica

América do Norte
Possui a maior extensão territorial. É formada por três países e também pela maior ilha do mundo, a Groenlândia, território que pertence à Dinamarca. Os principais paralelos que perpassam esse território são o trópico de Câncer e o Círculo Polar Ártico.

América Central
Possui a menor extensão territorial. Sua área continental corresponde ao istmo que faz a ligação entre a América do Sul e a América do Norte, e sua área insular (ilhas) é banhada pelas águas do mar do Caribe.

América do Sul
Formada por doze países e também por um território pertencente à França, a Guiana Francesa. Os principais paralelos que perpassam esse território são a linha do Equador e o trópico de Capricórnio.

> Verifique a localização do território brasileiro no continente americano. Em quais hemisférios o Brasil está localizado?

Fonte de pesquisa: *Atlas geográfico escolar.* 7. ed. IBGE: Rio de Janeiro, 2016. p. 34.

As ilhas da América Central

Além da estreita faixa de terra continental, a América Central apresenta várias ilhas localizadas no mar do Caribe, ou das Antilhas, que, em muitos casos, correspondem a países de pequena extensão territorial.

As ilhas caribenhas formaram-se de intensas atividades vulcânicas decorrentes do contato entre placas tectônicas na região ou então da emersão de recifes de corais, presentes no mar do Caribe.

As ilhas maiores são conhecidas como as Grandes Antilhas e abrigam os territórios do Haiti, da República Dominicana, de Cuba, de Porto Rico (território dos Estados Unidos) e da Jamaica. Já as ilhas menores da parte oriental são conhecidas como Pequenas Antilhas e abrigam países independentes e territórios subordinados a outras nações. Ao norte, o arquipélago das Bahamas completa o conjunto de ilhas da América Central. Observe o mapa.

Recifes de coral: animais marinhos que, vivendo associados, podem formar grandes esqueletos calcários.

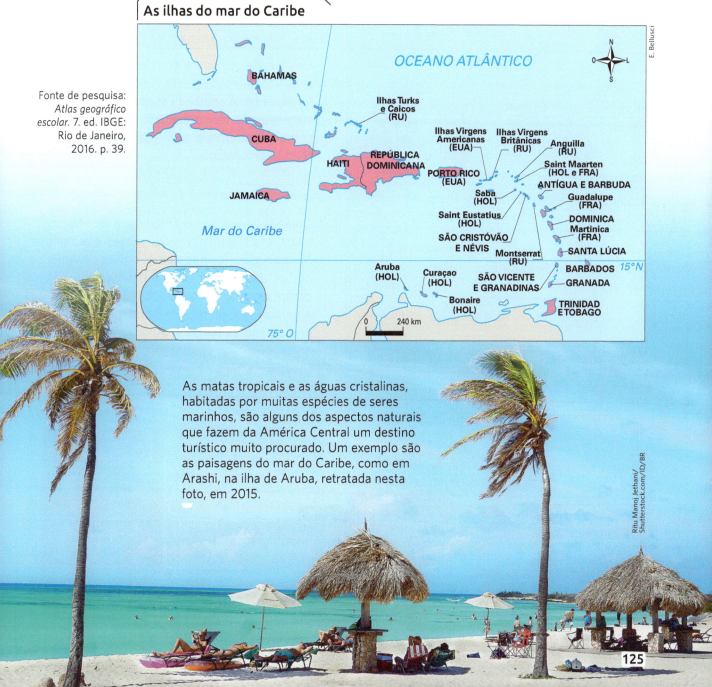

As matas tropicais e as águas cristalinas, habitadas por muitas espécies de seres marinhos, são alguns dos aspectos naturais que fazem da América Central um destino turístico muito procurado. Um exemplo são as paisagens do mar do Caribe, como em Arashi, na ilha de Aruba, retratada nesta foto, em 2015.

Fonte de pesquisa: *Atlas geográfico escolar*. 7. ed. IBGE: Rio de Janeiro, 2016. p. 39.

Divisão histórico-cultural

Diferentes povos já habitavam o continente americano há milhares de anos quando, a partir do final do século XV, diversas potências marítimas europeias, como Espanha, Portugal, Inglaterra, França e Holanda, passaram a explorar essas terras. Esses povos foram denominados pelos estudiosos como **pré-colombianos**, pelo fato de ocuparem a América antes da chegada de Cristóvão Colombo, navegador que aportou no continente em 1492.

Ao colonizarem diferentes áreas do continente, os europeus introduziram vários aspectos de sua cultura aos povos que habitavam essas terras, entre eles o idioma.

Assim, a América também pode ser dividida em duas grandes regiões que se diferenciam de acordo com a origem linguística e a cultura de seus colonizadores. Veja:

América Anglo-Saxônica

Colonizada por povos com língua de origem saxônica, principalmente ingleses. Essa região, formada por Canadá e Estados Unidos, reúne elementos histórico-culturais semelhantes, como o predomínio da língua inglesa e da religião protestante.

América Latina

Colonizada por povos com língua de origem latina, principalmente portugueses e espanhóis. Nessa região, formada pelos países da América do Sul, da América Central e o México, ocorre o predomínio das línguas espanhola e portuguesa, de origem latina, e também o predomínio da religião católica.

América Anglo-Saxônica e América Latina

Fonte de pesquisa: Gisele Girardi e Jussara Vaz Rosa. *Atlas geográfico do estudante*. São Paulo: FTD, 2016. p. 116.

▶ **Aprenda mais**

O filme *1492 – A conquista do paraíso* conta a aventura vivida pelo navegador Cristóvão Colombo ao descobrir a América. Também apresenta o primeiro contato que ele e sua tripulação tiveram com os povos indígenas, que já habitavam essas terras.

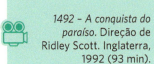

1492 – A conquista do paraíso. Direção de Ridley Scott. Inglaterra, 1992 (93 min).

Algumas exceções podem ser identificadas nessa regionalização, pois alguns países latino-americanos foram colonizados por povos de outras origens linguísticas, como o Suriname, colonizado por holandeses. Da mesma maneira que no Canadá, país anglo-americano, também ocorreu a colonização por franceses, um povo de origem latina.

Além dos aspectos histórico-culturais, a divisão do continente em América Anglo-Saxônica e América Latina retrata o diferente desenvolvimento econômico e social dos países americanos, e é considerada por alguns estudos como uma regionalização socioeconômica. Dessa maneira, a América Anglo-Saxônica agrupa países desenvolvidos, ou seja, com maior desenvolvimento econômico e social, embora certos problemas sociais e econômicos também afetem parte de suas populações. Já a América Latina reúne países subdesenvolvidos, com menor desenvolvimento econômico, muitos deles com graves problemas sociais.

A dizimação dos povos nativos

O contato entre os povos pré-colombianos e os colonizadores europeus não aconteceu de maneira pacífica. Os europeus buscavam dominar o território para extrair dele suas riquezas e introduzir entre os nativos aspectos de sua cultura, por exemplo, a religião, mas os povos pré-colombianos não aceitavam tal dominação.

No entanto, os colonizadores possuíam grande vantagem sobre os nativos. Eles empunhavam armas de fogo, possuíam armaduras e montavam a cavalo, tendo deslocamento rápido. Já os povos pré-colombianos dispunham de armas forjadas em madeira, algumas até contendo venenos letais, mas que não lhes davam vantagens diante da força destrutiva dos colonizadores.

A tela a seguir representa um confronto entre os colonizadores e os povos pré-colombianos.

Reprodução da tela *Guerrilha*, de Johann Moritz Rugendas, produzida em 1835.

127

Geografia e História

A colonização da América

> **Plantation:** sistema agrícola muito utilizado durante a colonização da América baseado em latifúndios monocultores com utilização de mão de obra escrava e produção voltada para o mercado externo.

As características econômicas e sociais que distinguem cada região do continente americano têm suas raízes nos tipos diferentes de colonização ocorridos na América. Enquanto na maior parte da América Anglo-Saxônica foram desenvolvidas **colônias de povoamento**, na América Latina desenvolveram-se as **colônias de exploração**.

Colônias de povoamento

As colônias de povoamento foram constituídas, principalmente, por ingleses, que visavam se estabelecer em territórios que hoje correspondem às áreas do Canadá e dos Estados Unidos. Nessas colônias eram praticadas atividades voltadas para o abastecimento e desenvolvimento do mercado interno, buscando atender às necessidades da própria colônia. As propriedades rurais eram policultoras e de tamanhos pequenos a médios. A mão de obra era baseada no trabalho familiar e assalariado, embora em algumas regiões também se utilizasse o trabalho escravo.

A organização das colônias de povoamento foi fundamental para a geração de riquezas e para o desenvolvimento econômico dos Estados Unidos e do Canadá.

Chegada dos primeiros colonizadores ingleses em Jamestown, no atual estado da Virgínia (Estados Unidos), em 1607.

Colônias de exploração

As colônias de exploração foram estabelecidas em toda a América Latina e também no sul dos Estados Unidos. Nelas eram praticadas atividades comerciais voltadas, sobretudo, para o enriquecimento da metrópole.

Essas colônias eram vistas como fontes de riquezas, de onde se extraíam metais como o ouro e a prata. As propriedades rurais possuíam grande porte, e nelas se praticavam monoculturas para exportação, também chamadas de *plantations*, onde, na maioria das vezes por meio do trabalho escravo, eram cultivados produtos tropicais, como o tabaco, o algodão e a cana-de-açúcar.

As colônias de exploração tornaram-se economicamente dependentes das metrópoles, que impediam o seu desenvolvimento econômico.

Esse passado de exploração e subordinação explica parte do atraso do desenvolvimento econômico das áreas colonizadas.

A imagem retrata a gravura *Mina de prata em Potosí*, produzida por Theodoro de Bry, em 1590. Nela, o artista destacou o trabalho indígena em minas de prata na Bolívia durante o período colonial.

A independência das colônias

A partir do século XVIII, as colônias americanas iniciaram seus processos de independência, que se estenderam principalmente até o século XIX.

Na América Latina, após a independência, observou-se a permanência, em muitos países, da mesma estrutura social e base econômica do período colonial, ou seja, as elites de ascendência europeia permaneceram como classe dominante sobre os povos nativos e os mestiços trabalhadores. Além disso, a economia continuou voltada para a produção e exportação de gêneros agrícolas tropicais e recursos minerais comercializados na Europa.

Leia o texto a seguir e responda às questões no caderno.

> Entre 1545 e 1558, descobriram-se as férteis minas de prata de Potosí, na atual Bolívia, e as de Zacatecas e Guanajuato no México [...]. Em meados do século XVII, a prata englobava mais de 99% das exportações da América Hispânica.
>
> A América era, nesta época, uma boca de mina centrada, sobretudo, em Potosí. Alguns escritores bolivianos, inflamados de excessivo entusiasmo, afirmam que em três séculos a Espanha recebeu metal de Potosí que dava para fazer uma ponte de prata desde o cume da montanha à porta do palácio real no outro lado do oceano. A imagem é, sem dúvida, obra da fantasia, mas de qualquer maneira se refere a uma realidade que, de fato, parece inventada: o fluxo da prata alcançou dimensões gigantescas. [...]
>
> Eduardo Galeano. *As veias abertas da América Latina.* Tradução de Galeno de Freitas. 2. ed. Rio de Janeiro: Paz e Terra, 1978. p. 34.

1. Qual situação do período colonial este texto descreve?

2. O texto descreve uma situação vivida em qual tipo de colonização desenvolvida na América?

Exploração de prata realizada nas minas de Potosí, Bolívia, em 2016.

Geografia em representações

Mapas históricos

Como vimos na página **126**, os colonizadores europeus, ao chegarem ao continente americano, encontraram diferentes povos vivendo nessas terras há milhares de anos. Esses povos estavam distribuídos por diferentes partes do continente e ocupando imensas áreas. Observe no mapa abaixo como se distribuíam os povos pré-colombianos no continente americano.

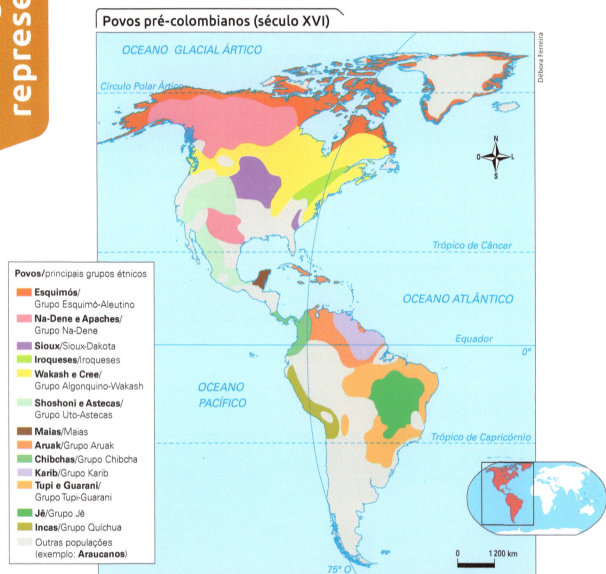

Fonte de pesquisa: José Jobson de A. Arruda. *Atlas histórico básico*. 15. ed. São Paulo: Ática, 1997. p. 21.

Esse é um **mapa histórico**, ou seja, um mapa que mostra um fenômeno especial ocorrido em um território e com o passar do tempo, seja ao longo de um ano, uma década ou até mesmo ao longo de séculos percebemos modificações desse fenômeno. Isso significa que esses mapas nos dão uma noção geral de um acontecimento datado, tanto populacional e/ou político quanto ambiental e/ou cultural em um determinado período. A leitura de mapas históricos nos permite, por exemplo, compreender o processo gradativo das mudanças nos traçados políticos do território de um país ou continente.

Veja a seguir outro exemplo de mapa histórico. Em seguida, responda às questões no caderno.

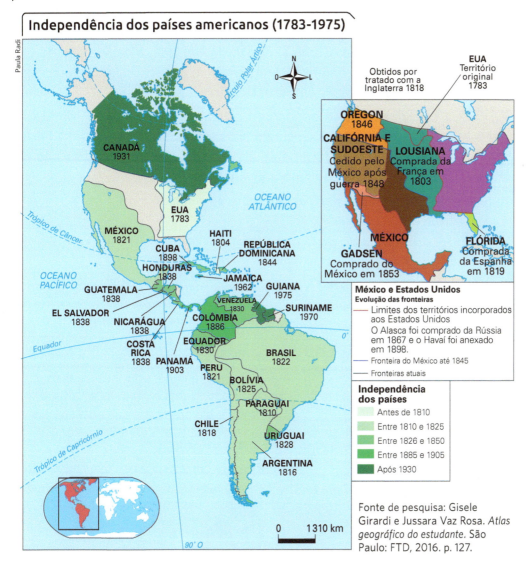

1. Observe novamente o mapa da página anterior e identifique o nome de alguns povos que viviam no continente americano antes da chegada dos europeus. Escreva no caderno uma lista com o nome de alguns desses povos que viviam no território que atualmente faz parte da:

América do Norte   América Central   América do Sul

2. Qual informação apresentada no mapa nos leva a concluir que se trata de um mapa histórico?

3. Compare as datas de independência indicadas no mapa e identifique alguns países da América do Sul que se tornaram independentes antes e depois do Brasil, respectivamente.

4. Pesquise em livros, revistas ou na internet outro exemplo de mapa histórico. Depois, mostre-o aos colegas e explique por que você o considera um mapa histórico.

Ampliando fronteiras

A lenda do Eldorado

A busca pelo ouro e, consequentemente, pela riqueza que ele representa, foi responsável pelo deslocamento de pessoas em vários lugares do mundo, em diferentes momentos da história. Como vimos nesta unidade, a exploração do ouro também foi uma atividade econômica muito praticada pelos colonizadores europeus em território americano.

Na América do Sul, durante o período de colonização, uma lenda conduziu as ações de vários viajantes europeus. Segundo ela, havia um lugar em meio à floresta Amazônica onde o ouro era tão facilmente encontrado quanto as pedras não preciosas mais comuns. Tratava-se do Eldorado, a fabulosa terra do ouro.

Conheça a seguir algumas informações sobre essa lenda.

A lenda do Eldorado teve início em 1530, quando o explorador espanhol Francisco Pizarro e 180 homens partiram para saquear os tesouros do Império Inca, no atual Peru.

Nesse processo, o imperador inca, Atahualpa, foi capturado. Numa tentativa de salvar a própria vida, ele prometeu que encheria de ouro a sala onde se encontrava prisioneiro e duas vezes uma outra sala com prata. Cumprida a promessa, Pizarro não libertou o chefe inca, o assassinou e deu continuidade à sua busca por riquezas.

A riqueza dos incas demonstrada por Atahualpa alimentou a imaginação dos colonizadores. Os espanhóis acreditavam que no interior da densa floresta devia existir um lugar onde o ouro era tão abundante quanto as pedras mais comuns. Por sua vez, os indígenas capturados colaboravam com essa fantasia, indicando diferentes direções onde tal tesouro se localizava. Com o tempo, essas histórias foram ficando cada vez mais elaboradas, atraindo mais exploradores e aventureiros em busca de ouro.

132

1. De acordo com as informações destas páginas, por qual razão a lenda do Eldorado surgiu?

2. Segundo as informações apresentadas, com o passar do tempo a lenda do Eldorado se tornou cada vez mais elaborada, atraindo muitos aventureiros para a região da floresta Amazônica. Histórias fantasiosas como essa ainda existem? Você conhece alguma? Compartilhe com os colegas.

3. As lendas fazem parte da cultura dos povos e, por meio delas, podemos conhecer mais seus valores e modos de vida. Em sua opinião, o que a crença na lenda do Eldorado revela sobre os colonizadores europeus?

4. As lendas misturam fatos reais com imaginários. Elas são transmitidas oralmente, de uma geração para a outra. Por isso, podem apresentar diferentes versões. Em grupo, realize uma pesquisa sobre lendas brasileiras. Procure conhecer as características da lenda escolhida, algumas diferenças nas versões sobre essa mesma lenda e também sua origem, ou seja, qual povo a criou e em que região a originaram. Procure compreender também o que a lenda revela da cultura da qual se originou.

Depois, apresente a pesquisa com cartazes, histórias em quadrinhos, músicas ou de outra forma que julgar mais interessante.

Em 1535, o conquistador espanhol Sebastián de Belalcázar ouviu o relato sobre um povo indígena que vivia em meio à floresta e cujo rei cobria o corpo com pó de ouro antes de nadar no lago Panime.

Belalcázar, encantado com a história, passou a chamar esse misterioso rei de El Dorado (o homem dourado), criando, então, o nome da história que atraía cada vez mais viajantes. Em outras narrativas, o termo se transformou em Eldorado para se referir à "terra dourada", dando origem a centenas de histórias e lendas sobre sua procura.

133

Atividades

Organizando o conhecimento

1. Observe o mapa da página **124** e responda às questões a seguir.
   a) Quais oceanos banham a América ao leste e ao oeste?
   b) Escreva o nome das regiões da América, segundo a localização geográfica.
   c) Qual região do continente americano possui o menor número de países?

2. A partir do final do século XV, diferentes nações europeias colonizaram o continente americano. Quais foram essas nações?

3. Caso você precisasse realizar um estudo sobre os aspectos socioeconômicos do continente americano, qual regionalização desse continente você utilizaria? Justifique a sua resposta.

4. Escreva no caderno o que diferenciou as colônias de exploração das colônias de povoamento.

5. Observe o mapa da página **130** e identifique os povos pré-colombianos que predominavam no território que hoje corresponde ao Brasil.

Conectando ideias

6. **Observe** o mapa ao lado e **responda** às questões a seguir.
   a) Quais regionalizações do continente americano são utilizadas no mapa?
   b) No caderno, **produza uma legenda** de acordo com as regionalizações apresentadas no mapa.
   c) De acordo com o que você estudou, o que diferencia a América Anglo--Saxônica da América Latina?
   d) Quais países pertencentes à América do Norte fazem parte da América Anglo-Saxônica?

Fonte de pesquisa: Gisele Girardi e Jussara Vaz Rosa. *Atlas geográfico do estudante*. São Paulo: FTD, 2016. p. 124.

134

7. Observe a imagem abaixo, que retrata a colheita de algodão com a utilização de mão de obra escrava em uma grande propriedade agrícola no sul dos Estados Unidos, no século XIX. Depois, **responda** às questões.

A imagem retrata escravos colhendo algodão em fazenda do sul dos Estados Unidos, no século XIX.

a) Essa imagem retrata uma lavoura característica de qual tipo de colonização desenvolvida na América?

b) Quais aspectos você considerou para responder à questão anterior?

c) Esse tipo de colonização foi praticado em toda a América Anglo-Saxônica? **Justifique**.

> ▶ **Aprenda mais**
>
> O livro *Os povos da América*, das autoras Ana Maria Bergamin Neves e Flávia Ricca Humberg, reúne documentos históricos a respeito dos povos nativos americanos. Nessa narrativa histórica, os leitores terão a oportunidade de conhecer aspectos da cultura, da arquitetura, do modo de vida e da distribuição desses povos pelo continente.
>
>
>
> Ana Maria Bergamin Neves e Flávia Ricca Humberg. *Os povos da América*: dos primeiros habitantes às primeiras civilizações urbanas. São Paulo: Atual, 2003.

CAPÍTULO 13

Continente americano: aspectos naturais

O continente americano se destaca pela existência de paisagens naturais muito diversas. A combinação dos aspectos do relevo e da rede hidrográfica e dos diferentes tipos de clima e de vegetação resulta na presença de paisagens naturais, que vão de florestas úmidas a desertos extremamente secos, de grandes montanhas a extensas planícies. Nos próximos capítulos, vamos conhecer melhor as características dessas paisagens.

▍Relevo e hidrografia da América

O continente americano apresenta uma grande variedade de formas de relevo, sendo os planaltos antigos, as planícies do interior e as cordilheiras da costa ocidental as que mais se destacam. Observe a localização dessas principais formas de relevo no mapa ao lado. Depois, veja as principais características de cada tipo de relevo nas páginas a seguir.

Relevo e hidrografia do continente americano

Fonte de pesquisa: *Atlas geográfico escolar.* 7. ed. Rio de Janeiro: IBGE, 2016. p. 33.

1 De acordo com o mapa, identifique em qual área do território americano estão localizadas as altitudes mais elevadas do relevo.

2 Verifique para qual direção corre alguns dos mais importantes rios do continente americano, como Amazonas, São Francisco ou Mississippi.

136

Planícies do interior

São constituídas por terrenos de baixas altitudes, formados a partir da deposição de sedimentos. Entre as áreas de planície na América do Norte, destaca-se a planície Central. Já na América do Sul, encontramos a planície Amazônica e a planície Platina, que pode ser subdividida em planície do Pantanal, dos Pampas e do Chaco.

A planície Central é drenada pelo rio Mississippi, que corre no sentido norte-sul, levando sedimentos que proporcionam grande fertilidade às terras localizadas às suas margens.

O intenso uso da planície do rio Mississippi pela agricultura é responsável por grande parte da produção de cereais dos Estados Unidos. Na foto, fazenda de Mississippi, no estado de Missouri, Estados Unidos, em 2016.

Planaltos antigos

Estão localizados nas áreas leste do continente americano. Em razão de terem sido formados na Era Paleozoica, cerca de 230 milhões de anos atrás, atualmente essas formas de relevo encontram-se bastante desgastadas pela ação da erosão, por isso, costumam apresentar altitudes moderadas, geralmente abaixo de 1200 metros de altitude. Na América do Norte, esses terrenos antigos formam os montes Apalaches e, na América do Sul, o planalto Brasileiro.

Vista de chapadas e planaltos desgastados no município de Rio de Contas, Bahia, em 2016.

137

Cordilheiras da costa ocidental

Estendem-se ao longo de toda a costa oeste do continente americano, do Alasca, no extremo noroeste, à Patagônia, no extremo sul do continente. Nesses terrenos, encontramos picos e vulcões que atingem, muitas vezes, mais de 6 mil metros de altitude.

As cordilheiras da costa ocidental recebem o nome de Montanhas Rochosas nos Estados Unidos e no Canadá. No México, são chamadas de Serra Madre (Ocidental e Oriental), e, na parte sul do continente, são conhecidas por cordilheira dos Andes.

A formação geológica das cordilheiras da costa ocidental

Fossas oceânicas: regiões mais profundas dos oceanos, que se formam nas áreas de contato entre as placas tectônicas.

As cordilheiras da costa ocidental têm origem no contato das placas tectônicas Norte-Americana com a do Pacífico e Sul-Americana com a de Nazca, que se chocam na região. A crosta oceânica, mais fina, mergulha sob a crosta continental, mais densa, soerguendo seus terrenos e dobrando-os em extensas formações montanhosas.

Além das cordilheiras, o processo de colisão entre placas tectônicas origina muitos vulcões e falhas geológicas. Em razão de sua localização, os terrenos dessa parte do continente são constantemente atingidos por abalos sísmicos (terremotos) e erupções vulcânicas.

Em termos geológicos, as cordilheiras do oeste do continente americano são consideradas jovens, pois datam de cerca de 130 milhões de anos.

A imagem ao lado mostra de maneira esquemática o contato entre as bordas das placas tectônicas na costa ocidental da América do Sul.

Fonte de pesquisa: Frank Press et al. *Para entender a Terra*. 4. ed. Porto Alegre: Bookman, 2006. p. 57.

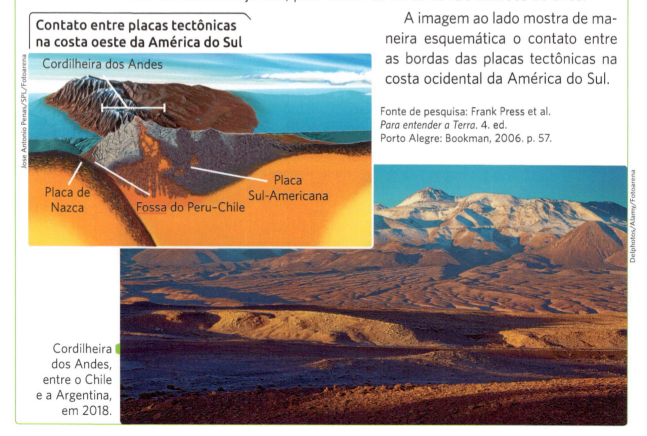

Contato entre placas tectônicas na costa oeste da América do Sul

Cordilheira dos Andes

Placa de Nazca

Fossa do Peru-Chile

Placa Sul-Americana

Cordilheira dos Andes, entre o Chile e a Argentina, em 2018.

138

Bacias hidrográficas da América

Vários rios que formam as grandes bacias hidrográficas do continente americano nascem nas regiões de relevo mais elevado do oeste e, ao atravessar áreas de planícies e de planaltos, modelam e transformam distintas paisagens, até desembocar no oceano Atlântico. Veja a seguir.

Principais bacias hidrográficas da América do Norte.

- A **bacia do São Lourenço** está localizada na parte nordeste da América do Norte. Após a construção de várias represas e eclusas ao longo do seu curso, tornou-se uma importante hidrovia que liga o oceano Atlântico à região dos Grandes Lagos.
- A **bacia do Mississippi**, como vimos, banha vastas áreas de planícies na parte central dos Estados Unidos. Por ter como um de seus afluentes o rio Missouri, com aproximadamente 3 700 km de extensão, essa é uma das maiores bacias hidrográficas do planeta.

Principais bacias hidrográficas da América do Sul.

- A **bacia Amazônica**, que corresponde à maior bacia hidrográfica do planeta. Muitos rios dessa bacia constituem importantes vias de navegação para a população da região.
- A **bacia do Orinoco**, localizada na parte norte da América do Sul e que drena terrenos da Venezuela e da Colômbia até desembocar no mar do Caribe.
- A **bacia Platina**, situada na parte sul da América do Sul, que tem como principais rios os afluentes do rio da Prata, ou seja, os rios Paraguai, Uruguai e Paraná.

Em razão da reduzida área territorial da América Central, seus rios são poucos extensos; no entanto, suas águas são muito utilizadas na irrigação de lavouras.

> Entre as bacias hidrográficas apresentadas acima, quais delas ocupam parte do território brasileiro?

O rio Mississippi é muito utilizado para a navegação por percorrer áreas predominantemente planas. Na foto, rebocador empurrando barcaças carregadas, em 2018.

Os recursos hídricos na América Latina

Com a existência de rios extensos e volumosos, a América Latina apresenta grande potencial em recursos hídricos. A distribuição geográfica desses recursos, no entanto, ocorre de maneira desigual na região, o que se explica, principalmente, pelas diferenças climáticas.

As grandes bacias hidrográficas localizadas na América do Sul, como a do rio Amazonas e a do rio Orinoco (na Venezuela), assim como a do rio da Prata, por exemplo, apresentam grande potencial econômico, podendo ser aproveitadas para a navegação fluvial, a geração de energia, a irrigação de lavouras e o abastecimento da população (foto **A**). Por outro lado, algumas áreas de clima árido e semiárido da região, como o deserto do Atacama, localizado entre o norte do Chile e o Peru, e o Sertão nordestino brasileiro, respectivamente, são marcados pela escassez de água e insuficiência de recursos hídricos (foto **B**).

Trecho do rio Paraná, que também marca a fronteira entre Paraguai e Brasil, em Ciudad del Este, Paraguai, em 2015.

Na foto acima, vegetação de Caatinga após sete anos de estiagem no município de Custódia, Pernambuco, em 2018.

Além dos extensos e volumosos cursos d'água que compõem as grandes bacias hidrográficas, várias áreas da região são privilegiadas pela existência de gigantescos mananciais de águas subterrâneas, os chamados **aquíferos**.

Um dos maiores aquíferos, o Guarani, ocupa uma área de aproximadamente 1,2 milhão de quilômetros quadrados, com a maior parte localizada no território brasileiro, abrangendo também porção considerável na Argentina, no Uruguai e no Paraguai (mapa ao lado). Suas águas são de excelente qualidade, podendo ser exploradas por meio da perfuração de poços profundos. O Brasil responde por mais de 90% de toda a água explorada desse aquífero, que tem como principal destino o abastecimento de cidades.

Fonte de pesquisa: OEA (Organização dos Estados Americanos). *Aquífero Guarani*: programa estratégico de ação 2009. Disponível em: <http://www.mma.gov.br/publicacoes/agua/category/42-recursos-hidricos.html?download=883:programaestrategico-de-acao>. Acesso em: 19 set. 2018.

O uso e a degradação dos mananciais

Assim como em outras regiões do planeta, os países da América Latina enfrentam sérios desafios relacionados ao uso e à conservação dos recursos hídricos. Vários fatores podem ser apontados como causa de problemas que comprometem a disponibilidade de água em várias partes da região.

Poluição do rio Pinheiros, em São Paulo, capital do estado, em 2017.

As mudanças climáticas provocadas pelo aquecimento global, por exemplo, estão afetando o volume de água disponível até mesmo em grandes bacias hidrográficas latino-americanas, em decorrência da redução do volume de chuvas. Por outro lado, a contaminação das fontes hídricas, causada pela descarga de poluentes urbanos, como esgotos domésticos e industriais, agrotóxicos, resíduos de atividades mineradoras, entre outros, tem afetado a qualidade das águas até mesmo a ponto de impossibilitar o seu aproveitamento.

A gestão da água

Na rede hidrográfica da América Latina é comum a presença de extensos rios e aquíferos que atravessam as fronteiras de vários países. Somente na América do Sul existem 25 bacias hidrográficas transfronteiriças, além de 30 aquíferos. Por conta disso, a exploração racional e adequada dos recursos hídricos na região tem exigido a adoção de ações e políticas conjuntas de diferentes governos. Veja alguns exemplos de como isso vem ocorrendo:

- um comitê formado por representantes de cinco países (Brasil, Argentina, Uruguai, Paraguai e Bolívia) promove ações voltadas para o estudo dos recursos naturais da bacia do rio da Prata;
- com apoio da Organização dos Estados Americanos (OEA) e do Programa das Nações Unidas para o Meio Ambiente (PNUMA), países drenados pela bacia Amazônica, entre eles o Brasil, promovem projetos para a exploração compartilhada e sustentável das águas;
- projetos apoiados e financiados por organismos internacionais também vêm sendo implantados no Brasil, na Argentina, no Paraguai e no Uruguai com o objetivo de promover o uso conjunto e sustentável das águas do Aquífero Guarani.

Atividades

Organizando o conhecimento

1. De acordo com o mapa da página **136**, responda:
   a) as altitudes mais elevadas do relevo americano estão localizadas na porção leste ou oeste do continente? Qual faixa de altitudes esse relevo atinge?
   b) as altitudes mais baixas do relevo americano estão localizadas em qual porção do continente? Qual faixa de altitudes esse relevo atinge?

2. Transcreva as frases abaixo no caderno completando-as corretamente com as palavras do quadro.

   > Planícies • Planaltos antigos • Cordilheiras

   a) ■: constituem as formas mais elevadas do relevo americano, originadas pelo movimento de placas tectônicas, que se chocam provocando o soerguimento do relevo.
   b) ■: formas de relevo constituídas por terrenos de baixas altitudes, formadas a partir da deposição de sedimentos.
   c) ■: formas de relevo que se encontram bastante desgastadas pela ação da erosão, e que, por isso, apresentam altitudes moderadas, geralmente abaixo de 1200 metros.

3. Relacione cada bacia hidrográfica às suas respectivas características.

   1 Bacia do Mississippi   **2** Bacia Amazônica   **3** Bacia do Orinoco

   A Banha terrenos da Venezuela e da Colômbia até desembocar no mar do Caribe.

   B Essa bacia drena vastas áreas de planícies na área central dos Estados Unidos e é considerada uma das maiores bacias hidrográficas do planeta.

   C Maior bacia hidrográfica do planeta. Muitos rios dessa bacia constituem importantes vias de navegação para a população da região.

4. Sobre os recursos hídricos na América Latina, responda:
   a) De que maneira os países latino-americanos podem aproveitar o grande potencial econômico dos recursos hídricos existentes na região?
   b) Como os recursos hídricos estão distribuídos geograficamente na América Latina? Explique por que isso ocorre.
   c) O que são aquíferos? As águas do aquífero Guarani se estendem pelo território de quais países? E como essas águas podem ser exploradas?
   d) Que fator natural pode comprometer a disponibilidade dos recursos hídricos na América Latina?
   e) Cite os principais impactos provocados pela ação humana sobre os recursos hídricos da região.

> **Conectando ideias**

5. Observe a foto a seguir.

Paisagem localizada na parte oeste da América do Norte, no Parque Nacional de Banff, Canadá, em 2016.

a) **Identifique** a forma de relevo retratada na paisagem da foto acima.

b) **Explique** o processo de formação geológica da forma de relevo mostrada na foto.

6. Leia o texto a seguir.

O Grand Canyon

Os **cânions** são vales de paredes abruptas geralmente formados pela ação erosiva das águas dos rios ao longo de milhões de anos.

No estado do Arizona, localizado no oeste dos Estados Unidos, e nas proximidades das cordilheiras da costa ocidental, localiza-se o Grand Canyon, formação rochosa que vem se formando há milhões de anos pela ação erosiva de agentes naturais, principalmente pelas águas do rio Colorado.

Com o passar do tempo, esse rio escavou um enorme vale, com mais de mil metros de profundidade. Ao erodir lentamente as rochas menos resistentes do terreno, o rio carrega sedimentos até as terras mais baixas, formando em seu percurso imensas paredes abruptas.

Vista panorâmica de parte do Grand Canyon, estado do Arizona, nos Estados Unidos, em 2016. Na foto, é possível observar o resultado da ação erosiva das águas do rio Colorado.

a) De acordo com o texto, o que são cânions e como eles são formados?

b) O que mais chamou a sua atenção na paisagem do Grand Canyon mostrada na foto acima? **Conte** aos colegas.

c) **Pesquise** o nome e a localização de um cânion existente no território brasileiro. Depois, **conte** para os colegas as informações que você encontrou.

143

CAPÍTULO 14
Climas e formações vegetais da América

Vários fatores podem influenciar as características do clima de uma região. No continente americano, a latitude, a altitude, o relevo e as correntes marítimas são os fatores que mais exercem influência nos diversos tipos climáticos e, consequentemente, nas variadas formações vegetais.

Observe nos mapas a seguir os principais tipos de clima do continente americano e suas formações vegetais originais.

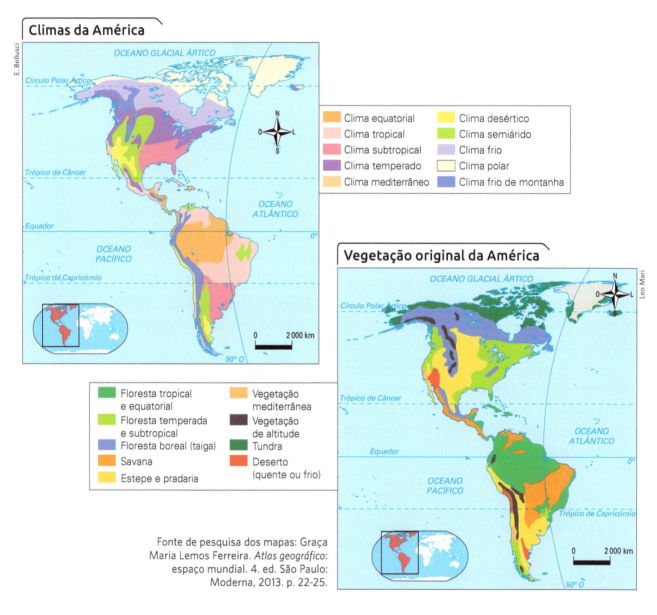

Fonte de pesquisa dos mapas: Graça Maria Lemos Ferreira. *Atlas geográfico*: espaço mundial. 4. ed. São Paulo: Moderna, 2013. p. 22-25.

> Compare os mapas de clima e de vegetação original do continente americano. Com o professor, identifique as relações existentes entre a distribuição dos diferentes tipos climáticos e as formações vegetais no continente.

O clima e as formações vegetais

Por causa de sua grande extensão no sentido norte-sul, o continente americano abrange diferentes latitudes, posição geográfica que favorece a existência de variados tipos climáticos.

Nas baixas latitudes, próximo à linha do Equador, onde ocorre maior incidência da radiação solar, há o predomínio de climas mais quentes e úmidos, como os climas equatorial e tropical. Nessas áreas, também é comum a ocorrência de furacões, como é possível ver na imagem da página **149**.

Clima equatorial

Nas áreas de clima equatorial, as temperaturas permanecem elevadas durante o ano todo, ficando, em geral, acima de 25 °C. As precipitações, também abundantes ao longo do ano, atingem totais pluviométricos de aproximadamente 3 mil milímetros (mm).

Nessas áreas de clima equatorial, destaca-se, sobretudo na América do Sul, a floresta Equatorial. Por ser muito densa e ampla, essa formação vegetal influencia no elevado regime de pluviosidade da região.

Por causa da intensa radiação solar sobre a área equatorial, a floresta fornece grande quantidade de vapor de água para a atmosfera. Essa umidade liberada pelas plantas, pelo solo e pela água dos rios e lagos dá origem às chuvas de convecção, ou seja, chuvas geradas no próprio local a partir da evapotranspiração. Veja o esquema a seguir.

Evapotranspiração: processo pelo qual a superfície terrestre libera certa quantidade de água para a atmosfera, ou seja, as plantas pela transpiração, e os solos, rios e lagos, por exemplo, pela evaporação.

Representação sem proporção de tamanho. Cores-fantasia.

Chuva de convecção

As chuvas de convecção têm curta duração, porém grande intensidade, e abrangem áreas pequenas.

Chuva de convecção em área de floresta Amazônica no município de Uiramutã, Roraima, em 2015.

Fonte de pesquisa: Franscisco Mendonça; Inês Moresco Danni-Oliveira. *Climatologia*: noções básicas e climas do Brasil. São Paulo: Oficina de Textos, 2007. p. 72.

Clima tropical

As regiões de clima tropical, localizadas principalmente na América do Sul, apresentam temperaturas médias elevadas durante o ano todo, normalmente acima de 22 °C; no entanto, possuem variados níveis de precipitações ao longo do ano: uma estação chuvosa e outra seca. De modo geral, as precipitações anuais costumam atingir aproximadamente 1400 mm.

Nessas áreas, ocorrem diversas formações vegetais, entre elas a savana, que no Brasil é denominada Cerrado, vegetação formada, principalmente, por capins, gramíneas e arbustos.

Vegetação de Cerrado no Parque Nacional da Serra Dourada, Goiás, em 2018.

Na América Central e na costa do Brasil também encontramos florestas tropicais, que estão sob forte influência das massas de ar quentes e úmidas vindas do oceano Atlântico. As serras existentes nessas regiões barram a passagem dos ventos úmidos, que, ao se elevarem, resfriam-se e precipitam-se, dando origem às chamadas chuvas orográficas. Observe o esquema.

Chuva orográfica

Fonte de pesquisa: Brian J. Skinner et al. *The Blue Planet*: an introduction to Earth system science. New York: John Wiley e Sons Inc., 1999. p. 285.

Chuva orográfica na Serra do Mar, São Sebastião, São Paulo, em 2018.

146

Climas temperado e subtropical

Nas médias latitudes, ou seja, nas regiões situadas entre os trópicos e os círculos polares, ocorre o predomínio dos climas temperado e subtropical.

De modo geral, as áreas de clima temperado apresentam as quatro estações do ano bem definidas, com temperaturas amenas no outono e na primavera, verões quentes e invernos frios, com frequente ocorrência de neve.

Na América do Norte, as áreas de clima temperado abrigam as pradarias, compostas basicamente de plantas herbáceas, arbustos e gramíneas, e também as florestas temperadas, que se destacam pela presença de plantas que perdem as folhas durante o outono e o inverno, chamadas de caducifólias.

Vista de floresta temperada, no Canadá, em 2017.

Nas áreas com o predomínio do clima subtropical, as temperaturas ao longo do ano normalmente são mais amenas se comparadas às do clima temperado, com chuvas durante a maior parte do ano.

Na América do Sul, nessas áreas onde predomina o clima subtropical, há a presença de araucárias (pinheiros) nos estados da região Sul do Brasil, e de pradarias na Argentina, no Uruguai e no estado do Rio Grande do Sul (regionalmente denominadas Pampas).

Pampas no município de São Borja, Rio Grande do Sul, em 2017.

Araucárias no município de Bom Jardim da Serra, Santa Catarina, em 2016.

147

Climas frio e polar

Nas elevadas latitudes, onde há menor incidência de radiação solar, predominam climas com baixas temperaturas, como os climas polar e frio.

Nas áreas de clima polar, localizadas no extremo norte do continente, os invernos costumam apresentar temperaturas extremamente rigorosas, muitas vezes abaixo de –19 °C, e os verões são mais amenos, com temperaturas em torno de 10 °C. Nessas áreas, nota-se a predominância da tundra, vegetação formada por musgos e liquens, que se desenvolvem nos curtos períodos de verão após o derretimento da neve.

Vegetação de tundra no Alasca, Estados Unidos, em 2016.

Também nas elevadas latitudes estão localizadas as áreas de clima frio, em que as temperaturas médias no inverno são de aproximadamente –3 °C, e no verão ficam em torno de 10 °C. Nessas áreas, localizadas em uma ampla faixa no Canadá e parte dos Estados Unidos, desenvolve-se a floresta de coníferas, também conhecida como floresta boreal ou taiga, que apresenta aspecto homogêneo com predomínio de pinheiros.

Floresta boreal no Canadá, em 2016. Essa floresta é também chamada de taiga.

Furacões no Caribe

O sudeste dos Estados Unidos e o Caribe são regiões do planeta frequentemente atingidas por furacões, que podem causar alterações ambientais e enormes danos à população. Mas por que isso ocorre nessa região?

Os furacões são fenômenos climáticos com origem nos oceanos das regiões tropicais. Eles são formados devido à intensa incidência de radiação solar, o que torna as águas relativamente quentes, constituindo uma zona de baixa pressão atmosférica. Nos períodos mais quentes do ano, eles ocorrem com maior frequência. Nessas regiões, costumam se formar ventos úmidos que normalmente avançam em direção ao continente e contribuem para o deslocamento dos furacões.

Observe como é formado esse fenômeno.

Imagem de satélite do furacão Matthew, na costa do Atlântico, aproximando-se da Flórida, em 7 de outubro de 2016.

1. Os furacões se originam sobre as águas aquecidas dos oceanos localizados nas áreas tropicais do planeta, quando a temperatura atinge cerca de 27 °C. Os ventos alísios, vindos de diferentes direções, fazem o vapor da água aquecida subir, formando nuvens cumulonimbus.

2. À medida que absorve umidade e calor das águas dos oceanos tropicais, o furacão ganha mais força e aumenta a concentração de cumulonimbus, tornando-se maior.

3. Por causa do movimento de rotação da Terra, os furacões giram no sentido horário no hemisfério Sul e no sentido anti-horário no hemisfério Norte. Por serem movidos pelo calor e pela umidade das águas oceânicas, quando atingem as áreas continentais, os furacões perdem força rapidamente.

> **Cumulonimbus:** tipo de nuvem muito alta (seu topo pode alcançar 35 km de altura), geralmente com topo e base planos. À medida que aumenta seu tamanho, fica mais espessa e torna-se escura.

149

Clima frio de montanha

Nas áreas montanhosas do oeste do continente, como nos Andes e nas Montanhas Rochosas, predomina o clima frio de montanha. De modo geral, a temperatura da atmosfera diminui em média 0,6 °C a cada 100 metros de altitude. Assim, nos terrenos com maiores altitudes, o cume das montanhas mais altas chega a ficar permanentemente coberto de neve e gelo.

De acordo com a altitude do relevo, a variação na temperatura do ar provoca mudanças significativas na vegetação. Em geral, nas áreas mais baixas desenvolvem-se florestas, e nas áreas mais altas ocorre uma vegetação mais rasteira, a vegetação de altitude, como mostra a foto abaixo.

Observe também na ilustração, de forma esquemática, como ocorre a variação da vegetação em relação à altitude nas regiões temperadas.

Vegetação em diferentes altitudes

- geleiras
- campos de altitude
- floresta de coníferas
- floresta temperada

Representação sem proporção de tamanho. Cores-fantasia.

Vegetação de altitude nas Montanhas Rochosas no Canadá, em 2018.

Clima desértico e semiárido

O relevo pode influenciar o clima de determinada área ao dificultar ou facilitar a circulação das grandes massas de ar.

As elevadas cadeias montanhosas do oeste do continente determinam a existência de áreas de clima desértico e semiárido nessa região. As massas de ar quentes e úmidas vindas do oceano Pacífico são barradas pelas cadeias de montanhas norte-americanas. Perdendo a umidade na forma de chuvas próximas ao litoral, as massas de ar chegam ao interior do continente com baixa umidade. Daí a presença de áreas com formações vegetais desérticas e semiáridas, nas quais as plantas são adaptadas aos baixos níveis de pluviosidade ao longo do ano.

As áreas sob domínio de clima desértico apresentam grande amplitude térmica, diária e anual. As médias de temperatura podem variar muito, entre 30 °C e 8 °C ao longo do ano. Já as médias térmicas diárias variam de 38 °C durante o dia passando para cerca de –4 °C à noite, queda que ocorre rapidamente. As precipitações não ultrapassam 250 mm ao ano.

As áreas de clima semiárido apresentam temperaturas com médias de aproximadamente 26 °C praticamente o ano todo e totais de precipitação maiores que nas regiões de clima desértico (cerca de 500 mm a 1 000 mm de chuvas por ano).

Na região Nordeste do Brasil, as características do relevo também influenciam em grande parte os baixos índices de precipitação. As altitudes mais elevadas ao longo da faixa litorânea no Nordeste funcionam como uma barreira aos ventos úmidos do litoral, o que determina a presença do clima semiárido.

Deserto do Colorado, nos Estados Unidos, em 2017.

Amplitude térmica: diferença entre a temperatura máxima e a temperatura mínima registradas em um mesmo lugar, em um determinado período.

Vegetação de Caatinga no município de Floresta, Pernambuco, em 2018.

A influência das correntes marítimas no deserto do Atacama

As correntes marítimas exercem forte influência sobre os climas de diversas regiões do planeta. Isso porque elas podem alterar a umidade e a temperatura das massas de ar que circulam pela atmosfera.

Um dos fatores que explica a presença de áreas de deserto na costa oeste da América do Sul, como a do Atacama, no norte do Chile e sul do Peru, é a influência da corrente marítima fria do Peru (ou de Humboldt), que torna frias e secas as massas de ar que seguem em direção ao Atacama. A região da Patagônia, localizada no sul do Chile e da Argentina, também recebe forte influência das correntes marítimas frias que circulam pelas regiões mais próximas.

Veja o mapa e a foto abaixo.

A corrente marítima fria de Humboldt diminui a temperatura e a umidade da massa de ar que se desloca em direção ao continente. Ao chegar no continente, a massa de ar está com baixa umidade, o que dificulta a formação de chuvas na região e torna o clima mais seco, originando áreas de clima desértico.

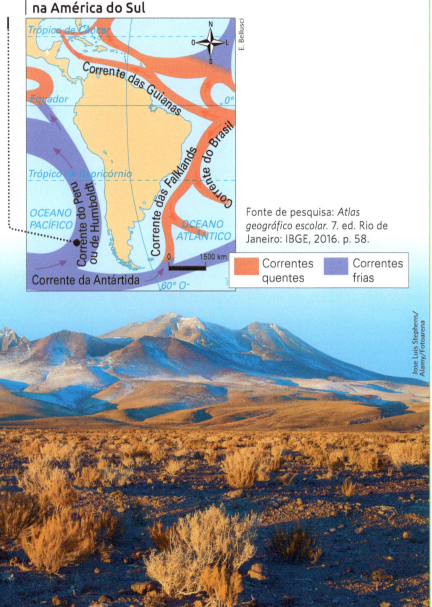

Fonte de pesquisa: *Atlas geográfico escolar*. 7. ed. Rio de Janeiro: IBGE, 2016. p. 58.

Deserto do Atacama, no Chile, em 2018.

Clima, recursos hídricos e gestão da água

A presença humana em grandes desertos do planeta quase sempre foi limitada pela falta de água desses locais. De fato, o recurso hídrico é extremamente escasso em regiões secas e áridas.

Contudo, o problema da baixa disponibilidade de água em algumas dessas regiões tem sido superado por meio da utilização de técnicas de irrigação, que abastecem as populações e garantem o desenvolvimento das mais diversas atividades. Um exemplo emblemático do uso dessas técnicas pode ser observado no deserto de Sonora, no estado da Califórnia, localizado na porção sudoeste dos Estados Unidos. Esse deserto é uma das regiões mais áridas do território estadunidense, com pluviosidade anual inferior a 250 mm (milímetros).

Sua paisagem começou a ser transformada na década de 1930, com a implantação de um projeto de irrigação que desviou parte das águas do rio Colorado até o deserto. Com isso, grandes áreas desérticas foram ocupadas por uma agricultura altamente moderna e produtiva, modificando completamente a paisagem, como podemos observar na foto ao lado.

Com a irrigação, o estado da Califórnia, mesmo tendo grande parte de seu território formado por desertos, tornou-se um grande produtor agrícola dos Estados Unidos, sobretudo de frutas e vegetais. Na foto observamos uma área irrigada no vale do rio Grande, no Colorado, Estados Unidos, em 2017.

Apesar de o aproveitamento das águas do rio Colorado atender ao abastecimento de milhões de pessoas e ao desenvolvimento de uma agricultura próspera, sua exploração tem gerado conflitos relacionados ao controle e à gestão dessas águas. Tais conflitos se agravaram nos últimos anos em decorrência de secas históricas que atingiram a região. Em algumas cidades, os habitantes já tiveram que reduzir o consumo de água ou passaram a adotar o racionamento. Preocupados com a diminuição do nível das águas, ambientalistas e pescadores estão se opondo à abertura de novos poços e conseguindo proibir a irrigação nas áreas em que a situação é mais crítica. Para piorar a situação, estudos indicam que, ao longo das próximas décadas, o rio Colorado poderá perder boa parte de suas águas em razão das mudanças climáticas provocadas pelo aquecimento global.

1. Pesquise projetos e iniciativas no mundo voltados para contornar o problema da escassez de água.

2. As novas técnicas podem favorecer a ocupação humana em grande parte do planeta, mesmo em ambientes pouco favoráveis a certas atividades econômicas. Debata com os colegas de que maneira, no caso de gestão de recursos hídricos, o emprego dessas tecnologias impacta na qualidade de vida das populações e afeta a biodiversidade.

Atividades

Organizando o conhecimento

1. Quais fatores naturais exercem maior influência nos tipos de climas e formações vegetais no continente americano?

2. Explique a diferença entre chuva de convecção e chuva orográfica.

3. Que argumento você utilizaria para explicar a uma pessoa que em nosso país não há ocorrência da vegetação de tundra?

4. De acordo com o que você estudou, explique como a altitude exerce influência na vegetação. Justifique a sua resposta.

Conectando ideias

5. A foto a seguir mostra parte da cidade de Houston, Texas, Estados Unidos, inundada após a passagem do furacão Harvey, em 2017. Esse furacão foi classificado como grau 5 (classificação máxima) na escala Saffir-Simpson, que mede a intensidade dos furacões. **Observe** a foto e, em seguida, **responda** às questões.

Vista aérea da cidade de Houston, Texas, Estados Unidos, em 2017.

   a) De acordo com o que você estudou, relate como esse fenômeno tem origem.

   b) **Explique** por que um furacão como o Harvey dificilmente atingiria o litoral da França.

6. **Leia** a manchete a seguir e depois **responda** sobre as formações vegetais no continente americano.

> **Com metade da área devastada, cerrado pode desaparecer ainda neste século**

Correio Braziliense, 18 nov. 2017. Disponível em: <https://www.correiobraziliense.com.br/app/noticia/cidades/2017/11/19/interna_cidadesdf,641906/com-metade-da-area-devastada-cerrado-pode-desaparecer-ainda-neste-sec.shtml>. Acesso em: 25 set. 2018.

a) A vegetação de Cerrado é influenciada por qual tipo de clima do continente americano?

b) **Cite** três exemplos de formações vegetais que também se desenvolvem na América e **associe-as** ao tipo de clima que as influencia.

7. **Leia** o texto a seguir.

> Entre a longa Cordilheira dos Andes e o Oceano Pacífico, no país mais esticado do mundo, está o maior deserto latino-americano, o chileno Atacama. A aridez domina a região e os municípios próximos – são quase 1.500 km de extensão onde a média de chuvas é de 0,1 mm ao ano, com áreas onde a água fica sem cair por séculos. Nesse mar de sequidão, fica a região de Coquimbo, no município de Chungungo, que é banhado pelo mar, e onde choveu apenas cinco vezes em todo o ano de 2013. Na área, a média histórica de chuvas é de apenas 100 mm ao ano – contra 1.500 mm em São Paulo, por exemplo. [...]
>
> Luiz Felipe Silva. Esta região no deserto chileno tira água do ar sem gastar energia. *Superinteressante*, São Paulo, 2015. Disponível em: <https://super.abril.com.br/ideias/a-agua-que-vem-do-ar/>. Acesso em: 25 set. 2018.

- **Relacione** o texto acima com a influência da corrente marítima fria de Humboldt nessa região.

8. **Observe** o climograma a seguir. Em seguida, **identifique** o tipo de clima que ele representa e **relacione-o** à descrição correta. **Explique** a sua resposta.

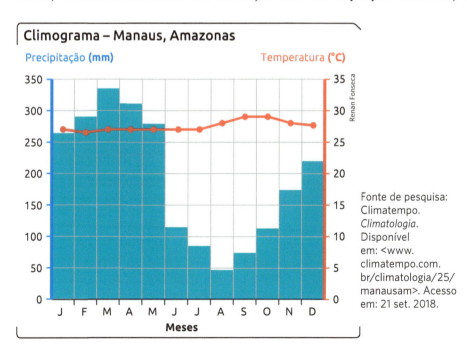

a) Este climograma retrata as características de um clima próximo ao Círculo Polar Ártico, ou seja, em elevadas latitudes.

b) Este climograma retrata as características de um clima próximo à linha do Equador, portanto, em baixas altitudes.

CAPÍTULO 15

Regiões polares: nos extremos da América

A América é um continente de grande extensão no sentido norte-sul, com terras que se estendem desde as áreas polares do hemisfério Norte até as proximidades do círculo polar Antártico, no extremo sul do território. No estudo deste capítulo, vamos conhecer melhor as características das regiões polares do globo: a Antártida e o Ártico.

O ambiente polar

As regiões polares estão localizadas nas maiores latitudes do planeta, ou seja, nas áreas entre os círculos polares e os polos: norte (hemisfério Norte) e sul (hemisfério Sul).

O Ártico e a Antártida correspondem às regiões de menor temperatura do planeta. Isso porque, em razão do formato arredondado e da inclinação do eixo da Terra, nessas áreas a incidência dos raios solares ocorre de maneira bastante inclinada, diminuindo a intensidade da radiação solar. Assim, as baixas temperaturas é muito rigoroso durante praticamente todo o ano, com precipitações que ocorrem, basicamente, na forma de neve.

Banquisas e geleiras

O frio intenso nas regiões polares provoca o congelamento da camada superficial das águas oceânicas, formando uma imensa massa de gelo, geralmente de grande espessura, denominada banquisa.

No verão, as banquisas tendem a diminuir de tamanho e, no inverno, a aumentar sua extensão. A Antártida, por exemplo, chega a diminuir cerca de 83% da área de águas oceânicas congeladas durante os meses menos frios.

O frio polar também é responsável pela formação dos inlândsis, ou geleiras polares, que são imensas plataformas de gelo formadas pela compactação de diversas camadas de neve, e que podem atingir até 4 mil metros de espessura.

Estima-se que as geleiras polares concentrem cerca de 70% da água doce existente em nosso planeta.

Quando parte dos inlândsis se desprende e desliza pelos mares, recebe o nome de iceberg, o qual pode ser levado pelas correntes oceânicas em direção às regiões de latitudes mais baixas, onde, em razão das temperaturas mais elevadas, derrete gradativamente.

Banquisas e geleiras na Noruega, em 2017.

> **Geleira:** grande massa de gelo formada pelo acúmulo gradativo de neve. Há dois tipos: geleira de altitude (desenvolve-se em terrenos de elevada altitude) e geleira polar (forma-se sobre áreas continentais ou ilhas nas elevadas latitudes).

O Ártico

A região ártica abriga parte do território de alguns países do hemisfério Norte e, ainda, imensos blocos de gelo formados pelo congelamento das águas do oceano Glacial Ártico. Mesmo com o rigor das baixas temperaturas, a região ártica é habitada por vários grupos humanos há mais de 4 mil anos. Entre eles, estão os Inuítes e os Lapões (quadro ao lado).

Embora atualmente as atividades tradicionais da caça e da pesca ainda sejam praticadas no Ártico, essa região também apresenta atividades econômicas voltadas à extração de recursos minerais (como níquel e ouro) e energéticos fósseis (como petróleo e gás natural), realizadas por grandes empresas multinacionais. Em meados do século XX, a descoberta de jazidas minerais e recursos energéticos fósseis, como o petróleo, expandiu os ramos de atividades econômicas voltadas à exploração dos recursos naturais da região ártica. Veja o mapa abaixo.

Os Inuítes vivem nas áreas costeiras do Alasca, da Groenlândia e do extremo norte do Canadá. Em geral, sobrevivem da caça e da pesca. Os Lapões habitam o litoral da região norte da Europa, como Noruega, Suécia e Finlândia. Assim como os inuítes, os lapões vivem da pesca, da caça e, sobretudo, do pastoreio de renas.

Recursos naturais do Ártico

Fontes de pesquisa: John Pernetta. *Atlas of the oceans*. Rand McNally: United States, 1994. p. 132. *Atlas national geographic*: Oceania, polos e oceanos. São Paulo: Abril, 2008. p. 82.

Outra transformação provocada pela exploração de recursos naturais foi no modo de vida tradicional de seus povos nativos. Isso aconteceu porque, além de atrair imigrantes, com hábitos variados de diferentes lugares do mundo, fez surgir novas cidades e vilarejos. Dessa forma, além de ampliar o comércio, as estradas, as indústrias e a oferta de serviços, essas transformações permitiram que muitos nativos passassem a viver de forma sedentária, ou seja, em lugares fixos, abandonando o nomadismo.

Ao lado, pastor lapão tomando conta de rebanho de renas na Suécia, em 2016. A utilização de veículos motorizados na prática dessa atividade é um exemplo de mudanças ocorridas no modo de vida tradicional desses povos.

157

Antártida: o continente gelado

A Antártida é formada por uma área continental rochosa coberta por camadas de gelo, que atingem de 2 mil a 4 mil metros de espessura. Possui aproximadamente 14 milhões de km², porém, durante o inverno, com a ampliação do tamanho das banquisas, a área do continente chega a 19 milhões de km², quase o dobro do território brasileiro.

Ao contrário da região ártica, a Antártida não possui povos nativos. Nesse continente existem bases científicas que abrigam pesquisadores de diversos países.

O estabelecimento de bases de pesquisas científicas na Antártida é permitido desde 1961, quando entrou em vigor o Tratado da Antártida, em que ficou estabelecido que nenhum país poderia tomar posse de terras antárticas, embora pudessem construir bases de pesquisas científicas no continente. Além disso, o Tratado proibia atividades militares, testes nucleares e depósitos de materiais radioativos.

O Protocolo de Madri, estabelecido em 1991, complementou o Tratado da Antártida ao proibir, por mais cinquenta anos, qualquer exploração dos recursos minerais, vegetais e animais do continente, exceto para pesquisas.

As pesquisas na região antártica são de grande importância para diversas áreas científicas. Entre elas, destacam-se as que procuram compreender as mudanças climáticas no planeta Terra e suas consequências (como o derretimento das calotas polares e a elevação do nível médio dos oceanos).

Programa Antártico Brasileiro (Proantar)

O Brasil realiza pesquisas científicas na Antártida por meio do Programa Antártico Brasileiro, o Proantar. Entre essas pesquisas, destacam-se aquelas que visam compreender a atmosfera antártica e a sua influência sobre o clima do Brasil.

Embora a base de pesquisa brasileira, denominada Estação Antártica Comandante Ferraz, localizada na ilha Rei George, tenha sido praticamente destruída após um incêndio ocorrido em 25 de fevereiro de 2012, o governo brasileiro vem desenvolvendo um projeto para a construção de uma nova base de pesquisa.

Em 2013, o projeto concluiu a construção dos Módulos Antárticos Emergenciais (MAE), instalações que abrigam provisoriamente cientistas e militares brasileiros na Antártida.

Base de pesquisa brasileira Comandante Ferraz, Antártida, em 2014.

Território e geopolítica na Antártida

Embora os acordos internacionais ainda garantam que ao longo das próximas décadas o continente antártico seja utilizado apenas para fins pacíficos e pesquisas científicas, temas como a ocupação do território e a exploração econômica dos seus recursos naturais continuam despertando interesses de várias nações.

Nesse sentido, mesmo antes da assinatura do Tratado da Antártida, países como Chile, Argentina, Reino Unido, França, Noruega, Austrália e Nova Zelândia, por exemplo, já faziam reivindicações territoriais sobre vastas áreas do continente, fato não reconhecido por outras nações. Os que se posicionam contrariamente a reconhecer a soberania de qualquer país sobre a região alegam que isso significaria, na verdade, assegurar o direito de uma possível futura exploração econômica.

O que está em jogo nessa disputa é a apropriação futura das riquezas existentes no continente, visto que a proibição dessa exploração estabelecida atualmente no Tratado da Antártida pode não ser novamente renovada. No âmbito internacional, por exemplo, continuam ocorrendo discussões sobre a regulação de futuras atividades mineradoras no continente.

Se, por um lado, certos países atuam no sentido de fazer prevalecer seus interesses estratégicos e econômicos sobre a região, por outro, também ganha força a ação de movimentos ambientalistas e ONGs (Organizações Não Governamentais) que lutam em defesa da preservação ambiental da região.

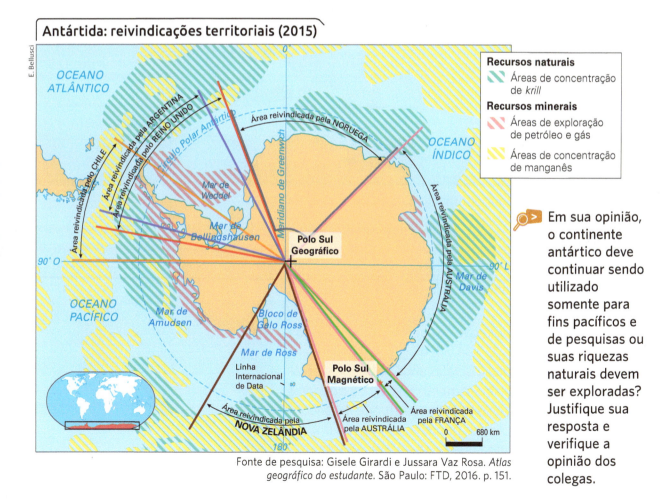

Fonte de pesquisa: Gisele Girardi e Jussara Vaz Rosa. *Atlas geográfico do estudante*. São Paulo: FTD, 2016. p. 151.

> Em sua opinião, o continente antártico deve continuar sendo utilizado somente para fins pacíficos e de pesquisas ou suas riquezas naturais devem ser exploradas? Justifique sua resposta e verifique a **opinião dos colegas**.

Geografia e Ciências

A biodiversidade e os perigos que rondam as regiões polares

O rigoroso frio das regiões polares não impede que, nessas regiões, existam espécies animais e vegetais adaptadas às condições climáticas.

Em uma pesquisa sobre as regiões polares, realizada ao longo de 10 anos por cientistas de 22 países, chamada de Censo da Vida Marinha Antártica, ou CAML, foram registradas mais de 12 mil espécies de animais vivendo nessas áreas.

Na vida marinha da Antártida, encontramos diversas espécies de animais, como atuns, baleias, leões-marinhos e o *krill*, espécie de camarão rico em proteínas. Além desses animais, focas, albatrozes e pinguins vivem no continente.

Já no Ártico, podemos encontrar baleias, ursos-polares, raposas, renas e variadas espécies de peixes.

Ursos polares na região do Ártico, Rússia, em 2016.

Krill

O *krill* constitui uma das principais fontes de alimento de vários animais polares, como baleias, focas e pinguins.

A intensa exploração comercial do *krill* pode causar a redução de sua população e, consequentemente, a diminuição do alimento de animais polares. Além disso, o aquecimento das águas polares e a diminuição da cobertura de gelo, onde se encontram as algas marinhas que são fonte de alimento podem provocar uma queda na quantidade de *krill*.

Krill.

A pesca em grande escala vem causando sérios riscos a diversas espécies de animais existentes nos polos. Algumas espécies de baleias, por exemplo, por serem muito apreciadas como alimento em alguns países (como o Japão), já correm risco de extinção.

Pesca da baleia sendo realizada na Antártica, em 2014, por navio baleeiro russo.

Turismo e meio ambiente

Muitas pessoas procuram as regiões polares para conhecer tanto as belas paisagens quanto a vida selvagem existente nessas áreas.

No entanto, são necessárias medidas para evitar que o turismo realizado nessas áreas não cause problemas ao meio ambiente polar.

Nesse sentido, o protocolo ambiental do Tratado da Antártida, assinado em 1959, procura assegurar a proteção ao meio ambiente antártico frente às atividades humanas, como a turística.

Já no Ártico, as leis ambientais variam de acordo com o país que possui parte do território localizado na região.

Ao lado, turistas fotografando *icebergs* nas águas da Antártica, em 2016.

De acordo com alguns estudos, o aquecimento global, decorrente da elevação da temperatura média da atmosfera terrestre e intensificado pelas atividades dos seres humanos, é um problema também observado nas regiões polares. Segundo esses estudos, o aquecimento global é o responsável pelo derretimento das calotas polares, sobretudo no Ártico. Junto com um colega, realize uma pesquisa sobre as possíveis consequências do aquecimento global para a vida presente nas regiões polares. Depois, realizem um debate em sala de aula apresentando o resultado da pesquisa.

161

Atividades

Organizando o conhecimento

1. Explique quais são os fatores naturais responsáveis por tornar as regiões polares as mais frias da Terra.

2. O que diferencia as banquisas dos inlândsis?

3. Considerando a distribuição da água doce no planeta, por que as geleiras polares são importantes?

4. O rigor das baixas temperaturas das regiões polares impede o desenvolvimento de vegetais e a existência de animais nessas partes do planeta?

5. Relacione a intensificação da exploração dos recursos naturais do Ártico e a transformação do modo de vida de suas populações tradicionais.

6. Em 1961, entrou em vigor o Tratado da Antártida. Com qual objetivo principal esse tratado foi criado?

7. Além das tradicionais atividades econômicas de caça e pesca, como é possível observar na foto abaixo, quais outras atividades são realizadas por grandes empresas na região ártica?

Barco pesqueiro na Groenlândia, em 2015.

8. De acordo com o que você estudou, a afirmação a seguir está correta? Explique sua resposta.

> As populações nativas da Antártida vivem em vilarejos e praticam a caça e a pesca.

Conectando ideias

9. **Analise** as informações apresentadas nos gráficos a seguir.

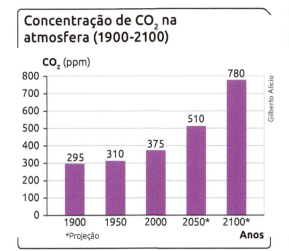

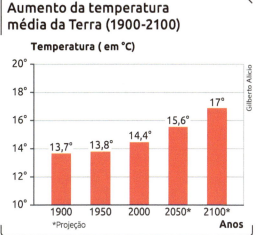

Fonte de pesquisa dos gráficos: IPCC (Intergovernmental Panel on Climate Change). Disponível em: <www.ipcc.ch/>. Acesso em: 25 set. 2018.

a) Qual informação está sendo mostrada no gráfico **A**? E no gráfico **B**?

b) Que **relação** se pode estabelecer entre as informações mostradas nos gráficos e o fenômeno do aquecimento global?

c) Junto com um colega, realize uma **pesquisa** sobre as possíveis consequências do aquecimento global para a vida presente nas regiões polares. Depois, realizem um debate em sala de aula apresentando o resultado da pesquisa. Que relação se pode estabelecer entre as informações mostradas nos gráficos e o fenômeno do aquecimento global?

Verificando rota

- O continente americano apresenta diferentes regionalizações.
- Os colonizadores iniciaram o processo de exploração e povoamento do continente americano no final do século XV, quando essas terras já eram habitadas há muito tempo pelos mais diferentes povos indígenas.
- Houve diferentes tipos de colonização no continente americano; enquanto na América Anglo-Saxônica prevaleceram as colônias de povoamento, na América Latina, predominaram as colônias de exploração.
- As diferentes características dos países da América estão relacionadas também com o processo de colonização que tiveram.
- Devido à grande extensão longitudinal do seu território, o continente americano apresenta rica diversidade natural, que se expressa no relevo, na hidrografia, no clima e na vegetação.
- A Antártida e o Ártico são as regiões que apresentam as menores temperaturas médias da superfície terrestre.
- O Ártico possui população nativa, já a Antártida possui bases de pesquisas e alguns turistas que visitam a região.
- As regiões polares são ameaçadas por alguns impactos ambientais, como a pesca predatória e o aquecimento global.

UNIDADE

5
América Latina

Capítulos desta unidade
- **Capítulo 16** - População da América Latina
- **Capítulo 17** - A economia da América Latina
- **Capítulo 18** - Geopolítica e integração na América Latina

A foto retrata mulher com vestes que caracterizam a cultura peruana na área do vale de Colca, em Chivay, Peru, em 2017. Uma parte considerável da população latino-americana ainda está fortemente ligada às tradições culturais dos povos ancestrais indígenas, os quais viveram nessa região há milhares de anos.

Iniciando rota

1. Cite alguns países que formam a América Latina.
2. A miscigenação de quais povos deu origem à população latino-americana?
3. Além do contraste social e da elevada urbanização, o que mais você sabe a respeito dos países latino-americanos?

CAPÍTULO 16

População da América Latina

A população latino-americana encontra-se distribuída de maneira irregular pelo território.

Densidade demográfica da América Latina (2015)

Fonte de pesquisa: Gisele Girardi e Jussara Vaz Rosa. *Atlas geográfico do estudante*. São Paulo: FTD, 2016. p. 180.

Observando o mapa ao lado, percebe-se que as áreas de grande concentração populacional na América Latina estão situadas, principalmente, nas proximidades das zonas costeiras leste e oeste do continente, em áreas onde se iniciou o processo de colonização europeia.

▶ De acordo com o mapa, descreva como a população da América Latina encontra-se distribuída no território. Nessa descrição, destaque as áreas de maior e de menor densidade populacional.

▶ **Aprenda mais**

O livro *História da América Latina*, das autoras Maria Ligia Prado e Gabriela Pellegrino, aborda aspectos importantes da história da América Latina, como o processo de colonização, a história de suas grandes civilizações e a exploração de seus recursos realizada pelos colonizadores.

Maria Ligia Prado e Gabriela Pellegrino. *História da América Latina*. São Paulo: Contexto, 2018.

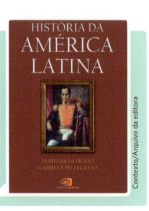

166

Observe a tabela abaixo e verifique a diferença entre a densidade populacional de alguns países latino-americanos.

Distribuição da população de alguns países da América Latina (2018)

País	População	Área (em km²)	Densidade demográfica (hab./km²)
Brasil	208 494 900	8 515 759	24
México	130 759 074	1 964 380	66
Colômbia	49 464 683	1 141 750	43
Argentina	44 688 864	2 791 810	16
Venezuela	32 381 221	912 050	35
Paraguai	6 896 908	406 750	17
Jamaica	2 898 677	10 990	264

Fontes de pesquisa: IBGE. Disponível em: <www.ibge.gov.br/>. United Nations. *World population prospects*. Disponível em: <https://esa.un.org/unpd/wpp/DVD/Files/1_Indicators%20(Standard)/EXCEL_FILES/1_Population/WPP2017_POP_F01_1_TOTAL_POPULATION_BOTH_SEXES.xlsx>. Acessos em: 26 set. 2018.

> Embora a Jamaica possua uma população bem menor que a do Brasil, sua densidade demográfica é muito maior que a de nosso país. Como você explica esse fato?

De modo geral, as áreas de menor densidade populacional estão localizadas nas áreas de florestas da Amazônica, no centro-norte da América do Sul, e em terrenos inóspitos para a ocupação humana, como as altas montanhas andinas, as regiões desérticas do Atacama, no norte do Chile, e da Patagônia, no extremo sul da Argentina e do Chile.

Inóspito: lugar onde não se pode viver ou onde a sobrevivência é limitada.

Geleiras do glaciar Perito Moreno, localizado na Patagônia, sul da Argentina, em 2017.

Crescimento demográfico da América Latina

A partir da metade do século XX, a população latino-americana cresceu expressivamente, como é possível observar no gráfico a seguir.

Fonte de pesquisa: United Nations. *World population prospects*. Disponível em: <https://population.un.org/wpp/DataQuery/>. Acesso em: 29 set. 2018.

> Sabendo que em 1950 a população da América Latina era de aproximadamente 168 milhões de habitantes, podemos dizer que em 75 anos a população latino-americana mais que quadruplicou?

Como é possível perceber, analisando o gráfico, a população total dos países latino-americanos não alcançava 168 milhões de habitantes em 1950, e após trinta anos já contava com mais de 360 milhões de pessoas.

Esse rápido crescimento populacional pode ser explicado pela redução das taxas de mortalidade e, especialmente, pelas elevadas taxas de natalidade registradas na região durante o século XX.

A diminuição da mortalidade e o aumento da expectativa de vida foram decorrentes de medidas médico-sanitárias que os países, de uma maneira geral, adotaram a partir de 1950, proporcionando assim melhor qualidade de vida à população, como o tratamento de água e esgoto e também a ampliação dos serviços de saúde (campanhas de vacinação em massa da população, construção de hospitais, combate a epidemias, etc.).

Enquanto a mortalidade diminuía, a taxa de natalidade permanecia elevada e, com isso, o crescimento da população se acelerava.

Embora a partir da década de 1970 vários países latino-americanos tenham apresentado uma queda no índice de crescimento natural da população, ainda hoje muitos deles registram um crescimento populacional elevado quando comparado às taxas de países desenvolvidos.

Crescimento demográfico desigual

As taxas de crescimento demográfico não são as mesmas entre os países da América Latina. Em alguns a diminuição da taxa de natalidade associada à queda da taxa de mortalidade vem provocando mudanças no ritmo de crescimento populacional. Observe abaixo, as pirâmides etárias da Guatemala e do Uruguai, em 2018.

Grande parte dos países latino-americanos apresenta a pirâmide etária com a forma semelhante à da pirâmide da Guatemala.

Nelas, a base larga indica elevadas taxas de natalidade, resultantes da ausência ou ainda da ineficiência de políticas de planejamento familiar. Já o ápice estreito é um indicador de que a população apresenta elevada taxa de mortalidade e baixa expectativa de vida, decorrentes das precárias condições em que vive grande parte da população.

Os países da América Latina que apresentam maiores desenvolvimentos econômico e social, como Argentina, Chile, Uruguai e Brasil, vêm apresentando mudanças em sua estrutura etária nas últimas décadas. Nesses países, em virtude da diminuição gradativa da taxa de natalidade, o formato da pirâmide etária vem se aproximando da configuração da pirâmide de países desenvolvidos (base estreita e ápice largo).

Na pirâmide etária do Uruguai, o leve alargamento do topo corresponde ao aumento na expectativa de vida, em consequência dos maiores investimentos na área de saúde. Já o estreitamento da base do gráfico representa uma tendência de queda na taxa de natalidade.

De modo geral, essa redução da taxa de natalidade pode ser relacionada com o processo de urbanização, quando grande parte das pessoas passou a viver nas áreas urbanas.

Os elevados gastos da população com alimentação, vestuário, transporte e educação fizeram com que as famílias se tornassem cada vez menores.

Fonte de pesquisa dos gráficos: United Nations. *World population prospects.* Disponível em: <https://population.un.org/wpp/DataQuery/>. Acesso em: 29 set. 2018.

Fluxos migratórios na América Latina

Na América Latina os fluxos migratórios contemporâneos ocorrem com menos intensidade quando comparados aos de outras regiões do globo, como na Europa, América do Norte, Ásia e África.

Durante as últimas décadas do século XX, em decorrência de crises econômicas, o aumento do desemprego e da pobreza, as migrações de latino-americanos se dirigiam principalmente em direção aos países desenvolvidos, sobretudo para os Estados Unidos e o continente europeu.

No início do século atual, entretanto, os fluxos migratórios de latino-americanos também se intensificaram no interior da própria região, ou seja, eles passaram a se deslocar também para os países vizinhos. Entre 2009 e 2015, por exemplo, o fluxo migratório entre os países da região aumentou em 50%.

Entre as razões que vêm contribuindo para o aumento das migrações na região destacam-se:

- a adoção de regras mais rígidas para a entrada dos imigrantes latinos nos países desenvolvidos;
- as características históricas e culturais comuns entre os países da região;
- as oportunidades no mercado de trabalho, sobretudo nos países de maior economia da região, como o Brasil, a Argentina e o Chile.

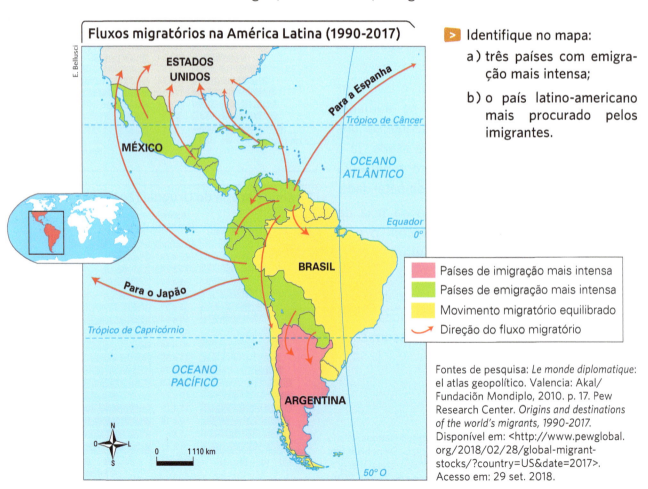

> Identifique no mapa:
> a) três países com emigração mais intensa;
> b) o país latino-americano mais procurado pelos imigrantes.

Fontes de pesquisa: *Le monde diplomatique*: el atlas geopolítico. Valencia: Akal/Fundaciõn Mondiplo, 2010. p. 17. Pew Research Center. *Origins and destinations of the world's migrants, 1990-2017*. Disponível em: <http://www.pewglobal.org/2018/02/28/global-migrant-stocks/?country=US&date=2017>. Acesso em: 29 set. 2018.

O gráfico ao lado mostra o número total de imigrantes latinos que vivem em outros países da própria região.

Em geral, os latinos encontram certa facilidade para deixar seu país de origem e entrar em outros países da região. A maioria dos governos da região adotam políticas migratórias pouco restritivas, permitindo a entrada dos imigrantes. Por outro lado, pela falta de fiscalização e de controle nas zonas de fronteiras, muitos imigrantes conseguem chegar clandestinamente aos países de destino.

De maneira geral, a busca por trabalho e melhores condições de vida são os principais fatores que levam os latino-americanos a deixarem seus países de origem. Nos últimos anos, por exemplo, milhares de venezuelanos têm migrado para os países vizinhos, inclusive para o Brasil, em decorrência da grave crise econômica que afeta a economia daquele país. Mas, além dos problemas socioeconômicos, as migrações na região também têm outras causas. Em 2010, o forte terremoto que atingiu o Haiti, um dos países latino-americanos mais pobres, localizado no mar do Caribe, causou milhares de mortes e deixou milhões de desabrigados, muitos dos quais migraram para outros países, inclusive para o Brasil.

O Brasil também participa das migrações que ocorrem na América Latina, tanto recebendo a imigração de latino-americanos em nosso país quanto da saída de brasileiros para outros países da região. De acordo com dados de 2017, entre os imigrantes latinos em maior número no Brasil estão os paraguaios e bolivianos (ambos com 50 mil), argentinos (40 mil), uruguaios (30 mil) e chilenos e peruanos (ambos com 20 mil). Os emigrantes brasileiros, por sua vez, também são numericamente expressivos em vários países da região. Cerca de 80 mil brasileiros vivem no vizinho Paraguai, 50 mil na Argentina, 30 mil na Bolívia e 20 mil no Chile.

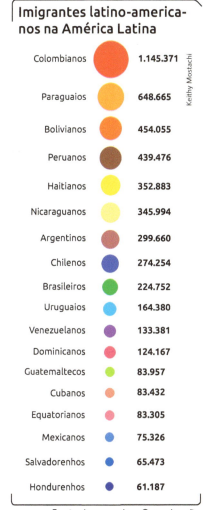

Imigrantes latino-americanos na América Latina

Colombianos	1.145.371
Paraguaios	648.665
Bolivianos	454.055
Peruanos	439.476
Haitianos	352.883
Nicaraguanos	345.994
Argentinos	299.660
Chilenos	274.254
Brasileiros	224.752
Uruguaios	164.380
Venezuelanos	133.381
Dominicanos	124.167
Guatemaltecos	83.957
Cubanos	83.432
Equatorianos	83.305
Mexicanos	75.326
Salvadorenhos	65.473
Hondurenhos	61.187

Fonte de pesquisa: Organização Internacional para as Migrações (OIM). Disponível em: <https://nacoesunidas.org/agencia/oim/>. Acesso em: 1º out. 2018.

Segundo o Alto Comissariado das Nações Unidas para Refugiados (ACNUR), mais de um milhão de venezuelanos fugiram da situação de miséria e também da perseguição política promovida pelo governo daquele país. Desse total, estima-se que entre 40 mil e 60 mil vieram para o Brasil, a maioria entrando pela fronteira com Roraima. Podemos observar esse processo de migração com base na foto, que mostra o desembarque de venezuelanos na fronteira entre Brasil e Venezuela, no município de Boa Vista, Roraima, em 2018.

171

Ampliando fronteiras

As mulheres na América Latina

Assim como em outros lugares do mundo, na América Latina a mulher enfrenta vários desafios em busca da igualdade de direitos, em diferentes setores.

Recentemente, muitas conquistas foram alcançadas, mas isso não foi suficiente para equiparar as condições econômicas, políticas e sociais da mulher frente aos homens. Por isso, ainda há muito pelo que lutar.

Conhecer as reais condições da mulher, refletir e conversar sobre elas pode ser o primeiro passo para modificar esse cenário. Por isso, observe com atenção as informações a seguir, que tratam da situação da mulher na América Latina.

Segundo um estudo do Banco Mundial, divulgado em janeiro de 2016, vivem na América Latina 20 milhões de jovens entre 15 e 24 anos que não estudam ou trabalham, conhecidos como "nem-nem". Desse contingente, a maioria é mulher. Um dos principais motivos para essa situação é a gravidez adolescente, que inicialmente conduz ao abandono escolar e, consequentemente, à dificuldade de acesso ao mercado de trabalho.

Segundo estudos realizados pela Comissão Econômica para a América Latina e o Caribe (Cepal), uma em cada três mulheres na América Latina não tem renda própria. Desse total, 51,6% das mulheres afirmaram que isso ocorre por terem de cuidar das tarefas domésticas.

1. Por que é importante discutir desigualdade de gênero em relação à remuneração e às oporunidades de emprego?

2. O empenho governamental é relevante para aumentar a participação das mulheres no mercado de trabalho? Ou essas são questões pessoais que dependem das características familiares e dos interesses individuais?

3. Em sua opinião, quais fatores contribuem para que as mulheres enfrentem dificuldades para conquistar a igualdade de remuneração nas ocupações que exigem maior qualificação? O que poderia ser feito para reduzir essa desigualdade?

4. Escolha uma mulher do seu convívio social e converse com ela sobre sua atividade profissional. Procure saber se ela enfrentou dificuldades na carreira pelo fato de ser mulher. Em caso afirmativo, peça que descreva essa situação e como lidou com ela, destacando as consequências desse acontecimento para a vida dela. Em caso negativo, peça que comente como a igualdade de condições se reflete em sua experiência pessoal.
Traga esses relatos para a sala de aula e compartilhe com os colegas. Depois, produza um texto com as suas impressões sobre o assunto e disponibilize-o para leitura em um mural da escola.

Representação cartográfica sem escala.

▌ Nas ocupações ou empregos que exigem ensino superior, ainda persiste a desigualdade entre a remuneração das mulheres e dos homens. No Chile, Brasil, México e Peru houve até o aumento dessa disparidade, principalmente nas ocupações que exigem maior qualificação, de acordo com dados do Banco Mundial.

▌ De acordo com dados da ONU, as mulheres estão mais representadas na política da América Latina do que em outras regiões do mundo, com um número maior de parlamentares femininas e chefes de Estado.

▌ De acordo com o relatório *Mulheres, Empresas e o Direito 2016*, do Banco Mundial, quase todas as economias da América Latina e do Caribe possuem leis de proteção da mulher contra a violência doméstica. No entanto, implementá-las continua a ser um grande desafio.

A riqueza cultural dos povos latino-americanos

A América Latina apresenta uma grande diversidade étnico-cultural, resultado da miscigenação entre os diferentes povos que deram origem à sua população.

No entanto, essa miscigenação não ocorreu da mesma maneira em toda a América Latina. Em alguns lugares, houve o predomínio de indígenas; em outros, de europeus ou, ainda, de negros africanos.

Em países da América Central, como Haiti e Jamaica, foi intensa a influência das culturas e tradições dos negros africanos. Muitos deles foram escravizados e obrigados a sair de seu país de origem para trabalhos forçados nas monoculturas de exportação, como a da cana-de-açúcar.

Na foto, pessoas circulando em uma rua de Porto Príncipe, capital do Haiti, em 2017.

Já em países como Peru e Bolívia, por exemplo, a influência das culturas e tradições dos povos indígenas americanos está bastante presente. Neles e em vários outros da região, os descendentes de povos indígenas chegam a compor cerca de 50% da população.

Nas cidades bolivianas é possível perceber a influência indígena nas culturas e tradições de parte da população, como mostra a foto ao lado, na cidade de La Paz, Bolívia, em 2017.

É forte a influência dos povos europeus sobre a formação étnico-cultural da América Latina. Em praticamente todos os países dessa região verifica-se o uso oficial de línguas latinas (português e espanhol), o predomínio da religião católica, adotada pelos colonizadores europeus, além da arquitetura de muitas construções.

Na foto, movimento de pessoas em Buenos Aires, capital da Argentina, em 2017.

A pluralidade cultural brasileira

Assim como os demais países da América Latina, o Brasil também apresenta uma grande diversidade étnico-cultural, cuja origem está no encontro de diferentes povos que participaram da formação da nossa população, ou seja, indígenas, europeus (sobretudo portugueses), africanos e asiáticos, como os japoneses, libaneses, sírios, entre outros.

Talvez você não perceba, mas vários costumes do nosso dia a dia, como alguns hábitos alimentares e vestimentas, são influências dos povos que formaram a população brasileira. A língua portuguesa e a religião católica, predominantes no Brasil, por exemplo, são heranças da colonização europeia, especificamente de Portugal.

> Pense nos seus hábitos diários. Em algum deles você identifica aspectos da cultura dos povos formadores da população brasileira? Caso seja necessário, faça uma pesquisa para responder a essa questão.

A Folia de Reis é um festejo católico praticado em diversas cidades do Brasil. Na foto, observamos esse festejo em Antonina, Paraná, em 2017.

Capoeira

A capoeira é definida como uma expressão cultural que mistura dança, luta e música.

Em geral, a capoeira se caracteriza pela espontaneidade dos movimentos, realizados naturalmente e com base no reflexo e na agilidade do praticante, que segue o ritmo dos instrumentos e da música.

Com o passar dos anos foi criado um novo estilo, denominado capoeira regional. Este, distinto da capoeira de Angola, valoriza a técnica dos movimentos, que deveriam ser praticados e estudados visando aumentar sua velocidade e força. Assim, a capoeira tornou-se uma prática desportiva.

Mesmo depois de séculos, a capoeira é disseminada em várias regiões do Brasil, comprovando que a influência da cultura negra é muito forte e presente em nosso país.

Roda de capoeira em Paraty, Rio de Janeiro, em 2016.

Geografia e Arte

A arte dos povos indígenas da América Latina

Os povos pré-colombianos, que habitavam a América antes da chegada dos colonizadores, possuíam uma rica expressão artística.

Era por meio da arte que, de modo geral, esses povos retratavam sua vida em sociedade, suas crenças e, sobretudo, a relação que estabeleciam com a natureza.

Embora as danças, as músicas e também os diversos contos fizessem parte da expressão artística dos povos indígenas, foram os objetos como artefatos cerâmicos e de pedra, cestarias, tecelagens e também a arte plumária que se tornaram representativos e conhecidos como expressão artística indígena na atualidade.

> **Arte plumária:** referente aos objetos feitos com penas de aves.

As imagens a seguir retratam algumas expressões artísticas produzidas por povos indígenas do continente americano. Observe atentamente cada uma delas.

Escultura produzida pelo povo maia, entre os anos 250 e 450.

Indígenas da etnia Yawalapiti realizando a festa Tapanawanã, no Parque Nacional do Xingu, Mato Grosso, em 2017.

176

Grande parte da arte indígena foi destruída durante o processo de colonização. Por isso, hoje existe um intenso movimento de valorização e preservação da arte indígena atual e também da arte remanescente do período de colonização do continente americano.

Atualmente, vivem no Brasil diversos povos indígenas, como Ticuna, Tembé, Yanomami, Tupari, Apurinã, Munduruku, Kayapó, entre outros.

1. Com um colega, realize uma pesquisa na internet sobre a expressão artística de um povo indígena do Brasil. Durante a pesquisa, procurem informações como:
   - onde vivem;
   - de que maneira costumam realizar suas expressões artísticas – danças, cerâmicas, cestarias, pinturas corporais, tecelagem, entre outras;
   - o que procuram representar nessas expressões.

2. Depois, produzam um cartaz com as informações pesquisadas e apresentem aos demais colegas da sala.

Cerâmica de cultura inca, produzida entre 1438 a.C. e 1572 a.C.

Cestos feitos por povo indígena da etnia Baniwa, em Manaus, Amazonas, em 2015.

177

Preservando os elementos culturais nas paisagens

Em diversos lugares do mundo, há paisagens nas quais podemos observar elementos culturais construídos por sociedades que ali viveram em diferentes períodos históricos.

Na América Latina, por exemplo, existem várias paisagens que possuem construções feitas por povos indígenas, que habitavam essa região há milhares de anos, ou então pelos colonizadores que aqui chegaram a partir do final do século XV. Paisagens como essas são consideradas bens culturais, pois geralmente configuram patrimônio histórico ou artístico de determinado local e se mantêm conservadas devido aos cuidados dedicados à sua preservação.

Preservar paisagens históricas é importante, pois a partir de sua observação e análise podemos conhecer elementos culturais que revelam informações sobre determinado período, sociedade ou local, e nos fazem refletir mais sobre eles.

Ao preservarmos algo, cuidamos para que esse elemento não seja destruído. Quando exercitamos essa prática com os elementos históricos de uma paisagem, por exemplo, evitamos que a ação humana destrua ou cause algum dano a eles, possibilitando que as gerações futuras também os conheçam.

1. No município onde você mora existe algum elemento cultural e histórico na paisagem que seja preservado?

2. Junto com os colegas da sala, pense em alguns elementos históricos existentes no município onde moram que poderiam ser preservados. Por que vocês consideram importante preservá-los?

3. Faça uma breve pesquisa em livros ou na internet e descubra quais atitudes os cidadãos de um município devem adotar para preservar bens culturais.

Esta foto de 2018 mostra as ruínas de Machu Picchu, cidade construída pelo povo Inca, no século XV, antes da chegada dos colonizadores europeus. Machu Picchu está localizada no Peru, em meio às montanhas.

Atividades

Organizando o conhecimento

1. De acordo com o que você estudou, explique o que provocou:
   a) o rápido crescimento da população latino-americana a partir da segunda metade do século XX.
   b) a diminuição da taxa de mortalidade em países latino-americanos ao longo do século passado.

2. Os fluxos migratórios têm aumentado entre os países da América Latina. Cite dois fatores que contribuem para esse fenômeno.

3. O que explica a redução da taxa de natalidade em países latino-americanos nas últimas décadas?

4. Explique por que a população da América Latina apresenta uma grande diversidade étnico-cultural.

Conectando ideias

5. Com base no mapa de densidade demográfica da América Latina abaixo, **responda** às questões a seguir no caderno.

   a) Quais são os países da América Latina com maior densidade demográfica?

   b) E quais são os países com menor densidade demográfica?

   c) **Caracterize** o Brasil de acordo com a densidade demográfica apresentada no mapa. **Faça** comparações dos dados do Brasil com os de outros países representados.

   d) Sabendo que a Nicarágua possui uma área de 130 370 km² com 6 milhões de habitantes e que o Brasil possui uma área de 8 515 759 km² com 208 milhões de habitantes, **explique** por que a Nicarágua possui uma densidade demográfica maior que a do Brasil.

Densidade demográfica da América Latina (2015)

Habitantes (por km²):
- Menos de 5
- 5,1 a 15
- 15,1 a 45
- 45,1 a 120
- 120,1 a 270
- Acima de 270

Fonte de pesquisa: *Atlas geográfico escolar*. 7. ed. Rio de Janeiro: IBGE, 2016. p. 71.

Qualidade de vida na América Latina

De modo geral, uma significativa parcela da população latino-americana tem baixa qualidade de vida, ou seja, não possui acesso a uma moradia digna, sistema de saúde, educação de qualidade, etc. Nessa região, é grande o número de pessoas que vivem em situação de pobreza, sem condições de suprir necessidades básicas, como alimentação, vestuário e medicamentos. De acordo com o Banco Mundial, em 2016, na América Latina, cerca de 26 milhões de pessoas viviam com menos de 1,90 dólar por dia.

Da segunda metade do século XX em diante, a população de alguns países latino-americanos foi beneficiada pela ampliação de serviços médico-sanitários (como vimos na página **168**), mas, mesmo assim, ainda hoje, milhões de pessoas convivem diariamente com um sistema de saúde pública ineficiente.

Além desses problemas, a elevada concentração de renda nas mãos de uma pequena parcela da população é um fator que contribui para a baixa qualidade de vida.

Isto e os baixos salários da maioria dos latino-americanos dificultam o acesso a medicamentos, alimentação e moradias adequadas, levando-os a viver em condições precárias.

Coletor de resíduos sólidos (lixo) em lixão do município de Poconé, Mato Grosso, em 2018.

A inexistência de serviços de infraestrutura e saneamento básico também contribui para o aumento da mortalidade entre os latino-americanos. Nesta foto, observamos moradias precárias, em primeiro plano, contrastando com grandes edifícios, em segundo plano, na cidade de Caracas, Venezuela, em 2015.

A baixa qualidade de vida de grande parte da população latino-americana pode ser verificada por meio dos indicadores sociais, como expectativa de vida, analfabetismo, mortalidade infantil e a renda *per capita*.

Observe a tabela abaixo. Ela mostra indicadores socioeconômicos de alguns países da América Latina em comparação com os indicadores de alguns países desenvolvidos.

Indicadores socioeconômicos de alguns países do mundo

Grupo A

Países subdesenvolvidos da América Latina	Expectativa de vida (em anos) 2015	Analfabetismo (%) 2015	Mortalidade infantil (por grupo de mil nascidos vivos) 2016	Renda *per capita* (US$) 2016	IDH 2015
Haiti	63,1	39,3	51	740	0,493
Uruguai	77,4	1,6	8	15 221	0,795
Brasil	74,7	7,4	14	8 650	0,754

Grupo B

Países desenvolvidos	Expectativa de vida (em anos) 2015	Analfabetismo (%) 2015	Mortalidade infantil (por grupo de mil nascidos vivos) 2016	Renda *per capita* (US$) 2016	IDH 2015
Austrália	82,5	*	3	49 755	0,939
Estados Unidos	79,2	*	6	57 638	0,920
Japão	83,7	*	2	38 900	0,903

*Nesses países, a taxa de analfabetismo é muito pequena em relação ao total da população.
Fontes de pesquisa: Unicef. *The state of the world's children 2017*. Disponível em: <https://www.unicef.org/publications/files/SOWC_2017_ENG_WEB.pdf>. Pnud. *Relatório do desenvolvimento humano 2016*. Disponível em: <http://hdr.undp.org/sites/default/files/2016_human_development_report.pdf>. The World Bank. *DataBank*. Disponível em: <http://databank.worldbank.org/data/reports.aspx?source=world-development-indicators#advancedDownloadOptions>.
Acessos em: 29 set. 2018.

> Compare os indicadores socioeconômicos dos países latino-americanos (grupo **A**) com os dos países desenvolvidos (grupo **B**) e responda às questões a seguir no caderno.
>
> a) Qual grupo apresenta os melhores índices de IDH?
>
> b) Com base na tabela, podemos dizer que a população haitiana possui a mesma condição de vida da população brasileira? Por quê?

Conforme podemos perceber, a tabela nos mostra que os indicadores socioeconômicos dos países latino-americanos são mais baixos quando comparados com os indicadores dos países desenvolvidos. Além disso, ela também nos mostra que existe um grande contraste socioeconômico entre os próprios países. Verifique, por exemplo, que a renda *per capita* de um haitiano é aproximadamente 20 vezes menor que a de um uruguaio.

A concentração de renda no Brasil

A elevada concentração de renda é uma realidade em muitos países do mundo, sobretudo nos países subdesenvolvidos.

O texto a seguir trata da concentração de renda existente no Brasil. Leia-o com atenção.

> O Brasil chegou a ser, por volta de 1990, o país com a pior distribuição de renda de todo o mundo. Isso ocorreu possivelmente como consequência das políticas impostas durante o período ditatorial, combinada com a crise econômica que se iniciou no final da década de 1970 – crise essa também consequência das políticas adotadas durante aquele período. Por volta de 1990, os 10% mais ricos ficavam com mais da metade da renda nacional enquanto os 10% mais pobres recebiam 0,6% dela. Essas proporções significam que o que um representante médio daqueles mais ricos recebia e gastava em quatro dias era igual ao valor que, em média, um representante dos 10% mais pobres levava todo um ano para ganhar.
>
> A melhora havida na distribuição de renda brasileira, em especial neste início de século, nos tirou do último lugar. Entretanto, ainda estamos em uma das piores posições. Atualmente, o que um típico representante dos 10% mais ricos ganha em pouco mais de uma semana equivale àquilo que um dos representes dos mais pobres leva um ano para ganhar. Ou, em outras palavras, a renda somada de quase meia centena de famílias entre as mais pobres equivale à renda de uma única família do contingente formado pelos 10% mais ricos.
>
> [...]
>
> Otaviano Helene. Concentração de renda no Brasil: educação e desigualdade. *Le Monde Diplomatique*, 20 fev. 2015. Disponível em: <https://diplomatique.org.br/concentracao-de-renda-no-brasil-educacao-e-desigualdade/>. Acesso em: 26 set. 2018.

Distribuição de renda e desigualdade social no Brasil (2015)

Famílias com renda mensal no Brasil (em %)

- 2% mais de R$ 15 760
- 5% de R$ 7 880 a R$ 15 760
- 14% de R$ 3 940 a R$ 7 880
- 20% de R$ 2 364 a R$ 3 940
- de R$ 1 576 a R$ 2 364 — 18%
- Renda familiar de até R$ 1 576 — 41%

59% das famílias com renda ganham até R$ 2 364

Keithy Mostachi

Fonte de pesquisa: IBGE. Disponível em: <https://sidra.ibge.gov.br/tabela/1940#resultado>. Acesso em: 3 out. 2018.

Com os colegas e o professor, promovam um debate sobre as desigualdades sociais existentes em geral no Brasil e também no município onde vocês vivem. Conversem sobre as causas e as consequências dessas desigualdades sociais e o que poderia ser feito para diminuir a grande distância econômica que separa ricos e pobres.

A urbanização dos países latino-americanos

A urbanização é uma tendência mundial e mais da metade da população do mundo vive em cidades. Segundo dados da ONU, a América Latina é uma das regiões mais urbanizadas do mundo, tendo 80% da sua população total morando em áreas urbanas. Observe a tabela abaixo.

Urbanização de alguns países da América Latina (2018)		
País	População total (em mil habitantes)	Taxa de urbanização (em %)
Brasil*	208 494	85
Argentina	44 689	92
Uruguai	18 197	88
Chile	3 470	95

Fontes de pesquisa: *IBGE. Estimativas da população residente no Brasil e unidades da federação 2018. Disponível em: <ftp://ftp.ibge.gov.br/Estimativas_de_Populacao/Estimativas_2018/serie_2001_2018_TCU.xls>. United Nations. *World urbanization pro-spects*. Disponível em: <https://population.un.org/wup/DataQuery/>. Acessos em: 1º out. 2018.

O processo de urbanização da América Latina ganhou força a partir da metade do século XX. Naquele período, a intensificação da concentração fundiária tornou cada vez mais difícil a vida dos pequenos agricultores, que se viram obrigados a migrar para as cidades em busca de melhores condições de vida.

Em alguns países, como Brasil e Argentina, a mecanização do campo e o processo de industrialização intensificaram a migração. Nesses países, a inserção de ferramentas e maquinários modernos no campo substituiu grande parte da mão de obra rural; com isso, muitos trabalhadores rurais desempregados passaram a buscar emprego nas fábricas das cidades.

O México é um dos países da América Latina com as maiores taxas de urbanização. Em 2015, aproximadamente 80% da população habitava o espaço urbano. Na foto, a cidade de Zacatecas, México, em 2017.

183

O processo de urbanização da América Latina, assim como em outras regiões, adquiriu um ritmo muito acelerado e desordenado, que não foi acompanhado pelo desenvolvimento de serviços básicos urbanos, como ampliação de sistemas de transportes, de abastecimento de água e de coleta de resíduos sólidos (lixo) e esgoto.

Com o passar do tempo, em várias cidades latino-americanas começaram a se agravar os problemas urbanos, como o aumento de moradias precárias em áreas sem infraestrutura – rede de esgoto, eletricidade e água encanada, por exemplo; a falta de segurança; a intensificação do trânsito de veículos e de pessoas; e a insuficiência de rede de transportes coletivos públicos.

Trânsito de veículos em avenida da cidade de Bogotá, capital da Colômbia, em 2016.

O acelerado processo de urbanização da América Latina também acarreta diversos problemas de ordem ambiental. Entre esses problemas, que também afetam outras grandes cidades do mundo, podemos citar:

- a poluição da atmosfera, que compromete a qualidade do ar e contribui para intensificar o efeito estufa;
- a impermeabilização dos solos, que pode provocar enchentes. Isso ocorre porque, em decorrência da grande quantidade de construções (casas, edifícios, ruas, etc.), a água das chuvas não consegue se infiltrar naturalmente no solo e acaba provocando alagamentos;
- a ocupação de áreas de risco, como encostas de morros, que podem provocar deslizamentos de terras;
- a geração crescente de lixo e o descarte inadequado dos resíduos domésticos e industriais, que podem causar doenças.

Lixo descartado inadequadamente em uma rua da cidade de Buenos Aires, Argentina, em 2015.

Atividades

Organizando o conhecimento

1. Quais são as principais causas da baixa qualidade de vida da população latino-americana?

2. Quais fatores foram responsáveis pelo acelerado processo de urbanização registrado na América Latina a partir da metade do século XX?

3. Segundo dados da ONU, "a América Latina é uma das regiões mais urbanizadas do mundo". Explique essa afirmação.

4. Quais problemas relacionados ao crescimento desordenado das cidades existem no município onde você mora?

Conectando ideias

5. **Observe** a foto ao lado.

   a) A foto retrata um dos problemas gerados pelo rápido e desordenado processo de urbanização da América Latina. Qual é esse problema?

   b) Além do problema retratado na foto, **cite** outros gerados pelo processo de urbanização sem planejamento.

   Moradias em Medellín, na Colômbia, em 2017.

6. O gráfico mostra o modo como a renda gerada no Brasil é distribuída entre a população. **Observe-o** atentamente.

   Distribuição de renda no Brasil (2015)

   salários mínimos
   - Até 1: 27%
   - Mais de 1 a 2: 26%
   - Mais de 2 a 3: 9%
   - Mais de 3 a 5: 7%
   - Mais de 5 a 10: 5%
   - Mais de 10 a 20: 2%
   - Mais de 20: 1%
   - Sem rendimento*: 23%

   *Sem rendimento inclui as pessoas que receberam somente em benefícios como alimentação, roupas, medicamentos, entre outros.

   Fonte de pesquisa: IBGE. Disponível em: <https://sidra.ibge.gov.br/Tabela/4020>. Acesso em: 29 set. 2018.

   a) Como o gráfico retrata a desigualdade social existente no Brasil?

   b) De acordo com o que você estudou, qual é a relação entre a distribuição de renda e os problemas sociais existentes no Brasil e em outros países da América Latina?

185

CAPÍTULO 17
A economia da América Latina

Ao longo do século XIX, após ter conquistado a independência, grande parte dos países latino-americanos manteve a mesma estrutura econômica herdada do período colonial. Naquele período, a economia desses países era baseada na produção e exportação de gêneros agrícolas e minerais para os países colonizadores, situação que, de certa forma, se mantém até os dias de hoje.

Atividade mineradora

A mineração é uma atividade de grande importância econômica para vários países latino-americanos. Para alguns, como Venezuela, Chile e Bolívia, a atividade mineradora representa mais de 50% do total de suas exportações. Observe a tabela ao lado.

Participação de produtos minerais nas exportações de alguns países latino-americanos (2016)

Países	%
Venezuela	97
Bolívia	64
Jamaica	61
Chile	51

Fonte de pesquisa: WTO. *Trade Profiles 2016*. Disponível em: <http://stat.wto.org/CountryProfile/WSDBCountryPFView.aspx?Language=E&Country=BO%2cCL%2cEC%2cJM%2cVE>. Acesso em: 16 out. 2018.

De maneira geral, as exportações desses produtos minerais abastecem os grandes parques industriais dos países mais ricos. Na Divisão Internacional do Trabalho (DIT), esse modelo econômico exportador de produtos primários coloca a América Latina na posição de fornecedora de matéria-prima às nações mais desenvolvidas e de compradora de produtos industrializados.

Esse fato contribui para dificultar o desenvolvimento industrial de muitos países latino-americanos e acaba por reforçar a dependência econômica e tecnológica em relação aos países desenvolvidos.

Área de mineração de cobre, próximo à cidade de Calama, norte do Chile, em 2018.

Agora, observe o mapa ao lado. Ele mostra a localização das principais jazidas minerais e de recursos fósseis da América Latina.

Veja no mapa que a América Latina possui grande diversidade de minerais e fontes energéticas, destacando mundialmente alguns países na produção desses recursos.

O Brasil, por exemplo, se destaca na produção de ferro; o México, na produção de prata; o Chile, na produção de cobre; e a Venezuela, na exploração de petróleo.

> Dê exemplos de recursos minerais e energéticos presentes no território brasileiro.

Fonte de pesquisa: Graça Maria Lemos Ferreira. *Atlas geográfico*: espaço mundial. 4. ed. São Paulo: Moderna, 2013. p. 71.

A Venezuela, membro da Organização dos Países Exportadores de Petróleo (Opep), está entre os maiores produtores de petróleo do mundo. O país dispõe de grandes reservas e sua produção diária chega a aproximadamente 2,7 milhões de barris. Grande parte dessa produção é voltada para o mercado externo, o que torna a economia venezuelana muito dependente do petróleo, que responde por mais de 90% das exportações do país e aproximadamente metade da receita do governo. No entanto, se, por um lado, o petróleo sustenta a base da economia da Venezuela, por outro lado, ele a torna suscetível a suas oscilações de preço no mercado internacional. Esse é um dos fatores que ajuda a explicar a grave crise econômica que o país vem enfrentando nos últimos anos.

Na foto acima, área de exploração de petróleo em Cabimas, Venezuela, em 2017.

187

Agropecuária

Atualmente, a atividade agropecuária possui grande importância na economia dos países latino-americanos. Ela é responsável por empregar uma parcela expressiva da população economicamente ativa, gera uma parte significativa da riqueza produzida nesses países e ainda responde por um elevado volume de suas exportações.

A atividade agropecuária, que atualmente caracteriza marcantemente muitas das paisagens dos países onde é empregada, remonta ao processo de colonização implantado pelos europeus nessas regiões. Desde os primeiros séculos das colonizações portuguesa e espanhola, vastas áreas de terras foram transformadas em grandes lavouras monocultoras voltadas para a exportação. Eram as chamadas *plantations*, como as de cana-de-açúcar que os portugueses fixaram no litoral brasileiro.

Esse modelo agroexportador se mantém até hoje em muitos países latino-americanos com economias apoiadas e dependentes da exportação de produtos agropecuários. No Brasil, por exemplo, a agropecuária responde por 39% do total das exportações e tem uma presença considerável na produção econômica do país, a qual tem sido impulsionada principalmente pelo avanço desse setor no mercado externo (soja, milho, açúcar, algodão, carne bovina, suína e de aves).

A economia argentina, por sua vez, depende consideravelmente da produção de carne bovina, sobretudo na região dos Pampas, onde existem grandes fazendas de criação e engorda de gado, além de centenas de frigoríficos que processam a carne para o abastecimento dos mercados interno e exteno. Outras economias latino-americanas são ainda mais dependentes do setor agroexportador. No Uruguai, por exemplo, a agropecuária representa 85% do total das exportações do país. Esse índice chega a 89% na economia do Paraguai e a 88% na Nicaraguá.

Criação de gado nos pampas argentinos, nas proximidades da vila Sierra de La Ventana, Buenos Aires, em 2017.

Colheita de soja mecanizada no distrito de Hernandarias, Paraguai, em 2017.

Os contrastes no espaço agrário

Na América Latina, a atividade agropecuária moderna coexiste com a tradicional, contribuindo para grandes contrastes tecnológicos.

Em diversos países, as atividades agrárias são desenvolvidas de forma tradicional com técnicas rudimentares, como colheita e semeadura, realizadas de modo manual ou com o uso de tração animal.

Nessas propriedades tradicionais, o uso de maquinários e insumos agrícolas é reduzido, o que geralmente resulta em baixa produtividade.

Em outros países, como Brasil, México e Argentina, encontram-se, em algumas áreas, propriedades agrícolas modernas, nas quais se utiliza uma tecnologia mais avançada no cultivo das lavouras, como maquinários modernos, sementes selecionadas e uso de fertilizantes.

Observe esse contraste nas fotos a seguir.

Agricultor preparando o solo com arado e tração animal, em Huaraz, Peru, em 2016.

Colheita de grãos realizada por máquinas, em General Villegas, Argentina, em 2017.

De modo geral, a produção direcionada para a exportação é realizada em grandes e modernas propriedades monocultoras. Já a produção de gêneros agropecuários voltados para o abastecimento do mercado interno é praticada em pequenas e médias propriedades, normalmente de modo tradicional. Essas propriedades costumam praticar a policultura, ou seja, cultivam vários produtos agrícolas.

> Identifique qual das fotos acima retrata a atividade agrícola predominantemente voltada para a exportação e qual retrata a atividade predominantemente direcionada para o abastecimento interno.

189

Geografia em representações

Mapas econômicos – Espaço agrário e produção agropecuária

Os **mapas econômicos** são exemplos de mapas temáticos utilizados para mostrar aspectos como a distribuição da produção agrícola ou industrial, a exploração de jazidas minerais, a produção energética, as redes de transportes, a renda da população, os indicadores socioeconômicos da população, etc.

A representação a seguir é um exemplo de mapa econômico. Ele mostra o uso do solo e a distribuição da atividade agropecuária nos países latino-americanos. Observe-o e depois responda às questões no caderno.

Fontes de pesquisa: *Reference atlas of the world.* 9. ed. London: Dorling Kindersley, 2013. p. 53. *Atlas national geographic*: América do Norte e Central. São Paulo: Abril, 2008. v. 6. *Atlas national geographic*: América do Sul. São Paulo: Abril, 2008. v. 1.

1. De que maneira os diferentes tipos de produtos agrícolas e de criações estão representados?

2. O que as cores do mapa mostram? De acordo com elas, o espaço agrário da América Latina apresenta predomínio de atividades extensivas ou comerciais?

3. Elabore um mapa econômico da América Latina utilizando as informações mais importantes dos mapas das páginas **187** e **190**.

Veja a seguir outro exemplo de cartograma que mostra a importância da atividade agropecuária na economia dos países latino-americanos.

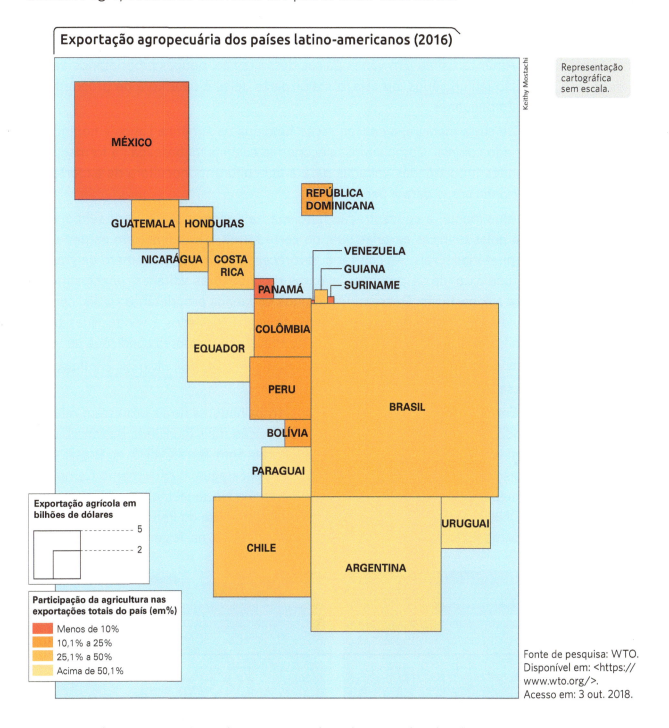

1. Que informação está sendo representada pelo tamanho das figuras geométricas dessa representação?
2. De acordo com o tamanho das figuras representadas, cite os três maiores exportadores agropecuários da América Latina.
3. O que as cores estão representando?
4. De acordo com as cores utilizadas, quais economias da América Latina são as mais dependentes da exportação de produtos agropecuários?

Concentração fundiária e conflitos pela terra

Latifundiário: dono de propriedade rural de grande extensão.

A concentração fundiária é uma característica marcante do espaço agrário da América Latina. Em vários países dessa região, poucos proprietários de terra são latifundiários, ou seja, a maior parte deles é detentora de propriedades muito pequenas.

De certa maneira, a concentração fundiária na América Latina é herança do período colonial. Como vimos, a economia colonial foi baseada na formação de grandes propriedades voltadas para a agricultura monocultora de exportação, as *plantations*, e para a pecuária.

Atualmente, a concentração fundiária na América Latina vem sendo mantida pelas políticas agrárias que, de certa forma, não beneficiam os pequenos proprietários rurais. Ao contrário, favorecem o aumento do número de grandes latifúndios onde se praticam lavouras monocultoras voltadas, principalmente, para a exportação. Desse modo, muitos pequenos proprietários rurais, com dificuldade para manter suas lavouras, se veem obrigados a vender suas terras e migrar para as cidades em busca de trabalho e melhores condições de vida.

A concentração fundiária também tem sido causa de diversos conflitos pela posse de terras na América Latina.

Em vários países latino-americanos, trabalhadores rurais protestam reivindicando uma reforma agrária e uma distribuição mais igualitária de terras, entre eles: o Movimento dos Trabalhadores Rurais Sem Terra (MST), no Brasil; a Associação de Trabalhadores do Campo, na Nicaraguá; o Movimento Camponês Paraguai (MCP), no Paraguai; a Coordenadoria Nacional Indígena e Camponesa (CONIC), na Guatemala; a Confederação Camponesa do Peru (CCP), no Peru; e o Movimento Nacional Campesino Indígena (MNCI), na Argentina.

Integrantes do Movimento dos Trabalhadores Rurais Sem Terra durante manifestação na cidade de Duartina, São Paulo, em 2017.

Na foto, camponeses paraguaios realizam prostesto nas ruas de Assunção, Paraguai, em 2015, tendo como objetivo apresentar suas demandas por reforma agrária e melhores condições de vida nas áreas rurais.

O cultivo de coca na América Latina

A coca é uma planta nativa da região dos Andes. Considerada sagrada para os povos andinos, era utilizada em antigos rituais pré-colombianos. Por ser comestível, também é utilizada para combater o mal-estar causado por grandes altitudes e tem usos cosméticos e medicinais.

No entanto, o cultivo dessa planta passou a ter maior interesse comercial para determinados grupos (guerrilheiros e narcotraficantes), que utilizam suas folhas para a produção da pasta-base de cocaína, uma droga de consumo proibido na maioria dos países do mundo.

Trabalhadores rurais colhendo folhas de coca na Bolívia, em 2016.

Muitos pequenos proprietários começaram a plantar coca, deixando de cultivar produtos tradicionalmente comerciais, como frutas, cereais e cana-de-açúcar, e passaram a sobreviver do cultivo dessa planta, já que seu comércio é mais rentável. As plantações de coca se expandiram principalmente pela Colômbia, Peru, Bolívia e México, países que se tornaram principais centros de produção e exportação de cocaína na América Latina.

Atualmente, o narcotráfico, atividade criminosa que promove a distribuição de substâncias tóxicas (drogas), movimenta centenas de bilhões de dólares ao ano, valor superado apenas pelo do comércio de armas.

Essa atividade envolve uma complexa rede que se inicia com o plantio da coca, o processamento das folhas em pasta-base e sua transformação em pó e o transporte por rotas (terrestres, aéreas e marítimas) clandestinas até os centros consumidores.

> **Narcotraficante:** pessoa que trabalha no comércio ilegal de narcóticos, de drogas como a maconha, a cocaína, etc.

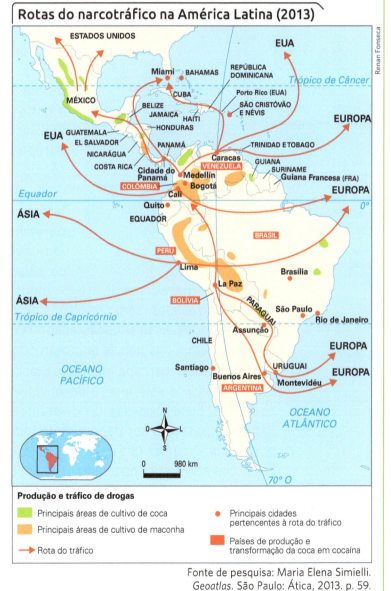

Fonte de pesquisa: Maria Elena Simielli. *Geoatlas*. São Paulo: Ática, 2013. p. 59.

193

A industrialização na América Latina

Como vimos, grande parte dos países latino-americanos possui economia essencialmente agrária. Somente Brasil, México e Argentina apresentam atividade industrial mais expressiva na América Latina.

Economia na América Latina (2012)

Fonte de pesquisa: Maria Elena Simielli. *Geoatlas*. 34. ed. São Paulo: Ática, 2013. p. 33.

Em países como Venezuela, Chile e Uruguai, considerados relativamente industrializados, as indústrias estão voltadas, sobretudo, para a produção de bens de consumo não duráveis, como alimentos, vestuário e bebidas, com baixo nível tecnológico.

Observe o mapa ao lado.

Um processo de industrialização tardio

O processo de industrialização do Brasil, México e Argentina, os países mais industrializados da América Latina, ocorreu somente a partir do século XX. Dizemos que a industrialização desses países foi tardia porque na Europa esse processo aconteceu ainda no século XVIII.

As duas grandes guerras mundiais foram fatores que contribuíram para a expansão da atividade industrial nesses países latino-americanos. Ao término desses conflitos, os países europeus desenvolvidos, até então principais fornecedores de artigos industrializados, encontravam-se economicamente arrasados, sem condições de manter suas exportações de produtos manufaturados. Essa situação acabou contribuindo para a escassez de produtos importados nos países latino-americanos.

Para suprir o mercado interno, o Brasil, assim como outros países da América Latina, passou a estimular o desenvolvimento e a diversificação de indústrias nacionais. Esse processo de diversificação e desenvolvimento da atividade industrial passou a ser denominado **industrialização por substituição de importações**, uma vez que os produtos fabricados internamente deveriam substituir o que antes era importado.

Além disso, os investimentos estatais em indústrias de base e infraestrutura para o setor industrial atraíram várias indústrias para a América Latina. Atualmente, no Brasil, e em países como a Argentina e o México, encontramos parques industriais diversificados com indústrias de base (siderúrgicas, metalúrgicas, petroquímicas, etc.), de bens intermediários (fabricação de autopeças e maquinários) e de bens de consumo (automobilística, moveleiras e alimentícias), inclusive em setores de alta tecnologia.

As empresas *maquilladoras* no México

Um aspecto muito importante que dinamizou a atividade industrial no México foi o grande número de empresas estadunidenses que passaram a se instalar em território mexicano, principalmente após a década de 1960, junto à fronteira com os Estados Unidos, em cidades como Mexicali, Tijuana e Ciudad Juarez.

Essas empresas, conhecidas como *maquilladoras*, são montadoras que importam peças fabricadas nos Estados Unidos, realizam a montagem de automóveis, produtos eletroeletrônicos e de informática no México, onde a mão de obra é mais barata. O quadro de funcionários das *maquilladoras* é composta em sua maioria por mão de obra feminina, que recebe baixos salários, proporcionando altos lucros às empresas estadunidenses.

Depois de montados, os produtos industrializados são enviados novamente para abastecer o gigantesco mercado consumidor dos Estados Unidos, de onde também são exportados para outros países.

As empresas *maquilladoras*, inicialmente, se instalavam em zonas francas, áreas criadas para abrigar as multinacionais estadunidenses junto à fronteira entre México e Estados Unidos. Atualmente, muitas dessas empresas já se espalharam por diversas áreas do território mexicano. Veja o mapa a seguir.

Operárias mexicanas trabalhando em fábrica de produção manufatureira de empresa estadunidense, instalada na Ciudad Juarez, no México, próximo à fronteira com os Estados Unidos, em 2017.

1. Identifique no mapa as principais cidades mexicanas e estadunidenses localizadas na fronteira entre os dois países.

2. Que tipo de fluxos as setas indicam para os Estados Unidos?

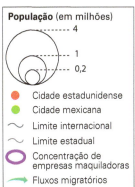

Limite territorial entre Estados Unidos e México (2018)

Fontes de pesquisa: United Nations. *World urbanization prospects*. Disponível em: <https://population.un.org/wup/DataQuery/>. Irma Balderas Arrieta. Maquiladoras mexicanas. Em: *Enciclopédia Latinoamericana*. Disponível em: <http://latinoamericana.wiki.br/verbetes/m/maquiladoras-mexicanas>. *International Organization for Migration*. Disponível em: <https://missingmigrants.iom.int/sites/default/files/Mixed_migration_routes_Central_America_incl_Mexico_1.pdf>. Acessos em: 3 out. 2018.

195

Geografia e Língua Portuguesa

Uma leitura crítica sobre o subdesenvolvimento histórico da América Latina

No livro *As veias abertas da América Latina*, o escritor uruguaio Eduardo Galeano (1940-2015) analisa a história da América Latina, desde a colonização até os dias atuais, e destaca a dominação política e econômica a que ela foi submetida. Sobre esse assunto, leia o texto a seguir.

[...]

É a América Latina, a região das veias abertas. Desde o descobrimento até nossos dias, tudo se transformou em capital europeu ou, mais tarde, norte-americano, e como tal tem-se acumulado e se acumula até hoje nos distantes centros do poder. Tudo: a terra, seus frutos e suas profundezas, ricas em minerais, os homens e sua capacidade de trabalho e de consumo, os recursos naturais e os recursos humanos. O modo de produção e a estrutura de classes de cada lugar têm sido sucessivamente determinados, de fora, por sua incorporação à engrenagem universal do capitalismo. A cada um dá-se uma função, sempre em benefício do desenvolvimento da metrópole estrangeira do momento, e a cadeia das dependências sucessivas torna-se infinita, tendo muito mais de dois elos, e por certo também incluindo, dentro da América Latina, a opressão dos países pequenos por seus vizinhos maiores e, dentro das fronteiras de cada país, a exploração que as grandes cidades e os portos exercem sobre suas fontes internas de víveres e mão de obra. [...]

Para os que concebem a História como uma disputa, o atraso e a miséria da América Latina são o resultado de seu fracasso. Perdemos; outros ganharam. Mas aqueles que ganharam, ganharam graças ao que nós perdemos: a história do subdesenvolvimento da América Latina integra, como já se disse, a história do desenvolvimento do capitalismo mundial. [...]

Eduardo Galeano. *As veias abertas da América Latina*. Tradução de Galeno de Freitas. 2. ed. Rio de Janeiro: Paz e Terra, 1978. p. 34.

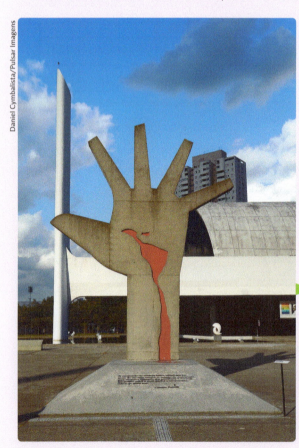

1. Pesquise no dicionário o significado das palavras que ainda não conhece e anote no caderno.

2. Em sua opinião, o que o autor quis dizer ao afirmar que a América Latina é a região das veias abertas?

3. De acordo com o autor, a América Latina perdeu para que outros ganhassem. Quem são esses "outros"?

4. Relacione a ideia central do ensaio à escultura de Oscar Niemeyer, mostrada na foto ao lado.

Escultura *Mão*, produzida pelo arquiteto brasileiro Oscar Niemeyer (1907-2012), feita em concreto aparente, com sete metros de altura, localizada no Memorial da América Latina, na cidade de São Paulo. A escultura retrata sangue escorrendo pela grande mão na forma de um mapa da América Latina. No chão do memorial, Niemeyer inseriu a seguinte reflexão: "Suor, sangue e pobreza marcaram a história dessa América Latina tão desarticulada e oprimida. Agora urge reajustá-la, uni-la, transformá-la num monobloco intocável, capaz de fazê-la independente e feliz".

Atividades

Organizando o conhecimento

1. A mineração é uma atividade economicamente importante para os países da América Latina? Justifique a sua resposta.

2. Observe o mapa dos recursos minerais e energéticos da América Latina, mostrado na página **187**, e faça no caderno um quadro, como o mostrado abaixo, identificando os países que se destacam na produção do recurso natural indicado.

Minério	Países
A – Ferro	
B – Carvão	
C – Cobre	
D – Bauxita	
E – Chumbo	
F – Petróleo	
G – Gás natural	

3. Como vimos, a concentração fundiária existente na América Latina é uma herança do período colonial. No entanto, o que contribui para que essa concentração de terra seja mantida atualmente entre os países latino-americanos?

4. Por que o Brasil e outros países, como a Argentina e o México, são considerados de industrialização tardia?

5. O que significa industrialização por substituição de importações?

6. Explique o que são indústrias *maquilladoras* e como elas funcionam.

7. Explique o que é narcotráfico. Qual é a relação entre o narcotráfico e a atividade agrícola desenvolvida em alguns países da América Latina?

Conectando ideias

8. **Leia** o texto a seguir.

> [...] Passaram-se os séculos, e a América Latina aperfeiçoou suas funções. [...] Continua existindo a serviço de necessidades alheias, como fonte e reserva de petróleo e ferro, cobre e carne, frutas e café, matérias-primas e alimentos, destinados aos países ricos que ganham, consumindo-os, muito mais do que a América Latina ganha produzindo-os. [...]
>
> Eduardo Galeano. *As veias abertas da América Latina*. Tradução de Galeno de Freitas. 2. ed. Rio de Janeiro: Paz e Terra, 1978. p. 34.

- Podemos dizer que o autor do texto acima descreveu a participação atual da América Latina na divisão internacional do trabalho? Por quê?

CAPÍTULO 18

Geopolítica e integração na América Latina

Apesar das semelhanças culturais e do passado de exploração colonial comum que apresentam, historicamente os países latino-americanos mantêm relações comerciais e econômicas mais efetivas com outros países do mundo do que com seus próprios vizinhos.

Entretanto, nas últimas décadas do século passado e também no século atual, inúmeras tentativas de aproximação e integração regional têm sido colocadas em prática entre os países latino-americanos. Isso tem ocorrido tanto no plano político, com acordos que reforçam os laços entre os governos da região, quanto no plano econômico, por meio do estabelecimento de parcerias e acordos comerciais.

Simón Bolívar e o sonho da integração latino-americana

Simón Bolívar nasceu em 1783 na Venezuela e faleceu em 1830 na Colômbia e até hoje é um dos maiores símbolos de tentativa de integração na América Latina. Sua trajetória ficou marcada por liderar lutas e revoluções que promoveram a independência de países como Venezuela, Colômbia, Equador, Peru e Bolívia, até então colônias espanholas.

Além de lutar pelos ideais de libertação, Simón Bolívar também sonhava em unir todas as colônias em uma grande nação. Seus esforços, porém, foram impedidos pelos interesses das elites locais, que, ao chegarem ao poder, priorizaram o estabelecimento de relações econômicas e comerciais com os Estados Unidos e também com a Europa.

Ainda hoje, a imagem de Simón Bolívar tem servido de inspiração para aqueles que almejam romper a dependência econômica à qual os países latinos continuam submetidos em relação às grandes potências. Na imagem, o estadista militar venezuelano, também conhecido como *"The Liberator"*, Simón Bolívar (1793-1830).

▶ A integração no plano político

No plano político, o processo de integração dos países latino-americanos começa a tomar impulso ainda na metade do século XX com a criação de organismos regionais, entre eles, a Organização dos Estados Americanos (OEA), a Organização dos Estados Ibero-americanos (OEI), a Aliança Bolivariana para os Povos de Nossa América (ALBA), entre outros. Veja a seguir as principais características de alguns desses organismos.

- **OEA (Organização dos Estados Americanos)**: fundada em 1948 com o objetivo de adotar medidas a fim de garantir a integridade territorial e a autonomia dos países-membros. Atualmente, a organização conta com a participação de todos os 35 Estados independentes do continente americano, além de autorizar a participação de outros setenta países na condição de observadores permanentes. Entre os principais objetivos da OEA estão a manutenção e o fortalecimento da democracia, o respeito aos direitos humanos, a segurança e o desenvolvimento socioeconômico.

- **OEI (Organização dos Estados Ibero-Americanos)**: criada em 1949, a organização tem como objetivo realizar a cooperação nos campos da educação, ciência e cultura. Com sede na Espanha, a organização reúne 24 membros, incluindo os dois países da Península Ibérica (Portugal e Espanha).

- **UNASUL (União de Nações Sul-Americanas)**: anteriormente chamada Comunidade Sul-Americana de Nações, essa organização reúne doze países da América do Sul. Criada em 2008, a organização abrange conselhos que atuam em diferentes áreas, como educação, saúde, economia, desenvolvimento social, combate ao tráfico de drogas, entre outros.

- **ALBA (Aliança Bolivariana para as Américas)**: trata-se de um acordo firmado entre sete países, entre eles Venezuela, Bolívia, Cuba e Nicarágua, criado com o objetivo de promover a integração social, política e econômica entre os países-membros. Os acordos firmados pelos países-membros em áreas como saúde, educação, desenvolvimento social, economia, energia, entre outros, visam superar a dependência econômica e a condição de subdesenvolvimento, adotando posição contrária aos interesses do grande capital internacional na região, sobretudo dos Estados Unidos.

Na foto, ex-líderes ibero-americanos e secretário-geral da Organização dos Estados Americanos (OEA) analisam futuro dos partidos políticos e a atual situação da Venezuela e de Cuba, na cidade de Miami, Estados Unidos, em 2017.

Na foto, sede da União das Nações Sul-Americanas (UNASUL), em Quito, Equador, em 2015.

Símbolo da ALBA.

A integração no plano econômico

No plano econômico, o processo de integração dos países latino-americanos vem ocorrendo desde a segunda metade do século XX, por meio do estabelecimento de acordos comerciais voltados para o fortalecimento das relações econômicas entre os países da região. Esses acordos levaram à formação de blocos econômicos regionais. Veja a seguir as principais características de alguns desses blocos econômicos.

- **MCCA (Mercado Comum Centro-Americano)**: bloco econômico criado em 1961, que reúne países da América Central (Costa Rica, Guatemala, Honduras, Nicarágua e El Salvador). Surgiu com o objetivo de criar um mercado comum entre os países-membros.
- **Comunidade Andina**: bloco econômico criado em 1969, formado por Equador, Bolívia, Colômbia e Peru (o Chile e a Venezuela deixaram o bloco). Entre os objetivos principais do bloco estão: a integração comercial, econômica e política entre os países-membros; a geração de postos de trabalho; e a melhoria da qualidade de vida da população.
- **Caricom (Comunidade do Caribe)**: antiga Comunidade e Mercado Comum do Caribe, esse bloco foi criado em 1973 com o objetivo de promover a cooperação econômica e acelerar o processo de desenvolvimento das pequenas economias caribenhas. Ao todo o bloco reúne 14 países e 4 territórios britânicos da região.
- **Aladi (Associação Latino-Americana de Integração)**: criada em 1980 com o objetivo de incentivar o desenvolvimento socioeconômico dos países integrantes para o desenvolvimento futuro de um mercado comum latino-americano. Com treze membros, a ALADI é o bloco econômico que reúne as maiores economias latino-americanas, como o Brasil, a Argentina, o México e o Chile.

Fontes de pesquisa: *Atlas da mundialização*: compreender o espaço mundial contemporâneo. Tradução de Carlos Roberto Sanchez Milani. São Paulo: Saraiva, 2009. p. 57.
Mercosul. Disponível em: <www.mercosul.gov.br/>. Ministério das Relações Exteriores. Disponível em: <http://www.itamaraty.gov.br/pt-BR/politica-externa/integracao-regional/690-associacaolatinoamericana-de-integracaoaladi>.
Caricom. Disponível em: <https://caricom.org/about-caricom/who-we-are/>. Comunidade Andina. Disponível em: <http://www.comunidadandina.org/>. Acessos em: 2 ago. 2018.

Mercosul

O Mercado Comum do Sul (Mercosul) começou a vigorar em 1991, após a assinatura do Tratado de Assunção para a formação de uma área de livre-comércio entre Brasil, Argentina, Paraguai e Uruguai. Desde então, esses países passaram a eliminar, gradativamente, as barreiras alfandegárias cobradas sobre as mercadorias comercializadas entre eles. A partir de 2012, a Venezuela se tornou o quinto membro do grupo.

A Colômbia, o Chile, a Bolívia, o Equador, o Peru, a Guiana e o Suriname participam do Mercosul como associados. A Bolívia é um país em processo de adesão ao bloco.

Em 1995, o livre-comércio entre os quatro países que inicialmente formaram esse bloco foi estabelecido para cerca de 90% das mercadorias, que passaram a circular sem cobrança de tarifas comerciais. Alguns impostos, porém, ainda foram mantidos para produtos considerados de setores estratégicos, como o da informática.

A criação do Mercosul promoveu um desenvolvimento significativo do comércio entre os parceiros do bloco, saltando de quase 10 bilhões de dólares, no início do acordo, para cerca de 108 bilhões de dólares em 2014. Cerca de 14,5% de todas as exportações e 14% das importações realizadas pelo Mercosul vêm do comércio realizado entre os próprios parceiros, sobretudo entre o Brasil e a Argentina, que possuem as principais economias e os maiores mercados consumidores do bloco.

Veja a seguir a tabela com algumas informações sobre os países-membros do bloco.

Mercosul			
Países-membros	PIB (em bilhões de US$) 2016	População (em milhões de habitantes) 2018	Área (em km²) 2018
Argentina	545	45	2 791 810
Brasil	1796	208	8 515 759
Paraguai	27	7	406 750
Uruguai	52	3	176 220
Venezuela	*482	32	912 050
Total	2902	295	12 802 589

*Dado de 2014.

Fontes de pesquisa: IBGE. Disponível em: <www.ibge.gov.br>. The World Bank. *DataBank*. Disponível em: <https://data.worldbank.org/indicator/ny.gdp.mktp.cd>. United Nations. *World population prospects*. Disponível em: <https://esa.un.org/unpd/wpp/DVD/Files/1_Indicators%20(Standard)/EXCEL_FILES/1_Population/WPP2017_POP_F01_1_TOTAL_POPULATION_BOTH_SEXES.xlsx>. Acessos em: 1º out. 2018.

Observe o mapa e os gráficos abaixo e compare os dados do PIB e da população dos países do Mercosul.

Fonte de pesquisa: *Atlas geográfico escolar*. 7. ed. Rio de Janeiro: IBGE, 2016. p. 78.

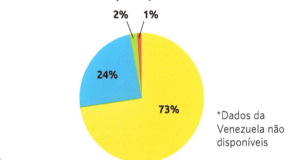

Fonte de pesquisa: The World Bank. *DataBank*. Disponível em: <http://databank.worldbank.org/data/download/GDP.pdf>. Acesso em: 29 set. 2018.

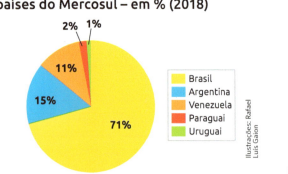

Fonte: United Nations. *World population prospects*. Disponível em: <https://population.un.org/wpp/DataQuery/>. Acesso em: 29 set. 2018.

1. Com base na leitura dos gráficos, como você destacaria o papel do Brasil no Mercosul? Troque ideias com os colegas.
2. Elabore um mapa da distribuição da população entre os países do Mercosul. Para isso, utilize os dados apresentados no gráfico acima.

O futuro do Mercosul

O texto a seguir contextualiza as iniciativas que poderiam ser tomadas pelo Mercosul para torná-lo um bloco mais consistente no cenário econômico e político internacional. Leia-o e, em seguida, responda às questões.

> [...]
>
> Em um cenário internacional caracterizado pela ampliação de grandes blocos de países fortalecidos, a despeito da crise do euro, a capacidade do Mercosul de defender e de promover os interesses de seus Estados depende de seu fortalecimento econômico e político.
>
> Do ponto de vista econômico e social, o fortalecimento do Mercosul resultará do desenvolvimento produtivo de cada uma das [...] economias nacionais, de sua integração física e comercial, da redução significativa das disparidades em cada uma das sociedades, de seu dinamismo tecnológico, da redução das vulnerabilidades externas de cada um de seus membros.
>
> Do ponto de vista político, o fortalecimento do Mercosul como bloco depende de um lado de uma coordenação cada vez mais estreita de seus membros e, de outro lado, do número de Estados soberanos que o integram, Estados que, por esta razão, têm interesse em coordenar suas ações, como membros de um bloco, nas negociações e foros internacionais e diante de crises e iniciativas de terceiros Estados, em especial daqueles mais poderosos.
>
> A ampliação geográfica do Mercosul significa a adesão de novos membros. Por causa de decisões que tomaram no passado, não podem, no momento atual, fazer parte do Mercosul Estados que assinaram acordos de livre comércio com outros Estados ou blocos, tais como a União Europeia, e que, por esta razão, aplicam tarifa zero às importações provenientes daqueles Estados ou blocos e que, assim, não poderiam adotar e aplicar a Tarifa Externa Comum do Mercosul.
>
> A ampliação geográfica do Mercosul teve início com o processo de adesão da Venezuela. A participação integral da Venezuela no Mercosul é da maior importância política e econômica, dada a riqueza de recursos minerais e energéticos do país e de sua decisão de desenvolver industrialmente sua economia. [...].
>
> Além da Venezuela, poderiam, em princípio, ingressar no Mercosul a Bolívia, o Equador, o Suriname e a Guiana. A possibilidade de Estados extrarregionais, isto é, situados fora da América do Sul, ingressarem no Mercosul é reduzida.
>
> [...]
>
> Samuel Pinheiro Guimarães. O futuro do Mercosul. *Carta Maior*, 9 maio 2012. Disponível em: <https://www.cartamaior.com.br/?/editoria/internacional/o-futuro-do-mercosul/6/25251>. Acesso em: 26 set. 2018.

1. Do ponto de vista econômico e social, do que depende o Mercosul para promover seu fortalecimento?
2. E do ponto de vista político?
3. Que fato marcou o início da ampliação geográfica do bloco?

Conflitos e tensões na América Latina

Embora os países latino-americanos tenham se empenhado em promover a integração política e econômica, tais iniciativas ainda não foram capazes de superar a existência de certas tensões políticas e militares na região. Muitas dessas tensões envolvem questões territoriais ligadas principalmente ao traçado de fronteiras.

Mas, ao contrário do que ocorre em outras regiões do mundo, essas questões têm sido tratadas geralmente no campo da diplomacia internacional, sem o uso de forças militares.

O último conflito armado na região, por exemplo, ocorreu em 1995, quando o Equador e o Peru entraram em guerra pelo controle de territórios fronteiriços. Os confrontos duraram pouco mais de um mês, e os dois países chegaram a um acordo após uma mediação internacional que contou a com a participação do Brasil, Argentina, Chile e Estados Unidos.

O mapa a seguir mostra algumas questões fronteiriças que ainda são alvo de disputa na região.

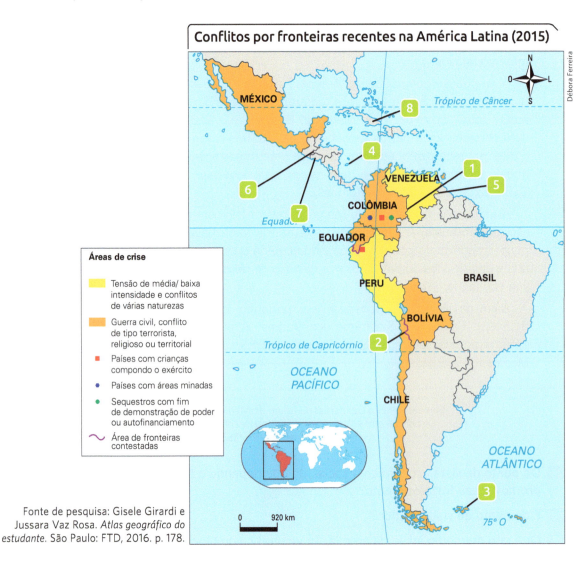

Fonte de pesquisa: Gisele Girardi e Jussara Vaz Rosa. *Atlas geográfico do estudante*. São Paulo: FTD, 2016. p. 178.

204

1 Colômbia e Venezuela

A Colômbia reivindica a posse de uma área com importantes reservas de petróleo, atualmente localizada no litoral venezuelano.

2 Chile e Bolívia

A Bolívia reivindica a posse sobre uma faixa de terras que daria a ela acesso ao mar. O Chile se apossou dessa área após vitória na Guerra do Pacífico, em 1879, quando venceu forças bolivianas e peruanas.

3 Argentina e Reino Unido

Os argentinos reivindicam a posse do arquipélago das Malvinas, controlado desde 1833 pelo Reino Unido. Em 1982, essa disputa levou os dois países a se enfrentarem diretamente em um conflito armado, em que os britânicos saíram vitoriosos garantindo até hoje a posse dessas ilhas.

4 Nicarágua e Colômbia

A Nicarágua reivindica a posse de um conjunto de ilhas que foram passadas para o controle colombiano após decisão da Corte Internacional de Haia.

5 Venezuela e Guiana

A Venezuela contesta um acordo feito com o Reino Unido em 1899 que definiu os atuais limites territoriais do país com a Guiana. O governo venezuelano reivindica a posse de cerca de 75% do território da Guiana.

6 Guatemala e Belize

Os dois vizinhos da América Central divergem sobre a posse de inúmeras ilhas oceânicas localizadas nas proximidades dos dois países.

7 El Salvador, Honduras e Nicarágua

Os três países divergem sobre os traçados fronteiriços que determinam os limites oceânicos entre os mesmos no litoral.

8 Cuba e Estados Unidos

O governo cubano cobra a desativação da base militar de Guantánamo que os Estados Unidos mantêm em território daquele país desde 1898.

No âmbito externo, as relações entre os países latino-americanos têm sido afetadas por causas diversas. A instalação de bases militares dos Estados Unidos em alguns países da região, por exemplo, são vistas como ameaça por governos de certos países, que se opõem à influência estrangeira na região. O governo venezuelano, por sua vez, tem se colocado contrário a um acordo militar assinado entre Colômbia e Estados Unidos que permitiu a utilização de tropas estadunidenses para o combate ao narcotráfico em território colombiano.

> **Corte Internacional de Haia:** órgão das Nações Unidas com sede na cidade de Haia (Holanda), que tem como principal função resolver conflitos jurídicos entre países.

Na foto, tropas estadunidenses desembarcam no departamento de Vichada, Colômbia, para cumprir operação de combate ao narcotráfico, em 2017.

Atividades

Organizando o conhecimento

1. De acordo com o que você estudou, que medidas os países latino-americanos vêm tomando para promover a integração regional:

    a) no plano político?

    b) no plano econômico?

2. Quando foi criada e quais são os principais objetivos da OEA (Organização dos Estados Americanos)?

3. Que blocos econômicos foram criados para promover a integração entre os países:

    a) da América Andina?

    b) do Caribe?

    c) da América Central?

4. Como a formação do Mercosul modificou as relações comerciais entre os países do bloco?

5. Identifique algumas das questões territoriais e fronteiriças na América Latina mostradas no mapa da página **204**. Escolha duas delas e descreva o que está em disputa nessas questões.

Conectando ideias

6. O quadro a seguir apresenta informações sobre o comércio entre os países do Mercosul e também sobre o comércio externo brasileiro (exportações e importações). **Analise** as informações e depois **responda** ao que se pede.

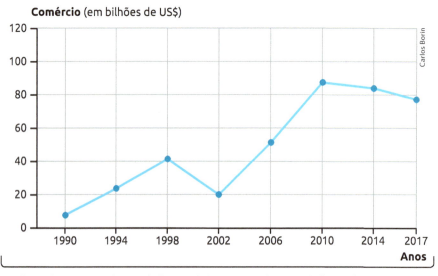

A Evolução do comércio entre países do Mercosul (1990-2017)

Fonte de pesquisa: Centro de Economía Internacional. Disponível em: <http://cei.mrecic.gov.ar>. Acesso em: 3 out. 2018.

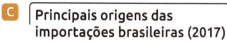
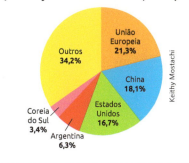
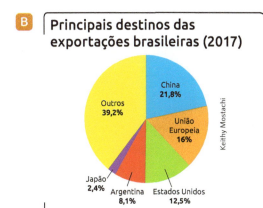

Fonte de pesquisa dos gráficos: WTO. *Trade profiles*. Disponível em: <http://stat.wto.org/CountryProfile/WSDBCountryPFView.aspx?Language=E&Country=BR>. Acesso em: 10 out. 2018.

a) De acordo com as informações do gráfico **A**, **descreva** a evolução do comércio entre os países do Mercosul nas últimas décadas.

b) Quais são os principais destinos das exportações brasileiras, de acordo com o gráfico **B**?

c) No gráfico **C**, identifique quais países mais vendem produtos para o Brasil.

d) De acordo com essa análise, pode-se dizer que o Brasil tem privilegiado suas relações comerciais com os seus parceiros do Mercosul ou com outros países do mundo?

Verificando rota

- A população latino-americana encontra-se distribuída irregularmente pelo território, concentrando-se nas áreas litorâneas leste e oeste do continente.
- As taxas de crescimento populacional são desiguais entre os países da América Latina.
- Os fluxos migratórios entre os países latino-americanos se intensificaram ao longo das últimas décadas.
- Grande parte dos latino-americanos convive com precárias condições do sistema de saúde pública, baixos salários e elevada concentração de renda nas mãos de pequena parcela da população.
- O rápido processo de urbanização pelo qual passou a maioria dos países da América Latina ocorreu de forma desordenada, acarretando problemas, como serviços ineficientes de abastecimento de água e coleta de lixo.
- As atividades mineradora e agropecuária apresentam grande importância na balança comercial de vários países da América Latina.
- Os países mais industrializados da América Latina, como o Brasil, a Argentina e o México, tiveram um processo de industrialização tardio.
- Ao longo das últimas décadas, os países latino-americanos vêm adotando medidas no plano político e no econômico com o objetivo de promover a integração regional.
- Na América Latina ainda existem várias tensões geradas por questões territoriais fronteiriças.

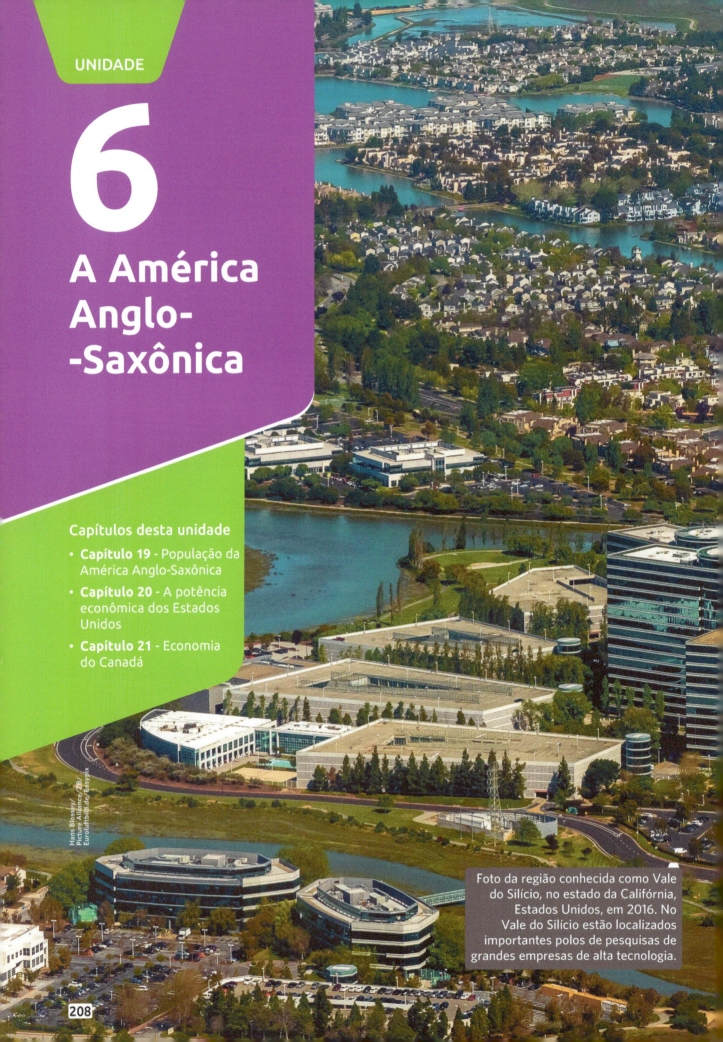

UNIDADE

6

A América Anglo-Saxônica

Capítulos desta unidade
- **Capítulo 19** - População da América Anglo-Saxônica
- **Capítulo 20** - A potência econômica dos Estados Unidos
- **Capítulo 21** - Economia do Canadá

Foto da região conhecida como Vale do Silício, no estado da Califórnia, Estados Unidos, em 2016. No Vale do Silício estão localizados importantes polos de pesquisas de grandes empresas de alta tecnologia.

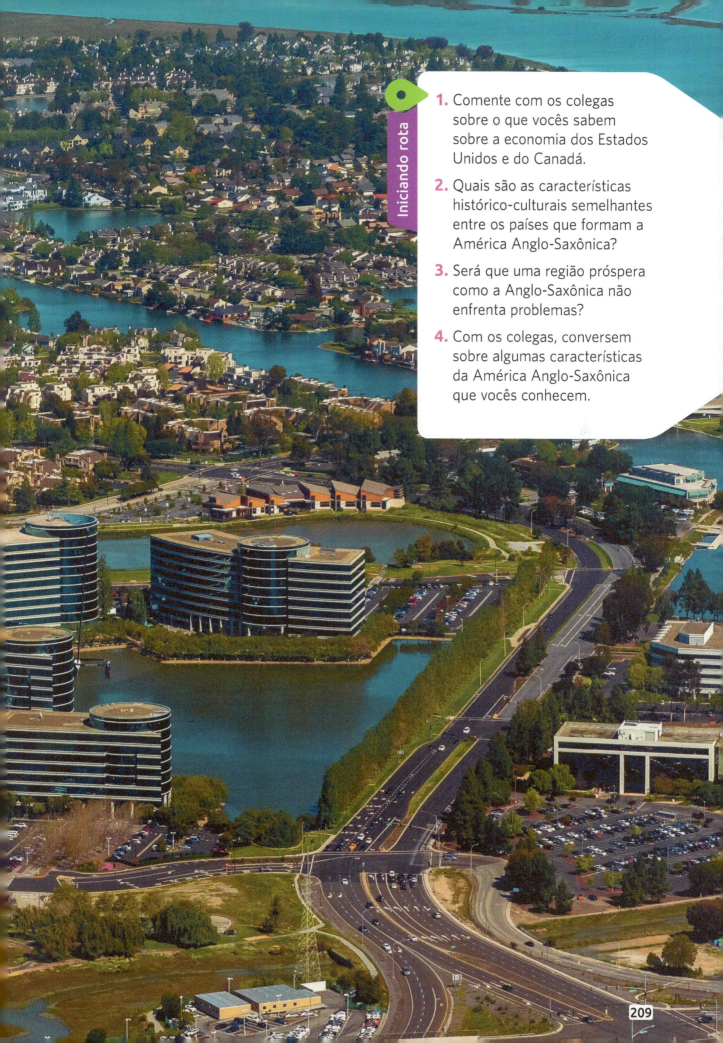

Iniciando rota

1. Comente com os colegas sobre o que vocês sabem sobre a economia dos Estados Unidos e do Canadá.

2. Quais são as características histórico-culturais semelhantes entre os países que formam a América Anglo-Saxônica?

3. Será que uma região próspera como a Anglo-Saxônica não enfrenta problemas?

4. Com os colegas, conversem sobre algumas características da América Anglo-Saxônica que vocês conhecem.

CAPÍTULO 19

População da América Anglo-Saxônica

Quando tratamos da demografia da América Anglo-Saxônica, uma característica marcante é a grande diferença entre a população absoluta de seus países. Enquanto os Estados Unidos possuem uma população de 326 milhões de habitantes, a população do Canadá é de aproximadamente 37 milhões de habitantes. Essa diferença se reflete também na densidade demográfica: 35 hab./km² e 4 hab./km², respectivamente.

Observe no mapa abaixo como a população dos países da América Anglo-Saxônica está distribuída de maneira desigual pelo território.

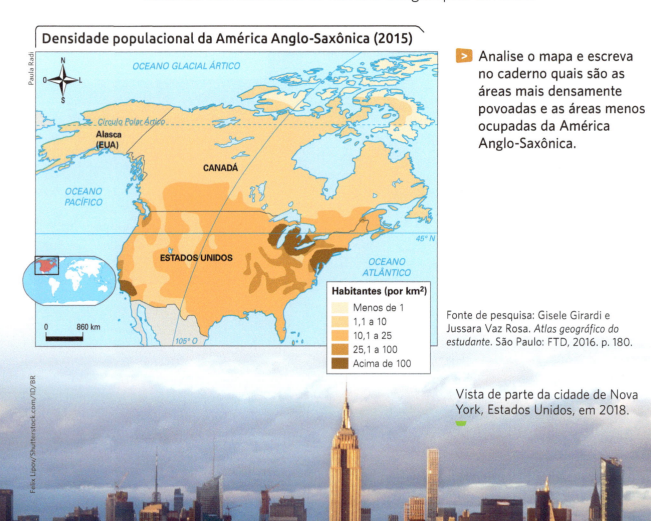

> Analise o mapa e escreva no caderno quais são as áreas mais densamente povoadas e as áreas menos ocupadas da América Anglo-Saxônica.

Fonte de pesquisa: Gisele Girardi e Jussara Vaz Rosa. *Atlas geográfico do estudante*. São Paulo: FTD, 2016. p. 180.

Vista de parte da cidade de Nova York, Estados Unidos, em 2018.

De modo geral, nas áreas menos povoadas (que apresentam menos de 5 hab./km²) predominam condições naturais adversas, como climas frio e polar no norte do Canadá e no Alasca; áreas de deserto no sudoeste dos Estados Unidos; e também áreas de relevo íngreme das Montanhas Rochosas no oeste do território.

A costa leste, por sua vez, apresenta maior concentração populacional em relação às outras áreas do território. Isso se deve a fatores históricos relacionados à colonização europeia que se iniciou no litoral atlântico, motivo que também levou essa região a apresentar maior desenvolvimento econômico.

Formação étnico-cultural da América Anglo-Saxônica

A população da América Anglo-Saxônica é composta, em sua maioria, de descendentes de colonizadores europeus e de uma pequena parte de descendentes de negros africanos, asiáticos, hispânicos e povos nativos.

Nos Estados Unidos, a população foi formada em grande parte por imigrantes europeus em virtude de sua colonização ter ocorrido com o desenvolvimento de colônias de povoamento, conforme vimos na unidade **4**, as quais contavam com maior número de imigrantes europeus. Apenas a menor porção ao sul do território dos Estados Unidos apresentou colônias de exploração, que empregaram principalmente o trabalho escravo de negros africanos para o cultivo de produtos tropicais, como o algodão e o tabaco.

No Canadá, a origem étnica de grande parte de sua população é de colonizadores europeus, sobretudo ingleses e franceses. A presença predominante desses colonizadores explica o fato de as línguas francesa e inglesa serem consideradas idiomas oficiais do país.

Durante a colonização da América Anglo-Saxônica, muitos povos nativos foram dizimados, como os Apache, os Sioux e os Cherokee, nos Estados Unidos, e os Algonquinos, no Canadá. Atualmente, o número de descendentes das populações tradicionais é extremamente pequeno.

Nativo do povo Apache, nos Estados Unidos, em 1899.

A elevada qualidade de vida da população Anglo-Saxônica

De maneira geral, a população dos países da América Anglo-Saxônica apresenta elevada qualidade de vida, resultado de diversos fatores, entre eles os grandes investimentos dos governos em setores sociais.

A política do estado de bem-estar social, ou *welfare state*, adotada pelos países desenvolvidos, inclusive Canadá e Estados Unidos, a partir da segunda metade do século XX, priorizou o bem-estar da sociedade com medidas que favoreceram o desenvolvimento de diversas áreas, como educação, saúde, previdência e assistência social. A renda média mais elevada de parte da população também contribui para que as pessoas tenham acesso à moradia adequada, a uma alimentação equilibrada, usufruam de atividades culturais e de lazer, o que consequentemente melhora a qualidade de vida, impactando significativamente no desenvolvimento social e econômico.

Assim como em grande parte dos países desenvolvidos, a elevada qualidade de vida promove o aumento da expectativa de vida dos estadunidenses e canadenses. Essa situação, aliada à diminuição das taxas de natalidade, vem provocando o envelhecimento da população, ou seja, o aumento do número de adultos e idosos no total da população.

Pessoas em um dia de lazer, patinando no gelo, em Ottawa, Canadá, em 2018.

Observe na tabela abaixo alguns indicadores socioeconômicos desses países.

Alguns indicadores socioeconômicos da América Anglo-Saxônica				
	Renda *per capita* (US$) 2015	Expectativa de vida (em anos) 2015	Mortalidade infantil (por grupo de mil nascidos vivos) 2016	IDH 2015
Estados Unidos	53 629	79	6	0,920
Canadá	42 183	82	4	0,920

Fontes de pesquisa: Unicef. *The state of the world's children 2017*. Disponível em: <https://www.unicef.org/publications/files/SOWC_2017_ENG_WEB.pdf >. Pnud. *Relatório do Desenvolvimento Humano 2016*. Disponível em: <http://www.br.undp.org/content/dam/brazil/docs/RelatoriosDesenvolvimento/undp-br-2016-human-development-report-2017.pdf>. The World Bank. *Databank*. Disponível em: <http://databank.worldbank.org/data/reports.aspx?source=world-development-indicators>. Acessos em: 18 set. 2018.

Os problemas sociais na América Anglo-Saxônica

Os países da América Anglo-Saxônica enfrentam problemas sociais, como desemprego, pobreza e fome, mas em menores proporções que os países subdesenvolvidos.

Outro problema social presente principalmente nos Estados Unidos é o preconceito étnico e a discriminação contra os imigrantes, sobretudo latino-americanos.

Os latino-americanos, maior grupo de imigrantes que entram todos os anos nos Estados Unidos, buscam oportunidades de trabalho e melhor qualidade de vida. Os mexicanos formam o maior grupo de imigrantes ilegais nos Estados Unidos.

Por causa do preconceito e da condição de ilegalidade de parte dos imigrantes, muitos são inseridos em atividades informais e pouco valorizadas da economia, atividades que na maioria das vezes exigem pouca qualificação profissional e geralmente com baixa remuneração.

> **Imigrante ilegal:** pessoa que entra ou permanece ilegalmente em outro país, desrespeitando as leis de imigração existentes.

Para o governo dos Estados Unidos, as imigrações ilegais se refletem na elevação dos gastos públicos na área social, como assistência médica e programas de assistência alimentar aos mais carentes. Apesar das políticas de combate à imigração ilegal, como patrulhamento das fronteiras e restrição de vistos de passaporte, o fluxo migratório continua intenso para os Estados Unidos. O mapa abaixo apresenta os principais fluxos de imigrantes para esse país.

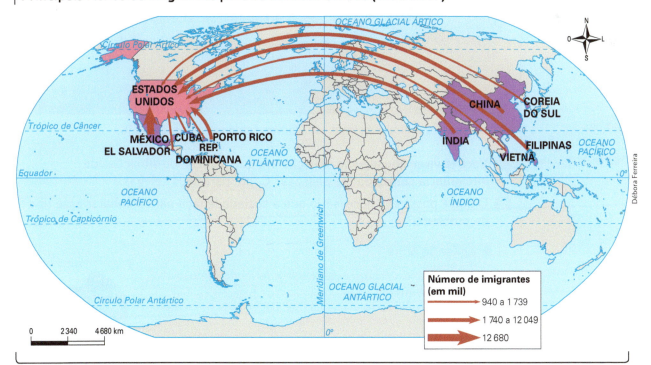

Principais fluxos de imigrantes para os Estados Unidos (1990-2017)

Fonte de pesquisa: Pew Research Center. *Origins and destinations of the world's migrants, from 1990-2017*. Disponível em: <http://www.pewglobal.org/2018/02/28/global-migrant-stocks/?country=US&date=2017>. Acesso em: 13 set. 2018.

> Observe o mapa e identifique as regiões do mundo de onde partem os principais fluxos migratórios em direção aos Estados Unidos.

A intolerância com os imigrantes

Como vimos, o preconceito contra os imigrantes, sobretudo latino-americanos, é um dos problemas sociais enfrentados pelos Estados Unidos.

A falta de tolerância, ou seja, a restrição em aceitar que outras pessoas tenham maneiras de pensar e de agir diferentes de si mesmo, causa diferentes problemas de convivência. Quando essa intolerância se volta contra imigrantes resulta em xenofobia, um sentimento de aversão ao estrangeiro. A intransigência também ocorre na forma de racismo, quando pessoas nutrem preconceito extremado contra indivíduos de outras etnias, culturas e religiões, julgadas inferiores. Muitas vezes, esses sentimentos são manifestados por meio de perseguição, violência física e discriminação contra essas pessoas.

Os Estados Unidos constantemente são palco de situações que envolvem a intolerância aos imigrantes. A foto abaixo mostra uma manifestação contra o racismo no país.

Manifestantes contra o racismo, em Denver, Estados Unidos, em 2018.

1. Você já vivenciou alguma situação em que presenciou situações de intolerância contra outras pessoas? Conte para seus colegas.
2. O que é possível e necessário que a sociedade faça para combater esse tipo de problema?

▶ **Aprenda mais**

O filme *Selma: uma luta pela igualdade* retrata a campanha eleitoral do ativista social Martin Luther King, nos Estados Unidos, em 1965. Durante a campanha, iniciada na cidade de Selma, ele e manifestantes pacifistas promovem marchas que visam à igualdade de direitos para a comunidade afrodescendente.

Selma: uma luta pela igualdade. Direção de Ava Duvernay. Estados Unidos, 2015 (128 min).

Atividades

Organizando o conhecimento

1. Com base no mapa da página **210**, sobre a distribuição da população no território da América Anglo-Saxônica, explique:

   a) quais fatores históricos estão relacionados à concentração da população na porção leste da América Anglo-Saxônica?

   b) quais fatores naturais influenciam a existência de áreas de baixa densidade demográfica na América Anglo-Saxônica?

2. Explique as razões que levaram ao predomínio de europeus na formação étnico-cultural dos Estados Unidos e do Canadá.

3. Qual é o papel do governo na elevada qualidade de vida dos países da América Anglo-Saxônica?

Conectando ideias

4. De acordo com o que você estudou, **explique** por que a pirâmide etária dos Estados Unidos mostrada possui:

   a) a base estreita.

   b) o topo largo.

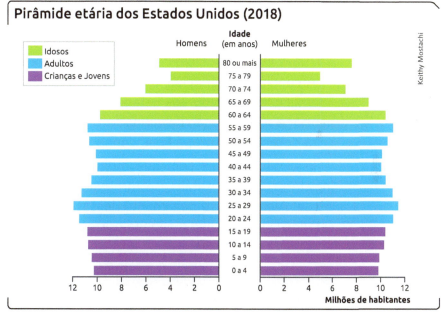

Fonte de pesquisa: United Nations. *World population prospects*. Disponível em: <https://population.un.org/wpp/DataQuery/>. Acesso em: 24 set. 2018.

5. **Leia** a manchete de jornal abaixo.

   Caminhão com 76 imigrantes é encontrado por policiais no Texas

   Eles saíram de México, Honduras, El Salvador e Guatemala para tentar entrar nos EUA

   O Globo, 30 jan. 2018. Disponível em: <https://oglobo.globo.com/mundo/caminhao-com-76-imigrantes-encontrado-por-policiais-no-texas-22344242>. Acesso em: 27 set. 2018.

   a) Qual é o tema dessa manchete de jornal?

   b) Por que todos os anos milhares de pessoas migram para os Estados Unidos?

   c) Que medidas o governo dos Estados Unidos vem adotando para conter o intenso fluxo de imigrantes ilegais para esse país?

CAPÍTULO 20
A potência econômica dos Estados Unidos

Os Estados Unidos são a maior potência econômica do mundo. Sua economia conta com uma base de produção diversificada e tecnologicamente avançada. De acordo com o Banco Mundial, em 2017, os Estados Unidos foram responsáveis por aproximadamente 24% da riqueza gerada em todo o mundo.

Sua transformação como potência econômica mundial está relacionada aos acontecimentos ocorridos após os conflitos mundiais que abalaram o planeta durante o século XX: a Primeira Guerra Mundial (1914-1918) e a Segunda Guerra Mundial (1939-1945). Vamos analisar como isso aconteceu.

A Europa foi um dos continentes mais afetados pelas guerras mundiais. O fato de grande parte dos conflitos ter ocorrido em território europeu acabou arrasando a economia e a infraestrutura de países que, naquele período, já se encontravam industrializados, como Inglaterra, França e Alemanha.

Assim, após a Segunda Guerra, os Estados Unidos já eram os maiores exportadores de gêneros industrializados do mundo. Isso porque a Europa, até então maior exportador mundial de mercadorias, não conseguia abastecer o mercado internacional com seus produtos industrializados.

A condição de principal fornecedor de gêneros industrializados no mercado internacional permitiu aos Estados Unidos acumular uma grande riqueza e financiar a reconstrução de vários países do mundo. Esse projeto de ajuda financeira destinada à Europa ficou conhecido como **Plano Marshall**.

Essa situação fez com que muitos países endividados pela guerra, como Inglaterra, França e Itália, se tornassem dependentes da economia estadunidense. Além disso, o pagamento dessas dívidas ampliou o enriquecimento dos Estados Unidos a médio e longo prazos.

Após a Segunda Guerra, houve uma grande expansão da indústria de bens de consumo nos Estados Unidos. A foto mostra o interior de uma indústria de motores para aeronaves, nos Estados Unidos, em 1950.

A expansão das multinacionais pelo mundo

Com o crescimento de sua economia a partir da segunda metade do século XX, os Estados Unidos passaram a promover uma expansão de suas empresas no mundo. Muitas delas abriram filiais no exterior, como forma de dominar novos mercados e ampliar os lucros.

De maneira geral, a expansão dessas empresas iniciou-se, principalmente, em países desenvolvidos da Europa. No entanto, várias multinacionais procuraram atuar nos países subdesenvolvidos que se industrializavam, como Brasil, Argentina, México e África do Sul, pois ofereciam mão de obra barata, abundância de matéria-prima, concessões fiscais (isenção de impostos, por exemplo), um mercado consumidor em expansão, além de legislações ambientais e trabalhistas pouco rígidas no controle de suas atividades.

A tabela a seguir apresenta algumas das maiores multinacionais estadunidenses da atualidade. Conheça o ramo de atuação de cada uma dessas empresas e em quantos países elas atuam.

As 5 maiores empresas multinacionais do mundo			
Nome	Ramo	Faturamento (em bilhões de dólares)	Quantidade de países em que está presente
Walmart Inc.	Mercadorias em geral	500	27
Exxon Mobil	Energia	244	52
Barkshire Hathaway	Financiamentos	244	*
Apple	Tecnologias	242	30
United Health Group	Saúde	201	130

* Por ser uma empresa investidora, atua em vários países por meio de outras empresas onde seu capital está presente.

Fonte de pesquisa: Global 500. *Fortune*. Disponível em: <http://fortune.com/fortune500/>. Acesso em: 28 set. 2018.

As marcas apresentadas são utilizadas para fins estritamente didáticos, portanto não representam divulgação de qualquer tipo de produto ou empresa por parte da autora e da editora.

A expansão das multinacionais estadunidenses possibilitou aos Estados Unidos estabelecer relações comerciais com grande parte dos países do mundo, intensificando assim o fluxo de mercadorias importadas e exportadas pelo país e, sobretudo, garantindo o seu acelerado ritmo de crescimento econômico.

De certa maneira, podemos dizer que a expansão das multinacionais, ao abastecer o mercado mundial com produtos estadunidenses, acabou fortalecendo a supremacia econômica dos Estados Unidos.

Com a expansão econômica, muitos dos investimentos de grupos empresariais dos Estados Unidos foram implantados no Brasil, por meio de multinacionais que atuam nos mais variados ramos de atividades, como na produção industrial (produtos de higiene e limpeza, bebidas, automóveis, medicamentos, etc.), no comércio e nos serviços (redes de supermercados, bancos, seguradoras, etc.).

Geografia em representações

A linguagem matemática nos mapas

Nos estudos geográficos nos deparamos com as mais diferentes formas de representações cartográficas. Muitas vezes, a distribuição espacial dos fenômenos são analisados por meio de mapas com informações que se apresentam em dados numéricos, como valores numéricos, dados estatísticos, índices econômicos, taxas de crescimento, etc.

Observe o mapa abaixo, que representa os países de origem das 100 maiores empresas do mundo em 2018. Veja que os valores estão representados por figuras geométricas proporcionais, nesse caso, círculos.

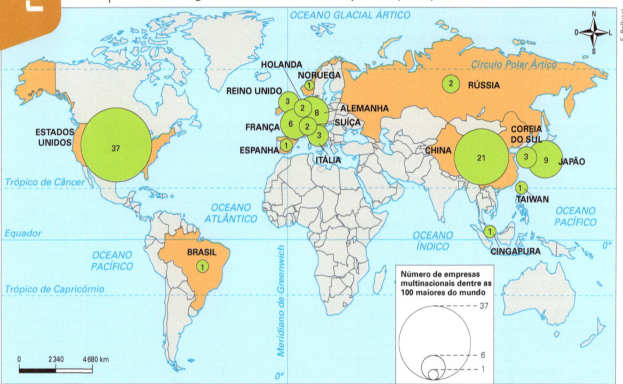

Países de origem das 100 maiores empresas (2018)

Fonte de pesquisa: Fortune. *Global 500*. Disponível em: <http://fortune.com/global500/>. Acesso em: 27 set. 2018.

1. O que informa cada círculo representado no mapa?

2. De acordo com o mapa, o que se pode concluir sobre a quantidade de empresas dos Estados Unidos?

3. Após os Estados Unidos, qual é o país que se destaca por ser sede das maiores empresas do mundo?

4. Quais países europeus se destacam como sede das maiores empresas.

5. Ao analisar a posição dos países africanos sobre esse tema, o que se pode concluir? O que isso revela sobre a posição do continente africano no cenário econômico mundial?

Atividade industrial dos Estados Unidos

Os Estados Unidos possuem grande importância no mercado mundial de gêneros industrializados. Observe o gráfico abaixo, que mostra os dez principais países exportadores de produtos industrializados do mundo.

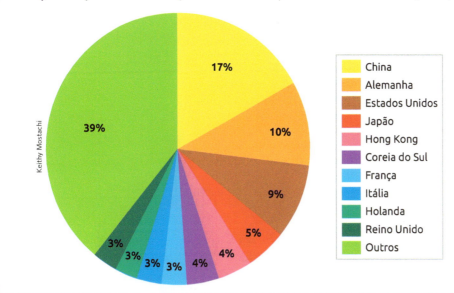

Principais exportadores de produtos industrializados do mundo (2016)

Fonte de pesquisa: WTO. *Statistics database*. Disponível em: <http://stat.wto.org/StatisticalProgram/WSDBStatProgramSeries.aspx?Language=E>. Acesso em: 27 set. 2018.

> De acordo com o gráfico, qual a posição dos Estados Unidos entre os dez maiores países exportadores de produtos industrializados do mundo?

O processo de industrialização dos Estados Unidos ganhou força a partir da segunda metade do século XIX e início do XX, especialmente na região nordeste, onde teve início o processo histórico de ocupação do território.

A presença abundante de recursos naturais, como reservas de carvão, próximas aos Apalaches, e de jazidas de minério de ferro, próximas aos Grandes Lagos, também favoreceu o crescimento das atividades industriais, sobretudo dos ramos siderúrgico e metalúrgico, no nordeste do país.

Nesse período, também foram encontradas importantes jazidas de petróleo na região dos Grandes Lagos, no Texas e na região do Golfo do México. Com essas descobertas, o país passou a desenvolver também ramos ligados à indústria química, responsável pela fabricação de produtos como combustível, solvente, plástico e borracha sintética.

Outro fator que contribuiu para a expansão da atividade industrial na região nordeste dos Estados Unidos foi a proximidade do oceano Atlântico, facilitando o transporte marítimo das mercadorias para outras regiões, sobretudo para o continente europeu.

Atualmente, a produção industrial estadunidense é bastante diversificada e apresenta indústrias de diversos ramos, como siderúrgico, metalúrgico, petroquímico, automobilístico, aeronáutico, da informática, eletrônica, têxteis e alimentícios.

219

Regiões industriais

Megalópole: extensa área formada pelo encontro das áreas urbanas de duas ou mais metrópoles – *mega* significa "grande", e *polis*, "cidade".

A concentração da atividade industrial em determinadas regiões do território favoreceu a formação de imensas aglomerações urbanas industriais. A expansão dessas aglomerações deu origem a importantes megalópoles estadunidenses: na região leste, a Bos-Wash (Boston–Washington); na região dos Grandes Lagos, a Chi-Pitts (Chicago–Pittsburgh); e na costa do Pacífico, a San-San (San Diego–San Francisco).

Observe no mapa a seguir a distribuição das atividades industriais no território dos Estados Unidos.

Atividade industrial dos Estados Unidos (2013)

Fontes de pesquisa: *Reference atlas of the world*. 9. ed. London: Dorling Kindersley, 2013. p. 16. Graça Maria Lemos Ferreira. *Atlas geográfico*: espaço mundial. 4. ed. São Paulo: Moderna, 2013. p. 75.

Com base no mapa, verificamos que as principais áreas industriais no território dos Estados Unidos encontram-se agrupadas em duas grandes regiões, são elas:

- **Cinturão da manufatura também conhecida por *manufacturing belt***: é a região industrial mais antiga, localizada no nordeste do país, entre os Grandes Lagos e a costa atlântica. Foi onde teve início o processo de industrialização dos Estados Unidos e onde estão localizadas importantes cidades do país, como Chicago e Washington, e também importantes portos marítimos, como os de Boston, Filadélfia e Nova York. Embora o *manufacturing belt* seja o maior parque industrial dos Estados Unidos, há algumas décadas essa região vem passando por uma crise industrial, decorrente de fatores como a dificuldade de competir com empresas que utilizam mão de obra barata, altos impostos, envelhecimento dos maquinários industriais e ainda intensa competitividade dos produtos industrializados fabricados na Europa e, sobretudo, na Ásia.

220

Essa crise industrial vem provocando o fechamento de várias fábricas, como as automobilísticas e siderúrgicas. E vem provocando também a queda da participação do nordeste na produção industrial estadunidense. Em razão desses fatos, o cinturão da manufatura está sendo chamado de **rust belt**, ou seja, cinturão da ferrugem.

Detroit já foi uma das maiores e mais prósperas cidades do nordeste dos Estados Unidos; era conhecida como a capital da indústria automobilística. Hoje, é conhecida como "cidade fantasma" por ter muitas fábricas abandonadas e ter perdido grande número de moradores.

- **Cinturão do Sol ou *Sun Belt***: é a região industrial mais recente, que ganhou força simultaneamente à crise industrial da região nordeste. O *sun belt* se estende da região sudoeste do território estadunidense, passando pela região do Golfo do México, à região oeste do território e, de modo geral, abriga as indústrias de elevada tecnologia dos Estados Unidos. Na porção **sul**, as principais atividades industriais são ligadas ao ramo petroquímico, em razão da proximidade das jazidas de petróleo, e também ao ramo aeroespacial, em virtude da presença do Centro Espacial John F. Kennedy, porto espacial da Administração Nacional do Espaço e da Aeronáutica (Nasa). Já na região **oeste**, destacam-se as indústrias de alta tecnologia, como informática, robótica, biotecnologia e microeletrônica.

Construção que abrigava uma indústria automobilística, atualmente abandonada na cidade de Detroit, Estados Unidos, em 2017.

De modo geral, as indústrias do cinturão do Sol foram impulsionadas pela proximidade que possuem de importantes tecnopolos, ou seja, centros de pesquisas de alta tecnologia associados a importantes universidades e centros de pesquisas, como o Vale do Silício, no estado da Califórnia. Na foto **A**, fabricação de componentes eletrônicos em San Francisco, Estados Unidos, em 2016. Na foto **B**, lançamento de foguete em plataforma da Nasa, na Flórida, Estados Unidos, em 2017.

Nafta

O Acordo de Livre Comércio da América do Norte (Nafta, sigla em inglês de *North American Free Trade Agreement*) é uma zona de livre-comércio formada pelos países da América do Norte: Estados Unidos, Canadá e México. Esse acordo começou a vigorar em 1994, quando os países-membros decidiram eliminar gradativamente as taxas alfandegárias cobradas sobre mercadorias e produtos comercializados entre eles.

Os Estados Unidos, a maior potência econômica do mundo, ocupam uma posição privilegiada no Nafta. De acordo com o Banco Mundial, em 2017, os Estados Unidos responderam por cerca de 87% do PIB total do bloco, enquanto Canadá e México participaram com apenas 8% e 5%, respectivamente. Essa posição ampliou a dependência do México e do Canadá em relação à economia estadunidense.

Tal dependência pode ser observada no comércio realizado entre esses países, representado no mapa. Veja também na tabela a seguir algumas informações sobre os países-membros do bloco.

- Baseado em qual dado da tabela podemos concluir que os Estados Unidos são a maior potência econômica do bloco?

Parte das bandeiras dos países do Nafta: Canadá (à esquerda), Estados Unidos (ao meio) e México (à direita).

Fonte de pesquisa: WTO. *Trade profiles 2018*. Disponível em: <https://www.wto.org/english/res_e/booksp_e/trade_profiles18_e.pdf>. Acesso em: 27 set. 2018.

Nafta			
Países-membros	PIB (em bilhões de dólares) 2016	População 2018	Área (em km²) 2018
Canadá	1530	36 953 765	9 984 670
México	1047	130 759 074	1 964 380
Estados Unidos	18 624	326 766 748	9 831 510
Total	21 201	494 479 587	21 780 560

Fontes de pesquisa: IBGE. *Países*. Disponível em: <https://paises.ibge.gov.br/#/pt>. United Nations. *World Population Prospects*. Disponível em: <https://esa.un.org/unpd/wpp/DVD/Files/1_Indicators%20(Standard)/EXCEL_FILES/1_Population/WPP2017_POP_F01_1_TOTAL_POPULATION_BOTH_SEXES.xlsx>.The World Bank. *World Development Indicators*. Disponível em: <http://databank.worldbank.org/data/>. Acessos em: 29 set. 2018.

Atividades

Organizando o conhecimento

1. Elabore um texto utilizando as expressões do quadro para contextualizar a potência econômica dos Estados Unidos.

> produção diversificada • exportador mundial • avançada tecnologia

2. Quais foram os principais fatores que influenciaram a expansão da atividade industrial na região nordeste dos Estados Unidos a partir da segunda metade do século XIX e início do XX?

3. Quais são as megalópoles existentes no território estadunidense? Onde elas estão localizadas?

4. Conforme o que foi apresentado até aqui, quais fatores causaram a crise industrial vivida no *manufacturing belt*?

5. De acordo com o que você estudou, explique o significado do termo *rust belt* utilizado por várias pessoas.

6. De acordo com o que você estudou, escreva no caderno o que melhor distingue as economias dos países do Nafta.

Conectando ideias

7. **Observe** o mapa a seguir.

População de algumas aglomerações urbanas dos Estados Unidos (2015-2030*)

Fonte de pesquisa: United Nations. *World population prospects*. Disponível em: <https://population.un.org/wup/DataQuery/>. Acesso em: 27 set. 2018.

a) Que informação o mapa está representando?

b) Qual aglomeração urbana apresentará menor proporção de crescimento entre 2015 e 2030?

c) Como você chegou a essa conclusão?

Recursos minerais e energéticos dos Estados Unidos

O crescimento industrial dos Estados Unidos foi beneficiado pela riqueza de recursos naturais existentes em seu território, sobretudo cobre, carvão, minério de ferro e petróleo.

Atualmente, a abundância de recursos naturais ainda é muito importante para a economia do país, pois gera parte da matéria-prima e da energia utilizadas para o abastecimento de seu parque industrial.

Veja no mapa a seguir a localização das principais reservas de minerais do território estadunidense.

Principais recursos minerais dos Estados Unidos (2013)

Fonte de pesquisa: Graça Maria Lemos Ferreira. *Atlas geográfico*: espaço mundial. 4. ed. São Paulo: Moderna, 2013. p. 75.

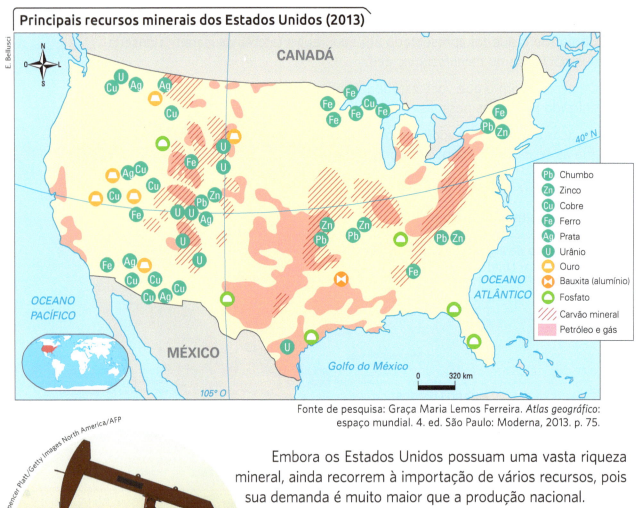

Embora os Estados Unidos possuam uma vasta riqueza mineral, ainda recorrem à importação de vários recursos, pois sua demanda é muito maior que a produção nacional.

Mesmo sendo o terceiro maior produtor de petróleo do mundo, sua produção é insuficiente para abastecer seu parque industrial. Por isso, os Estados Unidos dependem cada vez mais de importações de petróleo de países como Canadá, Arábia Saudita, México e Venezuela.

▌ Diariamente, os Estados Unidos produzem em média 12,3 milhões de barris de petróleo. Na foto ao lado, área de exploração de petróleo no estado do Texas, Estados Unidos, em 2016.

Agropecuária estadunidense

A característica mais marcante da atividade agropecuária dos Estados Unidos é sua elevada produtividade, decorrente, principalmente, do emprego de mão de obra qualificada, maquinários com elevada tecnologia e técnicas modernas de produção, como irrigação e melhoramento genético.

Além da agropecuária altamente mecanizada, o país apresenta também um grande aproveitamento de seu espaço rural, diferentemente do que ocorre em muitos países subdesenvolvidos, inclusive o Brasil, nos quais vastas áreas voltadas para a agropecuária, geralmente localizadas em latifúndios, permanecem subaproveitadas, ou seja, não são ocupadas por lavouras ou criações.

Por causa do uso cada vez mais intenso de máquinas nas atividades rurais, a População Economicamente Ativa (PEA) ligada ao setor agropecuário dos Estados Unidos é bastante reduzida. Apenas 1,4% de seus trabalhadores estava, em 2017, ocupado efetivamente no campo, o que não impediu que o país registrasse uma produtividade cada vez mais elevada.

Além de abastecer agroindústrias e parte de sua população, os Estados Unidos são os maiores exportadores de produtos agropecuários em todo o mundo, principalmente de grãos.

O quadro a seguir apresenta dados sobre alguns gêneros agropecuários produzidos no país em 2016.

Milho		Soja		Trigo	
Porcentagem na produção mundial	36%	Porcentagem na produção mundial	35%	Porcentagem na produção mundial	8%
Ranking mundial	1º	Ranking mundial	1º	Ranking mundial	4º

Suíno		Aves		Bovino	
Porcentagem na produção mundial	7%	Porcentagem na produção mundial	9%	Porcentagem na produção mundial	6%
Ranking mundial	2º	Ranking mundial	3º	Ranking mundial	3º

Ilustrações: Barbara Sarzi

Fonte de pesquisa: FAO. Disponível em: <http://faostat3.fao.org/>. Acesso em: 18 set. 2018.

Plantação de milho em Mooresville, Estados Unidos, em 2018.

Cinturões agrícolas

Assim como as áreas industriais, a denominação *belt* também é usada para a organização do espaço agrário dos Estados Unidos. Os *belts*, ou cinturões, são regiões especializadas na produção de um tipo específico de cultivo ou criação.

A distribuição dos *belts* varia conforme as características naturais de clima e solo de cada região. Por exemplo, no oeste do território, onde predomina o clima semiárido, estão localizadas as regiões voltadas para a pecuária leiteira e o cultivo de frutas tropicais. Já na região central do território, dominada pelo clima temperado e pelas extensas planícies que possibilitam o uso de maquinários, observa-se a existência das monoculturas de trigo.

Os principais *belts* do país são do algodão (*cotton belt*), do milho (*corn belt*) e do trigo (*wheat belt*). Observe o mapa abaixo e verifique a organização do espaço agrário dos Estados Unidos.

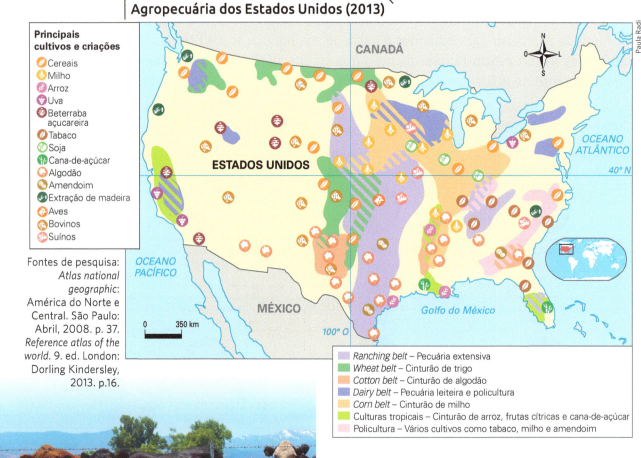

Rebanho de bovinos no estado da Califórnia, Estados Unidos, em 2018.

> Identifique no mapa a localização dos *belts* de algodão, milho e trigo.

A agropecuária é amparada por uma política protecionista, que cobre os prejuízos dos agricultores, e, ao mesmo tempo, por barreiras alfandegárias, que os protegem das eventuais concorrências externas.

O poderio militar dos Estados Unidos

Além do domínio econômico, os Estados Unidos exercem forte influência militar e política sobre o restante do mundo.

Desde o fim da Segunda Guerra Mundial, o país passou a investir grandes somas de dinheiro no desenvolvimento de sua indústria bélica, assim como em treinamento e manutenção do exército e em pesquisas nesse setor. O objetivo era impedir a expansão política e econômica de seu principal opositor político, a União Soviética.

Sem realizar embates diretos, essas duas potências militares buscaram intimidar uma à outra por meio de ações que demonstrassem o poder de seus armamentos, principalmente com mísseis e armas nucleares.

Com o fim da União Soviética, em 1991, os Estados Unidos se consolidaram como a maior potência militar do planeta, sem nenhuma nação que se equiparasse a sua indústria bélica.

Atualmente, os Estados Unidos possuem bases militares em diversas regiões do mundo, e, na maioria das vezes, por meio dessas bases, o governo estadunidense intervém em diferentes conflitos pelo mundo. O país também apresenta o maior gasto com questões militares.

O mapa abaixo mostra a atual distribuição das bases militares dos Estados Unidos no planeta. Observe-o.

> **Indústria bélica:** indústria de equipamentos militares, como armas e munições, tanques, navios e aviões de guerra.

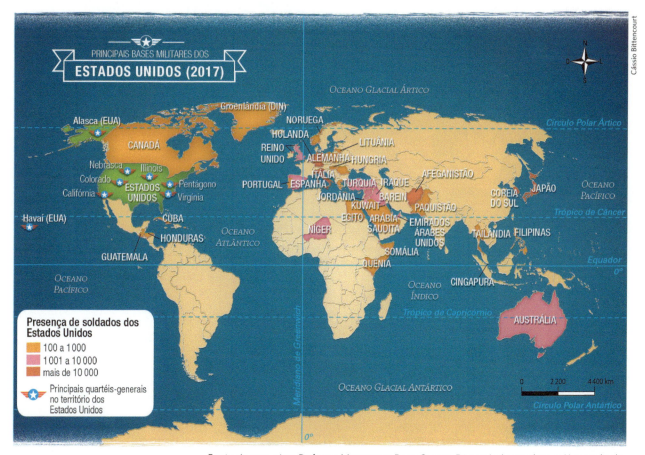

Fonte de pesquisa: Defense Manpower Data Center. Disponível em: <https://www.dmdc.osd.mil/appj/dwp/dwp_reports.jsp>. Acesso em: 27 set. 2018.

Ampliando fronteiras

O cinema e a cultura estadunidense

Você tem o hábito de ir ao cinema? Ou mesmo de ver filmes em casa? Essa atividade de lazer e entretenimento agrada multidões pelo mundo. Prova disso é a grande quantidade de pessoas que assistem a filmes, inclusive com o aumento de provedores *on-line*, cada vez mais populares, e a quantidade crescente de lançamentos no mercado.

Atualmente, os Estados Unidos detêm a maior parte do mercado mundial de produção de filmes. Com as produções cinematográficas, o país espalha sua cultura pelo mundo.

Conheça a seguir algumas informações referentes à influente indústria cinematográfica estadunidense.

Hollywood, distrito da cidade de Los Angeles, localizado no estado da Califórnia, possui a maior concentração de empresas cinematográficas estadunidenses.

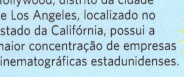

Entre as décadas de 1940 e 1950, os filmes estadunidenses que foram distribuídos para o Brasil e para outros países potencializaram entre os jovens o chamado *American Way of Life*, o "estilo de vida americano". Muitos procuravam parecer com seus ídolos, imitando seu modo de se vestir, seus acessórios e penteados, além de incorporar os trejeitos de suas personagens preferidas. Dessa maneira, novos padrões de beleza e comportamento foram estabelecidos pelo cinema.

A grande disseminação dos filmes de Hollywood pelo mundo contribui para despertar o gosto de outras sociedades pelo modo de vida estadunidense, na intenção de ampliar potenciais mercados consumidores pelo mundo.

As marcas apresentadas são utilizadas para fins estritamente didáticos, portanto não representam divulgação de qualquer tipo de produto ou empresa.

Bárbara Sarzi

228

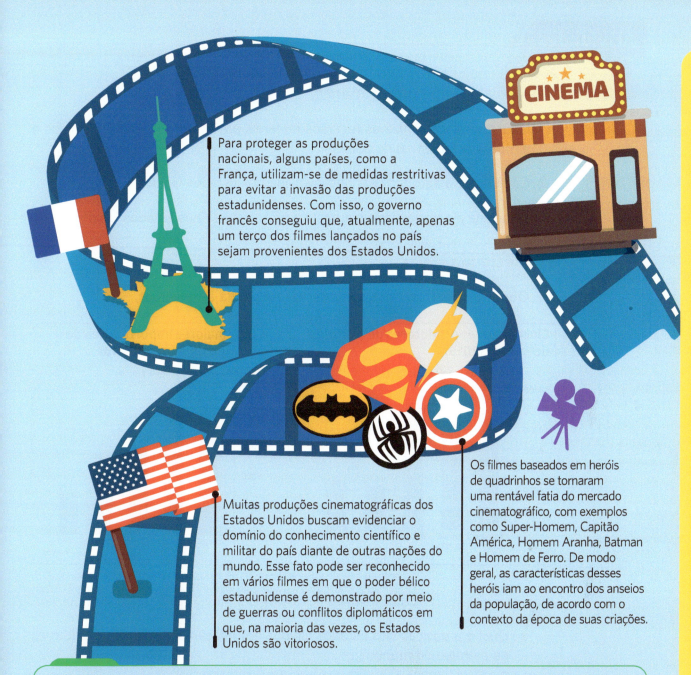

Para proteger as produções nacionais, alguns países, como a França, utilizam-se de medidas restritivas para evitar a invasão das produções estadunidenses. Com isso, o governo francês conseguiu que, atualmente, apenas um terço dos filmes lançados no país sejam provenientes dos Estados Unidos.

Muitas produções cinematográficas dos Estados Unidos buscam evidenciar o domínio do conhecimento científico e militar do país diante de outras nações do mundo. Esse fato pode ser reconhecido em vários filmes em que o poder bélico estadunidense é demonstrado por meio de guerras ou conflitos diplomáticos em que, na maioria das vezes, os Estados Unidos são vitoriosos.

Os filmes baseados em heróis de quadrinhos se tornaram uma rentável fatia do mercado cinematográfico, com exemplos como Super-Homem, Capitão América, Homem Aranha, Batman e Homem de Ferro. De modo geral, as características desses heróis iam ao encontro dos anseios da população, de acordo com o contexto da época de suas criações.

1. De que forma o cinema é capaz de influenciar o modo de vida das pessoas?

2. Você considera importante que as pessoas conheçam e reflitam sobre a origem e o conteúdo dos filmes a que assistem? Por quê?

3. Atualmente, as pessoas ainda são estimuladas ao consumo de produtos vinculados à imagem de artistas, de personagens do cinema ou de outras mídias? Converse com os colegas a respeito.

4. Com os colegas e o auxílio do professor, façam uma lista de alguns filmes produzidos recentemente pela indústria estadunidense. Selecionem alguns títulos e façam uma votação para escolher um que deverá ser assistido por toda a turma em uma data previamente combinada.

Assistam ao filme com atenção para identificar se há nele aspectos referentes à disseminação da cultura estadunidense e qual ideia ele busca transmitir nesse sentido. Elaborem uma lista desses aspectos e, depois do filme, conversem sobre eles. Avaliem como esses elementos do filme podem influenciar a vida das pessoas que o assistirem.

Atividades

Organizando o conhecimento

1. Qual é a relação entre os recursos minerais presentes nos Estados Unidos e a atividade industrial do país?

2. Caracterize a agropecuária desenvolvida nos Estados Unidos.

3. Relacione a agropecuária e a política protecionista nos Estados Unidos.

Conectando ideias

4. **Observe** os gráficos a seguir e depois **responda** às questões.

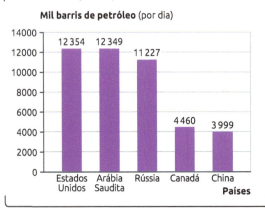

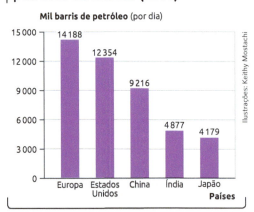

Fonte de pesquisa dos gráficos: BP. *BP statistical review of world energy june 2017*. Disponível em: <https://www.bp.com/content/dam/bp-country/de_ch/PDF/bp-statistical-review-of-world-energy-2017-full-report.pdf>. Acesso em: 27 set. 2018.

a) Qual é a posição dos Estados Unidos em relação aos maiores produtores de petróleo do mundo?

b) E em relação aos maiores importadores?

c) De acordo com o que você estudou, o que justifica a grande quantidade de petróleo importada pelos Estados Unidos?

5. **Relacione** a foto com a seguinte afirmação:

O espaço agrário estadunidense está organizado por cinturões agropecuários.

Colheita de trigo em grande plantação no estado de Idaho, Estados Unidos, em 2016.

6. **Leia** as informações a seguir e **observe** o gráfico.

Atualmente, os Estados Unidos se tornaram os maiores exportadores de armas e munições para outras nações do mundo. Veja no gráfico a seguir quais são os principais países compradores do material bélico estadunidense e a quantidade que cada um deles compra.

Apesar de todo o seu potencial militar e de ser um dos principais exportadores de materiais bélicos, os Estados Unidos são um dos cinco membros permanentes do Conselho de Segurança da ONU, um conselho criado para garantir a paz entre as nações do mundo.

Entre as atribuições do Conselho de Segurança está o poder de autorizar intervenções militares em países assolados por conflitos territoriais, guerras civis ou, ainda, controlados por governos ditatoriais acusados de genocídio.

Para tanto, a ONU conta com um permanente exército, que faz parte das chamadas Forças de Paz. A ação dessas forças, porém, limita-se apenas a ocupar os territórios em conflitos e mediar as negociações para o restabelecimento da paz, objetivo nem sempre alcançado com êxito.

Genocídio: crime contra a humanidade, cometido com o objetivo de destruir um grupo ou uma minoria nacional, étnica ou religiosa.

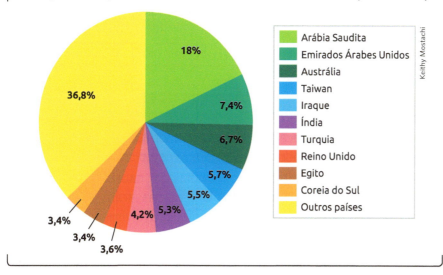

Fonte de pesquisa: Sipri. Disponível em: <https://www.sipri.org/sites/default/files/2018-03/fssipri_at2017_0.pdf>. Acesso em: 27 set. 2018.

Com os colegas da sala, **reflita** sobre as questões abaixo.

a) Vocês consideram contraditória a presença dos Estados Unidos no Conselho de Segurança da ONU?

b) A grande produção e venda de armamentos no mundo promove a paz? Justifique.

c) Na opinião de vocês, a paz no mundo depende da diminuição de venda de armas?

CAPÍTULO 21
Economia do Canadá

O Canadá possuía, em 2016, o 10º maior PIB do mundo, de acordo com o Banco Mundial. Além do elevado nível tecnológico empregado na atividade industrial e na agropecuária, esse país conta ainda com uma intensa exploração de recursos naturais existentes em seu subsolo.

Em razão dos grandes investimentos realizados pelos Estados Unidos durante o processo de industrialização do Canadá, grande parte das ações de empresas canadenses encontra-se sob o comando do capital estadunidense. Nesse sentido, pode-se dizer que o Canadá possui uma economia dependente dos Estados Unidos, como podemos observar nas informações mostradas a seguir.

Relações comerciais entre Canadá e Estados Unidos (2016)

76% das exportações realizadas pelo Canadá foram para os Estados Unidos.

56% das importações realizadas pelo Canadá vieram dos Estados Unidos.

Fonte de pesquisa: WTO. *Trade Profiles 2017*. Disponível em: <http://stat.wto.org>. Acesso em: 28 set. 2018.

A influência dos Estados Unidos na economia canadense

O processo de industrialização do Canadá ganhou forças a partir da Primeira Guerra Mundial, e, nesse período, teve a Inglaterra como seu principal financiador.

No entanto, após a Segunda Guerra Mundial, por causa das precárias condições financeiras da Europa, os Estados Unidos passaram gradativamente a se tornar o principal investidor de capitais no desenvolvimento das atividades industriais no país.

Grande parte dos investimentos estadunidenses foi direcionada para o desenvolvimento dos ramos petroquímico, automobilístico e, sobretudo, de elevada tecnologia, como o eletrônico.

Esses investimentos, em parte, são responsáveis pelos estreitos laços econômicos que o Canadá tem estabelecido com os Estados Unidos.

Atividade industrial e extrativismo

No Canadá, é explorada uma grande variedade de recursos minerais, entre eles, minério de ferro, chumbo, níquel, além de recursos energéticos fósseis, como gás natural e petróleo.

A imensa riqueza mineral de seu subsolo possibilitou o crescimento da atividade industrial do país. A oferta abundante de matérias-primas abasteceu diversos ramos industriais, principalmente o siderúrgico e o metalúrgico.

O setor industrial da economia canadense produz cerca de um terço do PIB do país. Entre as atividades industriais, destacam-se as indústrias siderúrgica, têxtil, automobilística, de papel e celulose, química e alimentícia.

Os altos investimentos nas áreas de tecnologia industrial, sobretudo no ramo da informática e da robótica, garantem ao país bastante competitividade no comércio internacional de produtos de elevada tecnologia.

Observe, no mapa abaixo, a distribuição espacial dos recursos naturais e da atividade industrial no Canadá.

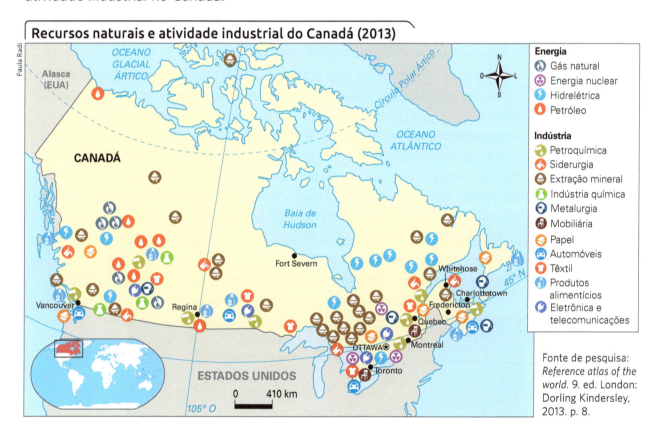

Fonte de pesquisa: *Reference atlas of the world*. 9. ed. London: Dorling Kindersley, 2013. p. 8.

> De acordo com o mapa, identifique algumas das indústrias localizadas na região sudeste do Canadá.

Como podemos observar no mapa, a região sudeste do Canadá apresenta as maiores concentrações industriais. Essa distribuição espacial da indústria se deve, principalmente, à proximidade com as megalópoles estadunidenses localizadas na região nordeste dos Estados Unidos, fato que facilita o intercâmbio comercial entre os dois países.

Além de Montreal e Toronto, localizados no sudeste canadense, outros centros industriais importantes do Canadá são Winnipeg e Edmonton, na região central, e ainda Vancouver, no sudoeste do país.

Para promover sua intensa atividade industrial e abastecer as cidades, o setor energético do Canadá tem a maioria da sua produção (63%) baseada em usinas hidrelétricas, apoiadas na abundância de recursos hídricos do território. O país está entre os maiores produtores de hidroeletricidade do mundo.

O Canadá é o segundo maior produtor mundial de papel e celulose. Essa indústria é beneficiada pela abundância de madeiras provindas da prática da silvicultura desenvolvida, sobretudo, em áreas de reflorestamento localizadas no norte do país, onde predomina o clima frio.

Em razão das rígidas leis ambientais canadenses, as áreas de florestas exploradas devem ser reflorestadas, para que não haja comprometimento das reservas florestais do país.

Embarcação transportando madeira extraída no Canadá, em 2017.

Silvicultura: estudo, cultivo e exploração de recursos florestais.

As areias betuminosas no Canadá

As areias betuminosas são grandes depósitos de betume, forma semissólida de petróleo cru, impregnados nas rochas compostas basicamente de areia e argila. No Canadá, existem grandes depósitos desse recurso mineral, principalmente no oeste do país, e sua localização ocorre perto da superfície, o que permite que o óleo seja retirado por técnicas de mineração em larga escala. Isso faz com que o país possua a segunda maior reserva de petróleo do mundo (atrás apenas da Arábia Saudita) e seja grande exportador desse recurso, principalmente para os Estados Unidos.

No entanto, extensas áreas de floresta boreal são derrubadas para a extração do óleo, e no lugar formam-se grandes lagos de decantação, repletos de resíduos tóxicos. Isso porque é preciso escavar para retirar o betume da terra e separar o óleo da areia, atividade que tem causado graves impactos ambientais.

Extração de betume em Alberta, Canadá, em 2017.

Agropecuária

Além de ser uma potência mineradora e industrial, o Canadá também apresenta grande desenvolvimento no setor agropecuário e é um importante exportador de produtos alimentícios, principalmente de trigo.

O emprego expressivo da mecanização no espaço agrário canadense permite ao país alcançar excelentes níveis de produção agropecuária; no entanto, reduz a mão de obra empregada no campo para menos de 2% de sua população economicamente ativa.

O predomínio do clima frio em grande parte do seu território sempre impôs dificuldades aos agricultores que buscaram expandir suas lavouras ou criações em direção ao norte do Canadá. As baixas temperaturas dessas áreas de climas frio e polar dificultam a existência de lavouras e a criação de animais.

Além das condições climáticas rigorosas, a presença da floresta boreal também impede o avanço da agropecuária em direção ao norte. Observe a distribuição dessa atividade no mapa abaixo.

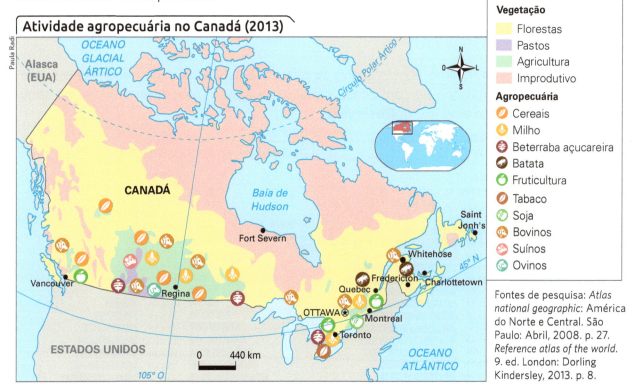

> De acordo com o mapa, qual região do território canadense concentra a maior parte da atividade agropecuária desenvolvida no país?

O predomínio do clima temperado e o relevo de planície propício para o trabalho com maquinários, associados ao tipo dos solos, conferem à região central uma elevada produtividade agrícola. O trigo é uma das principais lavouras desenvolvidas no Canadá, que é o terceiro maior exportador desse produto.

Já a pecuária, praticada, sobretudo, na região sul do território, é voltada para a criação de gado bovino. Atualmente, o Canadá se tornou referência na técnica de melhoramento da qualidade genética de rebanhos.

235

Atividades

Organizando o conhecimento

1. Podemos afirmar que os Estados Unidos exerceram um importante papel no processo de industrialização do Canadá? Justifique a sua resposta.

2. Observe o mapa da página **233** e responda às questões a seguir.
   a) De modo geral, em quais regiões estão concentradas as atividades econômicas desenvolvidas no espaço geográfico canadense?
   b) Qual região do Canadá mais se destaca na produção mineral?

3. Explique por que a região central do Canadá é importante para a agricultura do país.

4. Se alguém lhe dissesse que a extração de madeira para o abastecimento das indústrias de papel e celulose no Canadá é realizada de maneira predatória, você concordaria com essa informação? Explique sua resposta.

Conectando ideias

5. As pirâmides etárias abaixo se referem a dois países: Zimbábue (país subdesenvolvido), no continente africano, e Canadá (país desenvolvido), no continente americano. **Observe-as**.

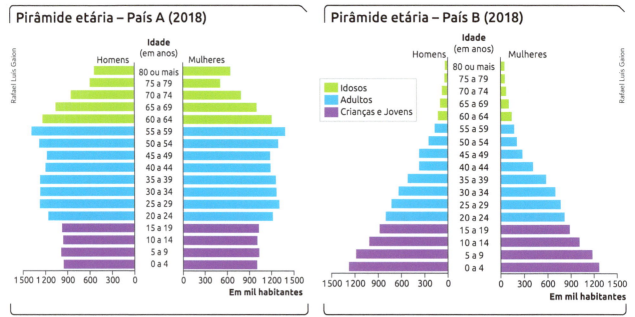

Fonte de pesquisa dos gráficos: United Nations. *World population prospects.* Disponível em: <https://population.un.org/wpp/DataQuery/>. Acesso em: 27 set. 2018.

a) Qual das pirâmides etárias representa a população do Canadá?
b) Qual das pirâmides etárias representa a população do Zimbábue?
c) **Explique** que características apresentadas pelas pirâmides etárias você considerou para responder às questões anteriores.

6. **Observe** a foto a seguir.

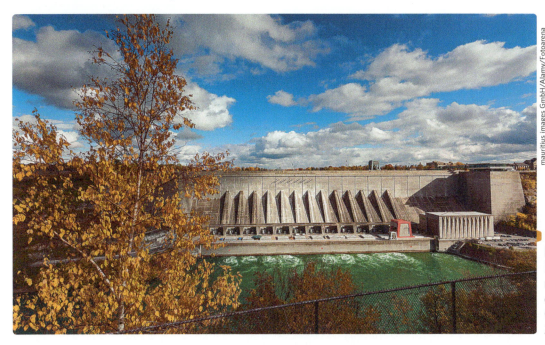

Usina hidrelétrica localizada no rio Niágara em Ontário, Canadá, em 2017.

a) Qual tipo de atividade é retratada nessa foto?
b) **Explique** a importância da geração de energia hidrelétrica para o Canadá.
c) Que aspecto natural do território canadense exerce influência na elevada geração de energia hidrelétrica do país?

Verificando rota

- As populações dos Estados Unidos e do Canadá diferem bastante em relação ao número de habitantes, mas ambas apresentam desigual distribuição por seus territórios.
- A formação da população anglo-saxônica recebeu forte influência dos colonizadores europeus, mas também de africanos e povos nativos.
- Grande parte da população que vive nos países da América Anglo-Saxônica possui elevada qualidade de vida.
- Muitas pessoas, de diferentes lugares do mundo, migram para os Estados Unidos e Canadá em busca de melhores condições de vida.
- A potência econômica dos Estados Unidos está estruturada, entre outros fatores, na expansão de multinacionais estadunidenses pelo mundo, em um parque industrial diversificado e moderno, e na agricultura de elevada produtividade.
- O Nafta é uma zona de livre-comércio formada pelos países da América do Norte (Estados Unidos, Canadá e México).
- Os Estados Unidos possuem hegemonia militar e política perante outros países do mundo.
- O Canadá possui fortes laços econômicos com os Estados Unidos.
- A riqueza mineral presente no território canadense, a atividade industrial baseada em alta tecnologia e a agropecuária moderna e de elevada produtividade conferem ao Canadá uma economia forte e competitiva internacionalmente.

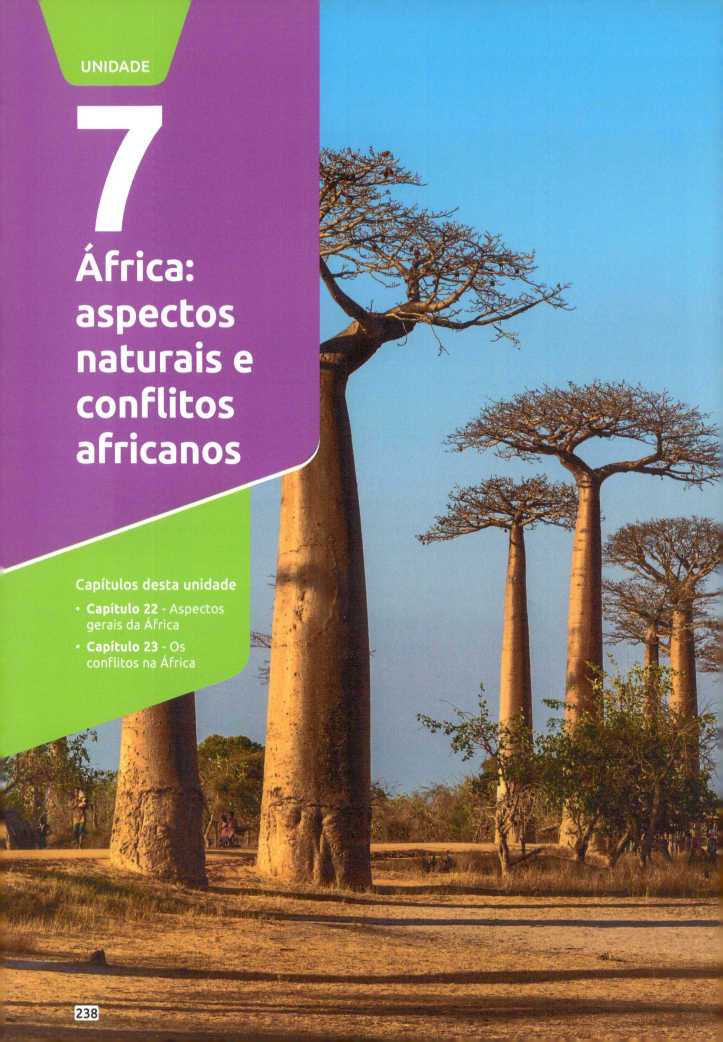

UNIDADE

7

África: aspectos naturais e conflitos africanos

Capítulos desta unidade
- **Capítulo 22** - Aspectos gerais da África
- **Capítulo 23** - Os conflitos na África

Na foto, árvores gigantes nativas do continente africano, denominadas baobá, em Madagascar, África, em 2017.

Iniciando rota

1. Nesta foto, vemos uma paisagem com baobás, árvore muito comum no continente africano. O que você sabe sobre os aspectos naturais da África? Conte para os colegas.

2. O que você sabe sobre os conflitos no continente africano? Converse com seus colegas sobre esse assunto.

CAPÍTULO 22

Aspectos gerais da África

Com cerca de 30,3 milhões de km², a África é o terceiro continente mais extenso da superfície terrestre, menor apenas que a Ásia e a América.

O continente africano apresenta uma extensa área costeira e é banhado pelo oceano Atlântico (a oeste), pelo oceano Índico (a leste), pelo mar Mediterrâneo (a norte) e pelo mar Vermelho (a nordeste). Ele é atravessado pela linha do Equador em sua área central e pelos trópicos de Câncer (a norte) e de Capricórnio (a sul).

Levando-se em consideração o critério da localização geográfica, os países africanos podem ser agrupados em cinco grandes regiões, como podemos observar no mapa abaixo.

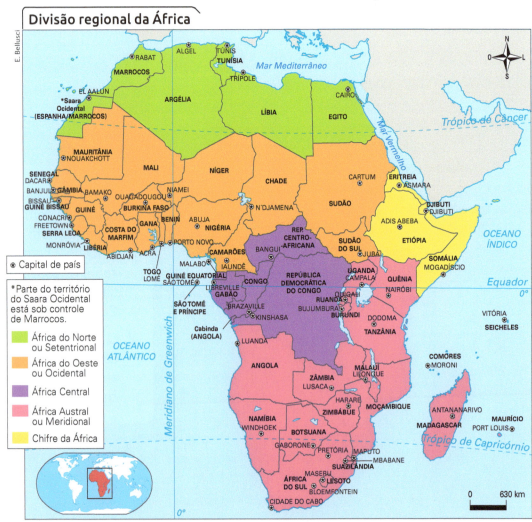

Fonte de pesquisa: Rogério Haesbaert (Org.). *Globalização e fragmentação do mundo contemporâneo*. Niterói: EdUFF, 2001. p. 286.

> Identifique no mapa o nome de dois países situados em cada uma das regiões africanas.

Relevo e hidrografia

No relevo do continente africano, predominam planaltos, que apresentam formas e altitudes variadas, formados por rochas muito antigas, datadas da era Pré-Cambriana (com mais de 2 bilhões de anos).

Devido à origem antiga desses terrenos, os planaltos apresentam-se desgastados e aplainados por longos processos erosivos, fato que explica o predomínio de altitudes modestas (abaixo de 1000 metros) na maior parte do continente.

As regiões montanhosas mais elevadas do relevo africano são:

- **Cadeia do Atlas**: situada no noroeste do continente, chega a atingir mais de 4 mil metros de altitude; seu soerguimento iniciou-se há cerca de 300 milhões de anos, na era Paleozoica.

- **Maciços montanhosos na região centro-oriental**: formados por movimentos orogênicos antigos, ocorridos na era Paleozoica. Há cerca de 70 milhões de anos, novos movimentos tectônicos provocaram falhas geológicas e grandes derrames de lavas sobre essas antigas formações. Essas falhas originaram o chamado Rift Valley, uma região marcada por grandes montanhas e profundas depressões. Nesse maciço, estão as mais elevadas altitudes do continente (como o Quilimanjaro, ponto mais alto da África com 5 892 metros de altitude, mostrado na foto abaixo). Nas depressões, formaram-se alguns dos maiores lagos africanos, como o Tanganica e o Vitória, onde estão as nascentes do rio Nilo.

As partes mais baixas do relevo são formadas principalmente pelas estreitas planícies costeiras, que apresentam altitudes reduzidas (abaixo de 200 metros) ao longo de praticamente todo o litoral africano.

> **Movimento orogênico:** movimento da crosta terrestre que provoca a elevação do relevo e origina as cadeias de montanhas.

Vista do monte Quilimanjaro, em 2016. Apesar de estar numa zona tropical, seu cume permanece coberto de neve o ano todo devido a sua altitude.

Rift Valley

O Rift Valley é um conjunto de falhas tectônicas na área oriental do continente africano. Nessa área, a placa tectônica africana se divide em duas menores que se movimentam em sentido contrário, produzindo uma intensa atividade vulcânica. Isso deu origem a elevações e falhas, que, por sua vez, originaram os grandes lagos da África: o Vitória e o Tanganica.

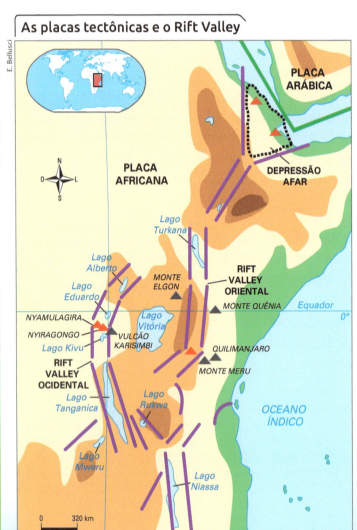

Se o movimento das placas continuar, é provável que em alguns milhões de anos a placa menor, Somali, se desprenda da placa maior, Núbia, e, consequentemente, um grande assoalho oceânico se forme e os vales sejam inundados de água.

Fontes de pesquisa: *Atlas geográfico escolar*. 7. ed. Rio de Janeiro: IBGE, 2016. p. 57. Wilson Teixeira et al. *Decifrando a Terra*. São Paulo: Oficina de Textos, 2000. p. 364. U.S. Geological Survey. Disponível em: <https://www.usgs.gov/>. Acesso em: 1º out. 2018.

Rift Valley, localizado na área oriental da África, em 2017.

Rede hidrográfica

A rede hidrográfica africana está distribuída de maneira irregular pelo território, fato que se explica principalmente pela existência dos diferentes domínios climáticos do continente. Observe o mapa abaixo.

Os maiores e mais importantes rios africanos concentram-se na área central do continente, área dominada pelos climas equatorial e tropical, tipicamente chuvosos. Essas chuvas abastecem as nascentes e o curso dos grandes rios, como o Nilo, o Congo e o Níger, além de seus respectivos afluentes.

Nas áreas com predomínio de climas secos (áridos e semiáridos), os rios são escassos e, em geral, apresentam regimes temporários, secando completamente durante certos períodos do ano. A população dessas áreas sofre os efeitos da escassez de água, tanto para o abastecimento quanto para o desenvolvimento de diversas atividades, sobretudo agrícolas. Uma exceção é o rio Nilo, que, apesar de grande parte de seu curso percorrer área de deserto, se mantém perene, pois sua nascente e as nascentes de alguns de seus afluentes se encontram em áreas onde ocorrem chuvas frequentes.

Fontes de pesquisa: *Atlas geográfico escolar*. 7. ed. Rio de Janeiro: IBGE, 2016. p. 33. Graça Maria Lemos Ferreira. *Atlas geográfico*: espaço mundial. 4. ed. São Paulo: Moderna, 2013. p. 80.

O rio Nilo nasce na região do Rift Valley e, após percorrer mais de 7 mil km, deságua no mar Mediterrâneo. Suas águas são de extrema importância para a população que vive em suas margens, sobretudo nas áreas nas quais seu curso percorre o deserto do Saara. Na foto, observamos o trecho do rio Nilo em meio à cidade de Cairo, Egito, em 2016.

243

Clima e formações vegetais

A maior parte das terras do continente africano está localizada na zona intertropical da Terra, ou seja, entre os trópicos de Câncer e de Capricórnio. Apenas os extremos norte e sul estendem-se pelas zonas temperadas. Em razão dessa posição geográfica, a África recebe grande radiação solar, o que explica o predomínio de climas quentes com temperaturas elevadas na maior parte de seu território.

Esses climas, no entanto, apresentam diferenças quanto aos índices de precipitações: enquanto o clima equatorial é chuvoso, o clima desértico é extremamente seco. As diferenças climáticas existentes no território explicam, por sua vez, a grande diversidade de formações vegetais que caracteriza as paisagens africanas. Observe os mapas abaixo. Eles mostram a distribuição dos tipos de clima e de vegetação no continente. Em seguida, conheça suas principais características.

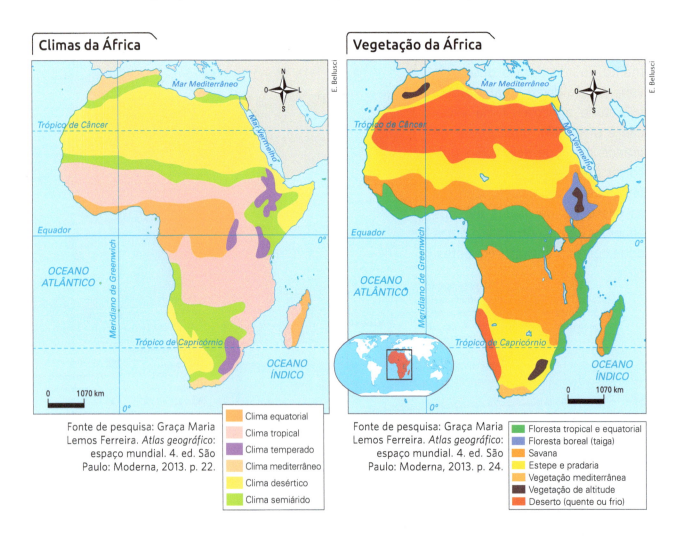

Fonte de pesquisa: Graça Maria Lemos Ferreira. *Atlas geográfico*: espaço mundial. 4. ed. São Paulo: Moderna, 2013. p. 22.

- Clima equatorial
- Clima tropical
- Clima temperado
- Clima mediterrâneo
- Clima desértico
- Clima semiárido

Fonte de pesquisa: Graça Maria Lemos Ferreira. *Atlas geográfico*: espaço mundial. 4. ed. São Paulo: Moderna, 2013. p. 24.

- Floresta tropical e equatorial
- Floresta boreal (taiga)
- Savana
- Estepe e pradaria
- Vegetação mediterrânea
- Vegetação de altitude
- Deserto (quente ou frio)

> Com base na observação dos diversos tipos de clima e de vegetação do continente africano, apresentados nos mapas acima, você acha que é possível estabelecer uma relação entre eles? Justifique, redigindo um texto no caderno.

Clima equatorial

O clima equatorial predomina na região central do continente africano. As temperaturas são elevadas ao longo de todo o ano, mantendo-se geralmente acima de 25 °C. As chuvas também são abundantes, com totais pluviométricos variando entre 2 mil e 3 mil mm por ano.

Esse clima favorece o desenvolvimento da floresta equatorial, densa e com grande diversidade de espécies animais e vegetais, assim como da floresta do Congo, segunda maior floresta tropical do mundo, superada apenas pela Amazônia, que se estende por seis países da África, ocupando a porção centro-ocidental do continente.

Floresta equatorial em Uganda, em 2016.

Clima tropical

Ocorre em grande parte do continente, caracterizado pela ocorrência de temperaturas elevadas durante o ano todo (médias entre 22 °C e 25 °C) e duas estações bem definidas: verão chuvoso e inverno seco. As precipitações atingem cerca de 1400 mm por ano.

Nesse clima, predominam as savanas, vegetação formada por árvores e arbustos geralmente dispersos na paisagem, com capim e gramíneas que cobrem os solos. Na savana, vivem os grandes mamíferos, como leões, zebras, elefantes e girafas.

Vegetação de savana no parque Maasai Mara, Quênia, em 2018.

245

Clima mediterrâneo

No extremo norte e no extremo sul do continente africano, atua o clima mediterrâneo, caracterizado por duas estações distintas: verão mais seco e quente (com temperaturas que podem atingir 30 °C) e inverno chuvoso e frio (com temperaturas que podem chegar a 0 °C). Os índices pluviométricos variam entre 500 mm e 1000 mm anuais.

Nessas áreas, em geral, se desenvolvem plantas arbustivas. São chamadas de garrigues, quando apresentam pequeno porte e aparecem mais esparsas na paisagem, ou de maquis, quando são mais densas e fechadas.

Vegetação mediterrânea, ao norte de Marrocos, em 2017.

Clima temperado

O clima temperado ocorre em pequenas áreas da parte oriental do continente, onde se encontram altitudes mais elevadas, e no extremo sul, onde atuam os ventos vindos do litoral. Esse clima é caracterizado pelas quatro estações bem definidas ao longo do ano: verão relativamente quente e mais seco que o inverno, outono com temperaturas que vão diminuindo com o passar dos dias, inverno frio e primavera com temperaturas em elevação.

Nas áreas menos frias desenvolvem-se as savanas. Já nas áreas de maior altitude, onde as médias de temperatura tendem a diminuir, se desenvolve a vegetação de altitude, com predomínio de vegetação de pequeno porte, como as gramíneas e os arbustos esparsos.

Vegetação no parque nacional de Drakensberg, em KwaZulu-Natal, África do Sul, em 2018. Nessa região predomina o clima temperado.

Clima semiárido

O clima semiárido ocorre principalmente nas áreas de transição entre climas mais chuvosos e os desertos. Apresenta poucas chuvas, com índices pluviométricos que não ultrapassam 500 mm anuais, e temperaturas elevadas na maior parte do ano.

Nessas áreas, a vegetação são as estepes, compostas principalmente de gramíneas, arbustos e árvores dispersas na paisagem.

Vegetação de estepe na Namíbia, em 2018.

Clima desértico

Ocorre em uma extensa faixa mais ao norte do continente, no deserto do Saara, e no sudoeste, nos desertos da Namíbia e do Kalahari. Nesse clima, as chuvas são extremamente escassas (abaixo de 250 mm anuais) e a amplitude térmica varia muito ao longo do dia (as temperaturas podem chegar aos 50 °C durante o dia e cair para abaixo de 0 °C à noite).

A superfície dos desertos, em geral, é coberta por dunas de areia e solos pedregosos. A vegetação é escassa e adaptada aos rigores do clima, a exemplo dos cactos e de certas espécies de palmeiras e plantas rasteiras.

Onde afloram os lençóis de água do subsolo desenvolvem-se os oásis, áreas geralmente férteis, devido à presença de água.

Nos desertos podemos encontrar também alguns animais adaptados à escassez de água e à variação de temperatura, como o camelo.

Paisagem do deserto do Saara, Argélia, em 2017.

A desertificação do Sahel

Na borda sul do Saara encontra-se o Sahel, uma região de transição entre as terras mais úmidas ao sul e o deserto extremamente árido ao norte. Ocupa uma faixa de terras que se estende do litoral Atlântico (oeste) ao mar Vermelho (leste), com largura entre 500 e 700 km (ver mapa abaixo). Nessa região semiárida, as chuvas são relativamente reduzidas (pluviosidade média anual entre 150 e 500 mm) e a vegetação é composta de domínios intercalados de savanas e estepes.

Nas últimas décadas, a região do Sahel tem sido afetada pelo avanço da desertificação, processo que se inicia com a degradação das terras, causando o empobrecimento de solos produtivos. Isso os torna completamente estéreis, semelhantes aos solos dos desertos.

A principal causa dessa desertificação está relacionada a uma ação antrópica (humana): o desmatamento. Extensas áreas de vegetação nativa do Sahel vêm sendo desmatadas e ocupadas por agricultores e pastores para o desenvolvimento da agricultura e de pastagens para o gado. Além disso, também se derruba a vegetação para a obtenção de lenha, utilizada para produzir carvão, fazer moradias, cercas, currais, etc.

Com a retirada da vegetação, o solo, já arenoso, fica totalmente desprotegido e muito suscetível à ação erosiva dos ventos e das chuvas, e se torna mais pobre em nutrientes, fatores que levam à desertificação.

O avanço da desertificação também está ligado a fatores de ordem natural.

A região do Sahel foi atingida por grandes secas nas últimas décadas, contribuindo para intensificar esse processo. Durante as grandes estiagens, as queimadas aumentam, destruindo ainda mais a vegetação, e, com os ventos, as dunas do deserto do Saara avançam em direção ao Sahel, acelerando a desertificação.

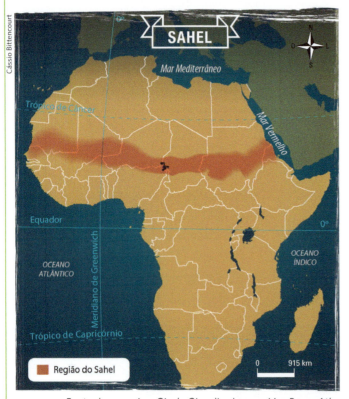

Fonte de pesquisa: Gisele Girardi e Jussara Vaz Rosa. *Atlas geográfico do estudante*. São Paulo: FTD, 2016. p. 130.

Área degradada devido à criação de gado na região do Sahel, no país africano Burkina Faso, em 2015.

Atividades

Organizando o conhecimento

1. Você estudou que os países africanos podem ser agrupados por sua localização geográfica. Escreva as cinco grandes regiões nas quais esses países podem ser agrupados.

2. Em que área da África se localiza o Rift Valley? Descreva as características geológicas dessa região.

3. A existência de diferentes domínios climáticos interfere na dinâmica da rede hidrográfica do continente africano? Justifique e exemplifique, no caderno, sua resposta.

4. Por que há o predomínio de climas quentes, com temperaturas médias elevadas, no continente africano?

Conectando ideias

5. Os climogramas a seguir referem-se a duas cidades localizadas na África. Observe-os.

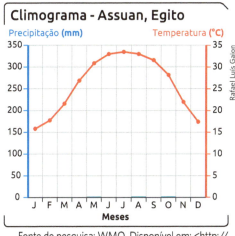

Fonte de pesquisa: WMO. Disponível em: <http://worldweather.wmo.int/en/city.html?cityId=1272>. Acesso em: 1º out. 2018.

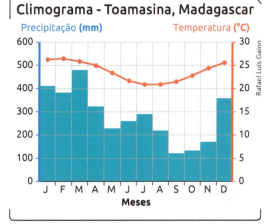

Fonte de pesquisa: WMO. Disponível em: <http://worldweather.wmo.int/en/city.html?cityId=8>. Acesso em: 1º out. 2018.

- Com base na análise das informações dos climogramas, **identifique** qual tipo de clima cada um deles representa. **Explique** a sua resposta.

6. Leia a manchete a seguir e responda às questões.

> **Mauritânia sofre com "irrefreável" avanço do processo de desertificação**

Terra, 21 abr. 2013. Disponível em: <https://www.terra.com.br/noticias/ciencia/sustentabilidade/mauritania-sofre-com-irrefreavel-avanco-do-processo-de-desertificacao,c370adb6d952e310VgnCLD2000000ec6eb0aRCRD.html>. Acesso em: 20 set. 2018.

a) **Observe** os mapas das páginas **240** e **248**. No caderno, **escreva** qual a relação entre a Mauritânia, o Sahel e o fenômeno da desertificação.

b) Quais são os fatores antrópicos e naturais que contribuem para a ocorrência desse fenômeno?

CAPÍTULO 23

Os conflitos na África

Conferência de Berlim: reunião diplomática que teve a participação de 14 potências coloniais europeias, além dos Estados Unidos e da URSS. Esse encontro marcou o início do processo de divisão territorial da África.

O continente africano tem sido palco de intensos conflitos causados por disputas étnicas e territoriais, que envolvem questões históricas e políticas ligadas ao processo de formação dos Estados nacionais africanos.

Durante aproximadamente três séculos, a partir do século XVI, a África forneceu mão de obra escrava às colônias europeias. Depois, nas últimas décadas do século XIX, passou a ser efetivamente ocupada e colonizada pelas potências marítimas e industriais europeias. Essas metrópoles tinham interesses estritamente econômicos e visavam explorar, em grande escala, os recursos naturais da África, como o ouro e o diamante, e utilizar suas terras para o cultivo de lavouras tropicais, como chá, café e cacau. Assim, em 1885, a Conferência de Berlim estabeleceu a partilha do território africano entre as potências europeias.

Como forma de assegurar o domínio sobre seus territórios, as potências europeias se apressaram em traçar as fronteiras nos domínios coloniais que começavam a ocupar. Essas fronteiras, no entanto, foram traçadas arbitrariamente sobre os territórios, sem levar em consideração as áreas ocupadas pelas populações dos diferentes grupos étnicos e culturais que viviam no continente. Desse modo, as fronteiras estabelecidas passaram a abrigar povos com culturas muito distintas, e até mesmo povos inimigos; por outro lado, separaram povos culturalmente semelhantes.

Observe os mapas abaixo. Eles representam a diversidade dos grupos étnicos e culturais da África e a partilha do território entre as potências europeias.

Fonte de pesquisa: James M. Rubenstein. *The cultural landscape an introduction to human geography.* 8. ed. New Jersey: Pearson Education, 2005. p. 257.

Fonte de pesquisa: Gisele Girardi e Jussara Vaz Rosa. *Atlas geográfico do estudante.* São Paulo: FTD, 2016. p. 132.

250

A divisão da África entre as metrópoles europeias gerou consequências profundas na organização social, política e econômica dos povos africanos. Os colonizadores impuseram sua língua e seus costumes, julgando inferior a cultura dos povos nativos. Ao tentar resistir à invasão dos europeus, os grupos foram violentamente reprimidos e massacrados pela superioridade bélica e militar dos colonizadores, que, mais bem armados, provocaram o extermínio de muitos grupos.

Quando as colônias iniciaram os processos de independência, ao longo do século XX, muitos dos limites territoriais dessas colônias foram mantidos, enquanto o poder político e militar foi transferido das metrópoles para as elites locais.

A desorganização étnico-cultural herdada do traçado dessas fronteiras é uma das principais causas dos inúmeros conflitos e guerras civis que, historicamente, assolam muitos países africanos. Entre esses conflitos, podemos destacar os ocorridos em Ruanda, Angola, Nigéria e República Democrática do Congo.

Veja no mapa ao lado a atual divisão política da África e compare-a com o mapa da página anterior, que mostra o traçado das fronteiras definidas de acordo com os interesses dos colonizadores. Observe a permanência de algumas das fronteiras.

Fonte de pesquisa: *Atlas geográfico escolar*. 7. ed. Rio de Janeiro: IBGE, 2016. p. 45.

A elite africana

Ao longo do processo de dominação da África por países da Europa, os europeus contaram com o apoio de determinados grupos africanos, beneficiados durante a dominação. Esses grupos, mais tarde, deram origem a uma elite africana que, em muitos casos, assumiu o poder após a independência de seus países e se manteve nele por meio de governos ditatoriais e corruptos.

Geografia em representações

Mapa esquemático: entendendo alguns conflitos africanos

A imagem a seguir apresenta dois conflitos africanos por meio de um mapa esquemático.

Nigéria

Conflito entre muçulmanos e cristãos

Em 1960, a Nigéria, formada em sua maioria pelo povo Hausa (majoritariamente muçulmano), tornou-se independente.

Porém, a elite econômica do país era formada por povos da etnia Igbo (de maioria cristã), que estava concentrada, principalmente, nas porções leste e sul do país.

Em 1966, houve uma tentativa de golpe de Estado, em que a maior parte dos envolvidos era Igbo. Houve represálias e, em 1967, isolados na porção leste do país, os igbos declaram sua independência.

Nesse contexto, teve início a **Guerra de Biafra**, na qual a Nigéria tinha como objetivo reintegrar o território de Biafra e ter o controle das jazidas de petróleo da região.

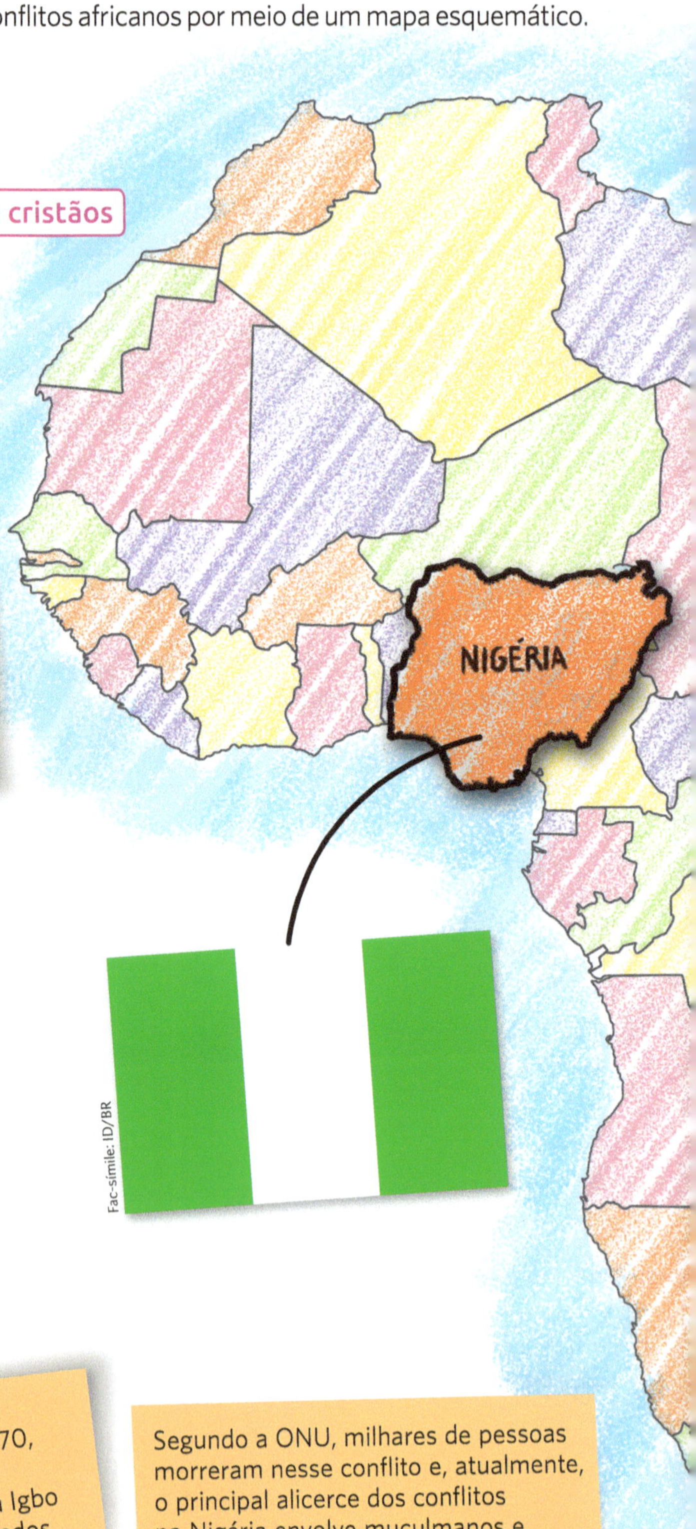

O conflito chegou ao fim em 1970, com o território reintegrado à Nigéria e grande parte da etnia Igbo abrigada em campos de refugiados.

Segundo a ONU, milhares de pessoas morreram nesse conflito e, atualmente, o principal alicerce dos conflitos na Nigéria envolve muçulmanos e cristãos, bem como a disputa pela exploração do petróleo no país.

Fac-símile: ID/BR

252

Ruanda

Guerra civil motivada por questões étnicas entre 1990 e 1994

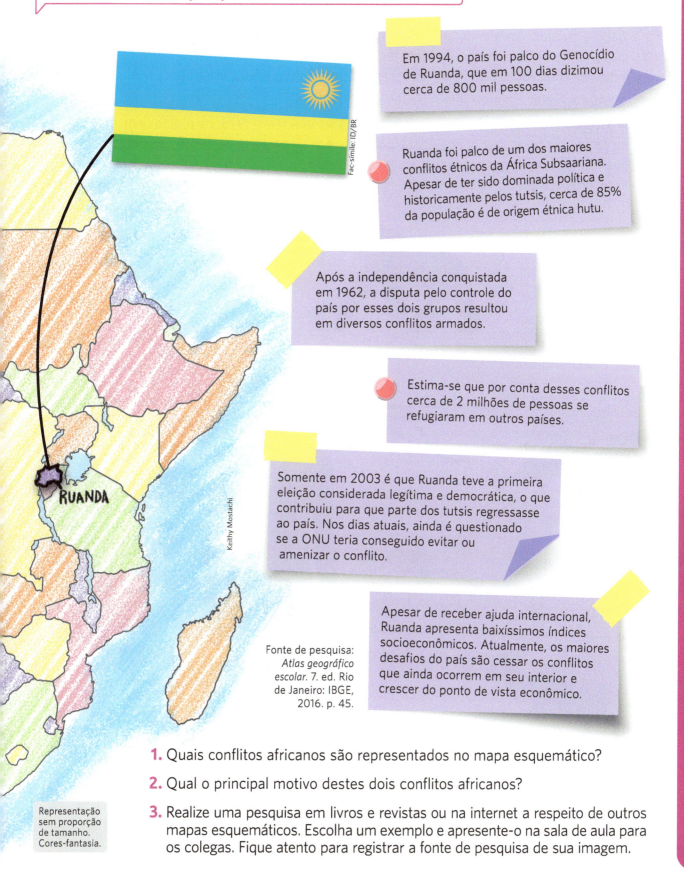

Em 1994, o país foi palco do Genocídio de Ruanda, que em 100 dias dizimou cerca de 800 mil pessoas.

Ruanda foi palco de um dos maiores conflitos étnicos da África Subsaariana. Apesar de ter sido dominada política e historicamente pelos tutsis, cerca de 85% da população é de origem étnica hutu.

Após a independência conquistada em 1962, a disputa pelo controle do país por esses dois grupos resultou em diversos conflitos armados.

Estima-se que por conta desses conflitos cerca de 2 milhões de pessoas se refugiaram em outros países.

Somente em 2003 é que Ruanda teve a primeira eleição considerada legítima e democrática, o que contribuiu para que parte dos tutsis regressasse ao país. Nos dias atuais, ainda é questionado se a ONU teria conseguido evitar ou amenizar o conflito.

Apesar de receber ajuda internacional, Ruanda apresenta baixíssimos índices socioeconômicos. Atualmente, os maiores desafios do país são cessar os conflitos que ainda ocorrem em seu interior e crescer do ponto de vista econômico.

Fonte de pesquisa: *Atlas geográfico escolar*. 7. ed. Rio de Janeiro: IBGE, 2016. p. 45.

Representação sem proporção de tamanho. Cores-fantasia.

1. Quais conflitos africanos são representados no mapa esquemático?
2. Qual o principal motivo destes dois conflitos africanos?
3. Realize uma pesquisa em livros e revistas ou na internet a respeito de outros mapas esquemáticos. Escolha um exemplo e apresente-o na sala de aula para os colegas. Fique atento para registrar a fonte de pesquisa de sua imagem.

253

Geografia e Ciências

Ebola

Em 2014, uma epidemia causada pelo vírus ebola, com origem na África, colocou o mundo em alerta. Diante do grande fluxo de pessoas que se deslocam diariamente entre países e continentes, essa doença, de fácil transmissão e com índice de mortalidade elevado, representou uma ameaça para o mundo.

Veja a seguir algumas informações sobre o ebola.

Origem e transmissão: Os primeiros casos surgiram em 1976, na região central da África. Sabe-se que o vírus está presente em algumas espécies de morcego, que não desenvolvem a doença. Veja no esquema a seguir como supostamente esse vírus atingiu os seres humanos.

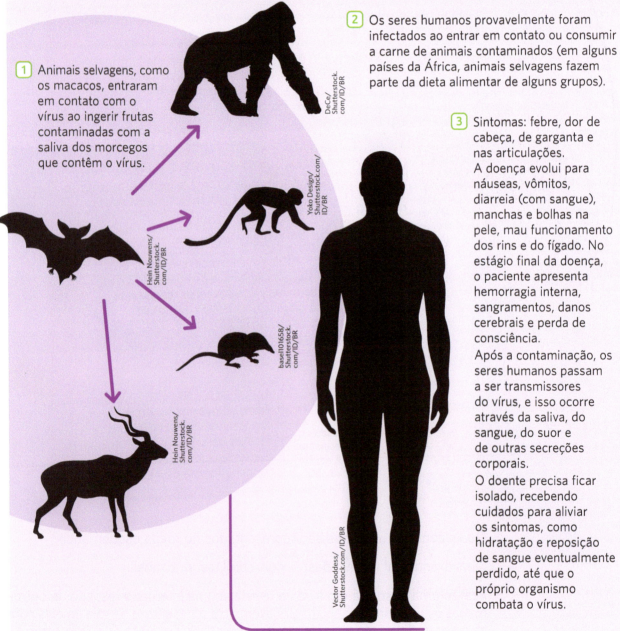

1. Animais selvagens, como os macacos, entraram em contato com o vírus ao ingerir frutas contaminadas com a saliva dos morcegos que contêm o vírus.

2. Os seres humanos provavelmente foram infectados ao entrar em contato ou consumir a carne de animais contaminados (em alguns países da África, animais selvagens fazem parte da dieta alimentar de alguns grupos).

3. Sintomas: febre, dor de cabeça, de garganta e nas articulações. A doença evolui para náuseas, vômitos, diarreia (com sangue), manchas e bolhas na pele, mau funcionamento dos rins e do fígado. No estágio final da doença, o paciente apresenta hemorragia interna, sangramentos, danos cerebrais e perda de consciência.
Após a contaminação, os seres humanos passam a ser transmissores do vírus, e isso ocorre através da saliva, do sangue, do suor e de outras secreções corporais.
O doente precisa ficar isolado, recebendo cuidados para aliviar os sintomas, como hidratação e reposição de sangue eventualmente perdido, até que o próprio organismo combata o vírus.

Veja no mapa a seguir a quantidade aproximada de pessoas infectadas pelo vírus ebola e casos de morte por essa doença no período entre 2014 e 2016 na África.

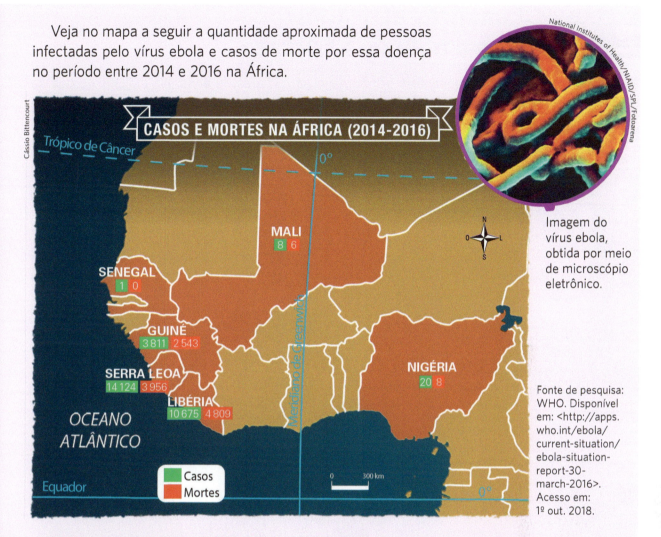

Imagem do vírus ebola, obtida por meio de microscópio eletrônico.

Fonte de pesquisa: WHO. Disponível em: <http://apps.who.int/ebola/current-situation/ebola-situation-report-30-march-2016>. Acesso em: 1º out. 2018.

Os temores de que o surto de ebola se estendesse para fora do continente africano intensificaram os cuidados dos governos e das autoridades sanitárias.

Os aeroportos se equiparam com termômetros infravermelhos e câmaras térmicas, para verificar a temperatura corporal dos passageiros que chegavam do exterior. As companhias aéreas suspenderam voos para os países nos quais os casos da doença eram numerosos.

A pesquisa científica ainda não descobriu a cura para o ebola. As pessoas infectadas devem ser tratadas em hospitais preparados para tratamentos de doenças infecciosas graves, ficando em áreas isoladas e cuidadas por profissionais de saúde com equipamento de proteção.

1. A falta de informação, a pobreza e alguns hábitos culturais podem ser considerados possíveis agravantes para o elevado número de casos de doentes contaminados pelo vírus do ebola na África. Você concorda com essa afirmação, levando em consideração o que estudou nesta seção?

2. Pesquise que medidas podem ser tomadas para a prevenção da contaminação pelo ebola.

Ampliando fronteiras

Diamantes africanos: entre a beleza, a tristeza

O diamante encanta o ser humano há milhares de anos. Há indícios de que na Índia e na Mesopotâmia, há cerca de 5 mil anos, os diamantes já eram usados em artefatos utilizados em rituais.

Atualmente, o diamante é considerado um dos minerais de mais alto valor comercial no mercado internacional e, por isso, esse comércio é acessível a apenas uma pequena parcela da população mundial.

Embora esse mineral encante nossos olhos com sua beleza, sua extração da natureza, em alguns casos, envolve tristezas e a morte de muitas pessoas.

Nas últimas décadas do século XX, muitas minas diamantíferas africanas ficaram sob o domínio de ditadores ou de líderes guerrilheiros que tornaram a exploração de diamantes uma fonte financiadora de guerras e armamento.

O diamante é composto por átomos de carbono, formados a aproximadamente 150 km de profundidade da superfície terrestre em condições de elevadas temperaturas e pressão. Tem a maior dureza encontrada na natureza.

Mesopotâmia: antiga região localizada no atual Iraque, entre os rios Tigre e Eufrates.

Diamantes de sangue

Diamantes de sangue ou diamantes de conflitos foram as denominações atribuídas pela ONU aos diamantes extraídos em áreas controladas por grupos guerrilheiros que se rebelam contra governos reconhecidos pela comunidade internacional.

No final da década de 1990, a exploração de diamantes para o financiamento de conflitos armados ganhou força na África com a guerra civil em Serra Leoa.

Nesse caso, tanto o uso dos diamantes para financiamento da guerrilha quanto as condições desumanas em que as pessoas trabalhavam nas minas diamantíferas no país chamaram a atenção do mundo.

O que se constatou ao longo do tempo é que, além de Serra Leoa, vários outros países africanos, como Zimbábue, Angola, Costa do Marfim e República Democrática do Congo, também utilizavam os diamantes como financiadores de conflitos.

Sistema de Certificação do Processo de Kimberley (SCPK)

Em 2000, vários países produtores de diamantes assinaram um acordo com a ONU concordando em suspender o comércio de diamantes provenientes de áreas em que essa exploração financia guerrilhas. Esse é um sistema que visa proteger o comércio ilegal de diamantes, minimizando os problemas socioeconômicos, o sustento de grupos guerrilheiros e a manutenção de conflitos.

Nesse sentido, todos os diamantes comercializados internacionalmente devem ter um certificado fornecido pelo governo do país explorador, contendo peso, cor, volume e valor. O Brasil assinou esse acordo em 2003.

1. Você tinha conhecimento dos chamados diamantes de sangue?

2. Converse com seus colegas sobre a importância do Sistema de Certificação do Processo de Kimberley (SCPK).

3. Embora nos dias atuais o trabalho infantil não seja permitido em nosso país, muitas crianças ainda trabalham exercendo atividades que trazem malefícios para suas vidas. Converse com seus colegas sobre o que poderia ser feito para conscientizar as pessoas de que o trabalho infantil não deve existir.

Atividades

Organizando o conhecimento

1. Nas últimas décadas do século XIX, a África passou a ser colonizada pelas potências marítimas e comerciais europeias. De acordo com o que você estudou, explique quais eram os interesses econômicos das potências europeias.

2. Quais consequências os povos nativos africanos sofreram em sua organização social e política quando seu território foi partilhado entre as metrópoles europeias no século XIX?

3. Explique por que, tempos após o processo de dominação da África por países da Europa, determinados grupos africanos foram beneficiados.

Conectando ideias

4. O mapa mostra a distribuição territorial dos grupos étnicos na África e a atual divisão política desse continente. **Analise-o** atentamente e **escreva** um texto comentando a afirmação a seguir.

> Muitos conflitos territoriais ocorridos no continente africano são herança do colonialismo europeu.

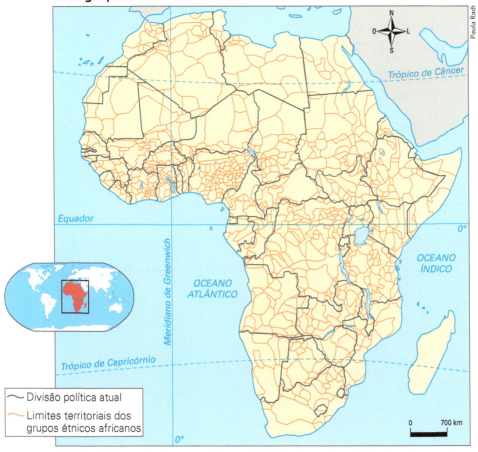

Divisão política atual e limites territoriais dos grupos étnicos africanos

Fontes de pesquisa: *Atlas geográfico escolar*. 7. ed. Rio de Janeiro: IBGE, 2016. p. 45. James M. Rubenstein. *The cultural landscape a introduction to human geography*. 8. ed. New Jersey: Pearson Education, 2005. p. 257.

258

5. Leia o texto a seguir.

Dengue: o combate é responsabilidade de todos

A partir da grande epidemia de ebola registrada em 2014 na África, o mundo passou a se preocupar em combater a transmissão dessa doença.

Certamente, a preocupação é justificável, pois se trata de uma doença extremamente perigosa, matando cerca de uma em cada duas pessoas doentes.

No entanto, também é importante que nossa preocupação se volte para outra ameaça bem mais perto de nós, brasileiros: a dengue.

A dengue é uma doença viral transmitida pelo mosquito *Aedes aegypti*, que se reproduz, principalmente, em ambientes com água limpa e parada.

Combater o mosquito transmissor da dengue é uma responsabilidade de todos os cidadãos, não apenas do governo.

Leia uma mensagem apresentada pelo Ministério da Saúde sobre o combate à dengue.

> [...] olhe seu quintal e as proximidades de sua residência. Verifique se há recipientes abertos que possam armazenar água, evite que isto aconteça recolhendo os entulhos, mantendo caixas ou barris de água fechados com tampa adequada, guardando garrafas sempre de cabeça para baixo e enchendo de areia até a borda os pratos dos vasos de plantas. Por fim, incentive seus vizinhos a fazer o mesmo [...]
>
> Ana Beatriz Magalhães. Combater o mosquito é responsabilidade de todos. Blog *da Saúde*, 22 nov. 2014. Disponível em: <http://www.blog.saude.gov.br/k6ap5z>. Acesso em: 26 set. 2018.

Mosquito *Aedes aegypti*.

a) Reflita sobre o seu dia a dia e comente com os colegas as ações responsáveis de combate ao mosquito da dengue que você vem adotando diariamente.

b) Converse com os colegas sobre o que vocês entendem da seguinte frase:

> Somos responsáveis por nossos atos.

ACESSE O RECURSO DIGITAL

Verificando rota

- Considerando o critério da localização geográfica, os países africanos podem ser agrupados em cinco grandes regiões: África do Norte ou Setentrional, África do Oeste ou Ocidental, África Austral ou Meridional, África Central e Chifre da África.
- No relevo africano predominam os planaltos e os mais importantes rios estão localizados na parte central do continente.
- Na África predominam os climas quentes devido à localização do continente na zona intertropical da Terra, ou seja, entre os trópicos de Câncer e de Capricórnio. Por isso a vegetação, em sua maior parte, se caracteriza por ser adaptada a temperaturas mais elevadas.
- Na África, parte dos conflitos se originou de questões históricas e políticas ligadas ao processo de colonização e, posteriormente, à formação dos Estados nacionais africanos.

UNIDADE

8

África: população e economia

Capítulos desta unidade
- **Capítulo 24** - A população da África
- **Capítulo 25** - Economia africana
- **Capítulo 26** - África do Sul

Paisagem da Cidade do Cabo, África do Sul, em 2017.

Iniciando rota

1. Nesta foto, vemos a Cidade do Cabo, localizada na África do Sul. O que você sabe sobre esse país? Conte para os colegas.

2. Conte para os colegas da sala alguma informação que você conhece sobre a economia dos países que compõe o continente africano.

CAPÍTULO 24
A população da África

A África apresenta uma grande diversidade étnico-cultural, possui mais de 800 grupos étnicos diferentes (tuaregues, zulus, berberes, massais, iorubas, etc.) e cerca de duas mil línguas, incluindo os dialetos nativos e ainda as línguas introduzidas pelos colonizadores europeus (português, espanhol, francês e inglês).

Com base nesses aspectos, de modo geral, o continente pode ser dividido em duas grandes regiões: a África do Norte e a África Subsaariana. Observe o mapa abaixo.

África do Norte
- Abrange os países localizados mais ao norte do continente. Essa região foi ocupada e colonizada por povos árabes no século XVII e, por esse motivo, apresenta o predomínio de população branca, de religião islâmica e de línguas árabes.

África Subsaariana
- Abrange os países localizados ao sul do deserto do Saara, onde vive cerca de 80% da população africana. Apresenta o predomínio de populações negras, com grande diversidade étnico-cultural (línguas e religiões).

Pessoas da etnia Berbere, povo que vive principalmente no extremo norte do continente, em 2016.

Pessoas da etnia Massai, povo que vive na parte oriental do continente, principalmente no Quênia e na Tanzânia, em 2016.

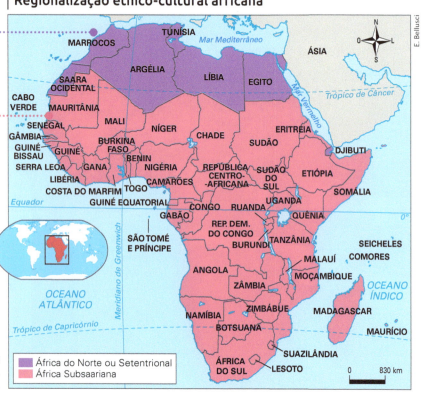

Regionalização étnico-cultural africana

Fonte de pesquisa: Gisele Girardi e Jussara Vaz Rosa. *Atlas geográfico do estudante*. São Paulo: FTD, 2016. p. 128.

Distribuição da população

Atualmente, a África possui aproximadamente 1,3 bilhão de habitantes, sendo o segundo continente mais populoso do mundo (o primeiro é a Ásia, com 4,5 bilhões de habitantes). Embora numerosa, essa população encontra-se distribuída de maneira bastante desigual pelo continente.

As condições naturais exercem forte influência nessa distribuição populacional. As vastas áreas dominadas pelos desertos (do Saara ao norte e do Kalahari ao sul) e as regiões dominadas pelas densas florestas (no centro) apresentam densidade demográfica muito baixa (menos de 1 hab./km²).

As maiores concentrações populacionais localizam-se principalmente nas áreas litorâneas ou próximas a grandes rios. Entre as aglomerações urbanas mais populosas do continente estão as cidades de Lagos (14 milhões de habitantes), Cairo (19 milhões), Kinshasa (12 milhões), Abdjan (5 milhões) e Nairóbi (4 milhões). No Cairo, por exemplo, a densidade demográfica é superior a 100 hab./km².

Várias áreas que se estendem pelo interior do continente também apresentam povoamento relativamente elevado, com densidade demográfica de até 25 hab./km². São áreas povoadas por populações que vivem no campo e se dedicam principalmente às atividades agropecuárias.

O mapa ao lado mostra como a população africana encontra-se distribuída no território. Observe-o com atenção.

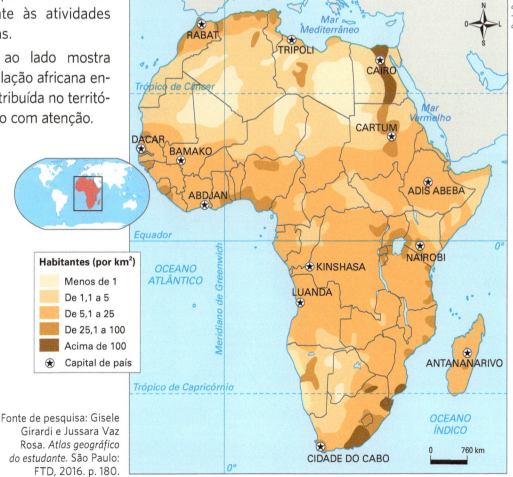

Densidade demográfica do continente africano (2015)

Fonte de pesquisa: Gisele Girardi e Jussara Vaz Rosa. *Atlas geográfico do estudante*. São Paulo: FTD, 2016. p. 180.

Ampliando fronteiras

Contos africanos

Todo povo carrega uma rica carga cultural, expressa em mitos, crenças, hábitos, etc. As histórias contadas pelos mais velhos, de geração em geração, muitas vezes transmitem ensinamentos, saberes e conhecimentos próprios de um povo.

Os contos populares são meios de se transmitir parte da cultura de um povo a seus representantes.

Para os africanos, a palavra falada possui grande importância para a preservação da cultura. Em diversas sociedades africanas as narrativas são acompanhadas por expressão corporal, músicas, entonações e, geralmente, são contadas por pessoas chamadas griôs.

O texto a seguir é um conto popular de Gana, país localizado na parte ocidental da África. Nele, Ananse, uma esperta aranha muito presente nos contos dessa região africana, vive uma experiência não muito feliz.

Conto popular

Esse gênero narrativo, de tradição oral, costuma apresentar histórias geralmente curtas e com poucos personagens. Essas narrativas revelam aspectos da cultura de um povo.

Griôs

Os griôs são contadores de histórias presentes em várias sociedades africanas.

As histórias contadas por estes narradores contribuem para a preservação de costumes e tradições do seu povo.

Na foto podemos observar jovem griô contando histórias de seu povo e cultura, transmitindo ensinamentos responsáveis por formar sua identidade, no município de Bamaco, Mali, em 2016.

264

Como a sabedoria se espalhou pelo mundo

Há muito, muito tempo, quando o mundo ainda era novo, Kwaku Ananse, o Aranha, era considerado e, verdade seja dita, também se considerava o homem mais sábio de toda a Terra.

Entretanto, Kwaku Ananse era muito ganancioso e desejava guardar toda a sabedoria para si. Dia e noite, noite e dia, Kwaku Ananse, consumido por seu egoísmo, não compartilhava seus conhecimentos com ninguém, até que falou para a esposa:

— É muito difícil proteger minha sabedoria o tempo todo. Faça para mim um grande pote de barro onde eu possa colocá-la e guardá-la com segurança.

Depois de o pote de barro ter secado no sol forte, Kwaku Ananse pegou toda a sabedoria, colocou-a ali e tapou com uma rolha de cortiça.

O astuto Kwaku Ananse resolveu esconder o pote numa caverna na margem do rio oposta à de sua cabana, onde nenhum intrometido pudesse pôr os olhos.

Ele ergueu o pote e foi entrando na água com dificuldade. Infelizmente, as pedras do fundo do rio eram escorregadias, e o Aranha não se sentia muito firme ao caminhar.

Caiu dentro d'agua, e o pote voou pelos ares.

Ao bater contra as pedras, o pote partiu-se em centenas de pedaços, e toda a sabedoria do mundo foi levada rio abaixo.

O rio, repleto de novos saberes, correu para todos os grandes mares. E foi assim que a sabedoria se espalhou pelo mundo.

Magdalene Sacranie. *O amuleto perdido e outras lendas africanas*. São Paulo: Panda Books, 2010. p. 11.

1. Quais histórias você costumava ouvir quando era criança?
2. Você lembra quem eram os personagens dessas histórias e onde elas se passavam?
3. Quais foram os ensinamentos que essas histórias trouxeram para sua vida?
4. Quais elementos do texto dão pistas sobre a origem do conto, caracterizando-o como um conto popular africano?
5. Qual é a principal mensagem transmitida pelo conto? Converse com os colegas e troque ideias com eles.
6. Você já vivenciou alguma situação em que teve de enfrentar o egoísmo? Compartilhe essa experiência com os seus colegas.
7. Você considera importante que as pessoas compartilhem seus conhecimentos entre si? Converse com seus colegas sobre esse assunto.

Urbanização

Embora cerca de 60% da população africana ainda se concentre no espaço rural, nas últimas décadas, foi grande o número de pessoas que migrou do campo para as cidades, sobretudo para os maiores centros urbanos.

Essas migrações têm sido impulsionadas por razões diversas, entre as quais se destacam:

- o aumento da concentração de terras provocado pelo avanço das grandes lavouras monocultoras, que se apropriam de terras originalmente ocupadas por comunidades agrícolas e pastoris;
- o desgaste e o empobrecimento dos solos (erosão, desertificação, etc.), decorrentes da utilização de técnicas agrícolas rudimentares inadequadas, que diminuem a fertilidade e a produtividade das terras;
- a ocorrência de guerras e conflitos étnicos e políticos em vários países do continente.

Como se pode observar, o processo de urbanização ocorrido recentemente no continente foi motivado sobretudo por problemas que afetam diretamente o campo e sua população. Entre esses problemas podemos destacar o empobrecimento dos solos, o avanço das grandes monoculturas de exportação em terras camponesas e os conflitos de origem étnica e política, que atingem muitas regiões do continente e estimulam a migração do campo para as cidades. Assim, podemos dizer que essa urbanização não está diretamente ligada ao processo de industrialização que tende a atrair um grande contingente de pessoas do campo em busca de oportunidades e melhores condições de vida e trabalho nas cidades.

A intensificação do êxodo rural no continente africano vem provocando o crescimento acelerado das grandes cidades, como Lagos, Cairo, Kinshasa e Luanda. Com isso, essas aglomerações passaram a crescer de maneira desordenada, desprovidas de infraestrutura e de serviços essenciais (moradias, redes de transportes, fornecimento de energia elétrica, saneamento básico, etc.).

Vista da cidade do Cairo, Egito, em 2016.

Condições de vida

Nos países africanos, em geral, a população vive em condições precárias. Observe a tabela a seguir.

Indicadores socioeconômicos de alguns países africanos

País	Analfabetismo (%) 2015	Mortalidade infantil (por grupo de mil nascidos vivos) 2016	Renda *per capita* (US$) 2016	Expectativa de vida (anos) 2015	IDH 2015
Libéria	52	51	455	61,2	0,427
Uganda	26	38	580	59,2	0,493
Sudão	24	45	2 415	63,7	0,490
Zâmbia	37	44	1 270	60,8	0,579

Fontes de pesquisa: Unicef. *The state of the world's children 2017*. Disponível em: <https://www.unicef.org/publications/files/SOWC_2017_ENG_WEB.pdf>. Pnud. *Relatório do Desenvolvimento Humano 2016*. Disponível em: <http://www.br.undp.org/content/dam/brazil/docs/RelatoriosDesenvolvimento/undp-br-2016-human-development-report-2017.pdf>. The World Bank. DataBank. Disponível em: <http://databank.worldbank.org/data/reports.aspx?source=world-development-indicators>. Acessos em: 18 set. 2018

Os serviços de saúde e educação, áreas sociais prioritárias, estão seriamente comprometidos em grande parte dos países africanos pela escassez de investimentos do poder público ou então devido à administração ineficiente. Os sistemas de saúde são precários em grande parte deles, com falta de médicos, de hospitais, de medicamentos, de programas de vacinação, de controle de epidemias, etc. Consequentemente, as taxas de mortalidade, sobretudo infantil, são elevadas, e a expectativa de vida da população é baixa.

As condições de vida são ainda agravadas pelas condições precárias de moradia, falta de serviços básicos (abastecimento de água, rede de esgoto) e ausência de coleta de lixo, o que favorece a ocorrência de epidemias.

Os reduzidos investimentos destinados à educação, por sua vez, explicam as taxas de analfabetismo elevadas em grande parte dos países. Em alguns deles, o analfabetismo chega a atingir mais de 50% da população. Essa situação, por sua vez, compromete a formação de mão de obra qualificada, um entrave para o desenvolvimento das atividades econômicas e das próprias melhorias das condições salariais dos trabalhadores. Com isso, a renda desses trabalhadores permanece baixa, não sendo suficiente para suprir nem mesmo as necessidades mais básicas, como alimentação. Esses são alguns dos fatores que explicam o quadro de extrema pobreza e fome presente em grande parte do continente.

Embora a pobreza seja uma característica marcante em grande parte do continente, em alguns países a população vive em melhores condições. A Argélia, a Tunísia e a Líbia são exemplos desses países, apresentando IDH de 0,745, 0,725 e 0,716, respectivamente.

> **Epidemia:** doença, geralmente infecciosa, que surge em um local e se propaga rapidamente, vitimando um grande número de pessoas em pouco tempo.

O crescimento demográfico acelerado

Uma característica de muitos países africanos é a alta taxa de crescimento demográfico. O acelerado crescimento populacional verificado no continente deve-se à combinação de dois fatores:

- a manutenção da taxa de fecundidade em nível elevado: cada mulher africana tem em média 4 filhos, segundo dados de 2015, da ONU; em alguns países, porém, como no Níger, essa média chega a 7;
- a queda gradativa da taxa de mortalidade infantil (menores de 1 ano), que recuou de 134 por mil no começo da década de 1970 para cerca de 50 por mil no ano de 2015.

> **Taxa de fecundidade:** número médio de filhos por mulher ao final de seu período reprodutivo (de 15 a 39 anos de idade).

Por conta disso, a população africana vem aumentando em ritmo bastante acelerado. Essa população, que somava 229 milhões de habitantes na década de 1950 (representando cerca de 9% de toda a população do planeta), atingiu cerca de 1,3 bilhão em 2018 (17% da população mundial).

O crescimento populacional acelerado e a elevada taxa de natalidade explicam a alta proporção de crianças e jovens na população. Por outro lado, a proporção de adultos e idosos na população, principalmente na África Subsaariana, é relativamente pequena, o que se deve à baixa expectativa de vida (em torno de 59 anos), às precárias condições socioeconômicas e também aos constantes conflitos que, muitas vezes, provocam um grande número de mortos.

Por esses motivos, de maneira geral, a pirâmide etária dos países africanos apresenta duas características principais: base larga (consequência da alta taxa de natalidade) e ápice estreito (devido à baixa expectativa de vida).

No entanto, a pirâmide etária de alguns países já apresenta uma tendência de estreitamento da base e alargamento do topo, graças à queda da taxa de fecundidade e ao aumento da expectativa de vida, respectivamente. Veja os exemplos da pirâmide etária de Malauí e da África do Sul e compare o formato delas.

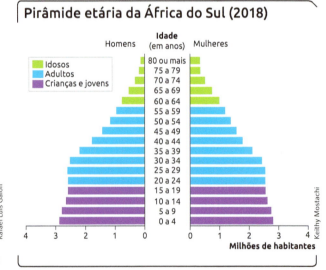

Fonte de pesquisa: United Nations. *World population prospects*. Disponível em: <https://population.un.org/wpp/DataQuery/>. Acesso em: 1º set. 2018.

> Qual dos países apresenta maior expectativa de vida? Como você chegou a esta resposta?

268

A fome na África

Parte da população mundial sofre com a fome, especialmente nos países mais pobres do mundo, a exemplo daqueles localizados no continente africano.

De acordo com a Organização das Nações Unidas para Alimentação e Agricultura (FAO), o estado de desnutrição no período de pelo menos um ano é considerado sinônimo de fome. A desnutrição severa diminui a resistência do organismo contra algumas doenças. Enfraquecidas pela falta de vitaminas e proteínas, as pessoas, em especial as crianças, ficam com a saúde debilitada e acabam contraindo mais facilmente uma série de enfermidades. Além disso, a desnutrição pode interferir no desenvolvimento físico e intelectual de uma criança. Em casos extremos, a fome aguda pode provocar a morte por inanição.

> **Desnutrição:** falta de ingestão ou de absorção de nutrientes pelo organismo.
>
> **Inanição:** enfraquecimento extremo do corpo, provocado pela falta de alimentação.

O mapa abaixo mostra a desnutrição no mundo. Observe-o com atenção.

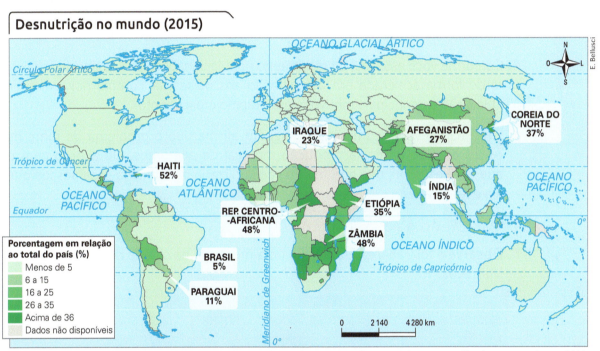

Fonte de pesquisa: FAO. *Hunger Map 2015*. Disponível em: <http://www.fao.org/3/a-i4674e.pdf>. Acesso em: 2 out. 2018.

> **A desnutrição afeta os países africanos com a mesma intensidade? Justifique.**

Pelo mapa, podemos observar que a África concentra grande número de países nos quais uma porcentagem elevada da população é desnutrida. Mas que fator podemos considerar responsável por essa situação?

O problema da fome não é causado pela falta de alimentos no mundo. A quantidade total de alimentos produzidos atualmente no planeta seria suficiente para alimentar todos os seus habitantes. A fome está diretamente ligada à falta de renda de boa parte da população. Esse fato é agravado, ainda, pela forte tendência de elevação no preço dos alimentos.

Podemos concluir, então, que a fome relaciona-se, sobretudo, à situação de extrema pobreza em que se encontra grande parte da população, principalmente na África.

Atividades

▌Organizando o conhecimento

1. Com base na diversidade étnico-cultural, podemos dividir o continente africano em duas grandes regiões distintas. Quais são elas? Escolha uma dessas regiões e descreva suas principais características no caderno.

2. Observe novamente o mapa da densidade demográfica do continente africano na página **263**. Sobre a distribuição da população africana pelo território, responda no caderno às questões a seguir.

  a) A população está distribuída de maneira regular por todo o território?

  b) Como você justificaria extensas áreas com baixa densidade demográfica no continente africano?

3. Observe novamente a tabela da página **267**. Depois, escreva no caderno qual é a principal causa das elevadas taxas de analfabetismo e mortalidade infantil entre os africanos.

4. Conforme você estudou, o crescimento populacional dos países da África ocorre de forma acelerada em comparação aos países da Europa, por exemplo. Quais são os principais motivos desse rápido crescimento?

5. Em uma conversa com amigos, alguém afirma que o problema da fome na África decorre da baixa produção mundial de alimentos. De acordo com o que você estudou, que argumento você utilizaria para dizer a essa pessoa que ela está errada?

▌Organizando o conhecimento

6. Observe a foto abaixo. Ela retrata uma mesquita na cidade de Casablanca, no Marrocos.

▌ Mesquita em Casablanca, Marrocos, em 2015.

- As mesquitas são templos islâmicos, comumente encontradas na porção norte do território africano. Com base no que você estudou até agora neste capítulo, **explique** por que são comuns nesta área.

7. **Observe** a foto que retrata a favela Kibera, em Nairóbi, capital do Quênia, em 2016.

a) **Explique** a relação entre o crescimento de áreas como a favela de Kibera e o processo de urbanização no continente africano.

b) A migração da população rural para as grandes cidades do continente africano tem gerado um intenso processo de urbanização nos maiores centros urbanos da África. Quais fatores têm contribuído para esse processo?

8. A Somália possui características demográficas semelhantes a grande parte dos países africanos. Com base no que você estudou neste capítulo, **identifique** qual das pirâmides etárias retrata aspectos da demografia da Somália. **Justifique** o que você levou em consideração para identificar a pirâmide etária.

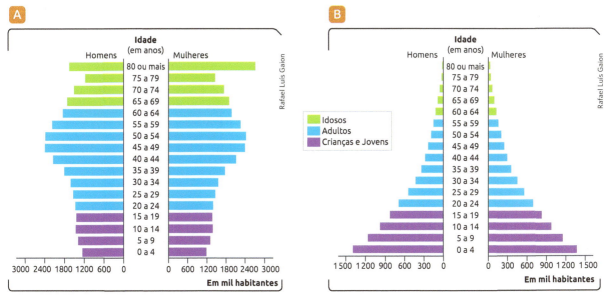

Fonte de pesquisa: United Nations. *World population prospects*. Disponível em: <https://population.un.org/wpp/DataQuery/>. Acesso em: 1º set. 2018.

Fonte de pesquisa: United Nations. *World population prospects*. Disponível em: <https://population.un.org/wpp/DataQuery/>. Acesso em: 1º set. 2018.

271

CAPÍTULO 25

Economia africana

A maioria dos países africanos possui a economia apoiada basicamente nas atividades primárias: produção de gêneros agropecuários e de recursos minerais, incluindo a extração de recursos energéticos fósseis, como petróleo, carvão mineral e gás natural.

Esse modelo econômico foi introduzido a partir do século XIX, quando os colonizadores europeus se apossaram do continente apenas para explorá-lo economicamente. Durante o período colonial, a economia baseava-se nas *plantations*, ou seja, grandes lavouras monocultoras de produtos tropicais voltados para exportação, e também na extração de recursos minerais e vegetais existentes em abundância no território africano. Essas matérias-primas serviam basicamente para abastecer a indústria e o mercado consumidor europeu.

Assim, desde aquela época, a economia do continente africano voltou-se para a produção de matérias-primas destinadas ao abastecimento do mercado externo. Dessa forma, vários países da África foram inseridos na Divisão Internacional do Trabalho (DIT) como exportadores tanto de gêneros agrícolas, como café, cacau, borracha, cana-de-açúcar, algodão, amendoim, quanto de recursos minerais e energéticos.

Veja os dados das tabelas.

Participação dos produtos agrícolas no total das exportações (2016)	
País	(%)
Burundi	64
Costa do Marfim	60
Etiópia	41
Malauí	77
Uganda	49

Fonte de pesquisa: WTO. *Trade Profiles 2018*. Disponível em: <www.wto.org/english/res_e/booksp_e/trade_profiles18_e.pdf>. Acesso em: 6 nov. 2018.

Participação dos produtos minerais e combustíveis fósseis no total das exportações (2016)	
País	(%)
Argélia	95
Gabão	76
Moçambique	70
Nigéria	86
Zâmbia	75

Fonte de pesquisa: WTO. *Trade Profiles 2018*. Disponível em: <www.wto.org/english/res_e/booksp_e/trade_profiles18_e.pdf>. Acesso em: 6 nov. 2018.

Agropecuária

A agropecuária, que constitui uma das mais importantes fontes de renda nos países da África, ocupa atualmente parte expressiva da população economicamente ativa de muitos países do continente. Essa atividade é desenvolvida de duas formas principais: as lavouras tradicionais e as *plantations*.

- As **lavouras tradicionais**, voltadas para a produção de alimentos para o consumo da população local, são desenvolvidas em diversas áreas do território africano. De modo geral, nessas áreas, prevalecem pequenas propriedades e técnicas rudimentares de cultivo, sendo os produtos mais cultivados arroz, sorgo, feijão, batata, inhame e banana. Os longos períodos de secas, a reduzida qualidade dos solos e, sobretudo, os escassos investimentos em tecnologias fazem com que a agropecuária de subsistência apresente baixa produtividade, tornando necessária a importação de alimentos para o consumo da população.

Acima, trabalhadores rurais utilizam técnicas rudimentares de agricultura tradicional na Uganda, em 2017.

- As *plantations*, desenvolvidas principalmente na África Subsaariana, são extensas lavouras monocultoras cultivadas com utilização de fertilizantes, agrotóxicos e, geralmente, com grande quantidade de mão de obra. Nelas, faz-se o cultivo de produtos tropicais voltados para a exportação, como café, cacau, chá, cana-de-açúcar e amendoim. Portanto, não se destinam a servir de alimento para o consumo interno. Observe a foto a seguir.

Na foto é possível observar paisagem com sistema *plantation* implantado em cultura de chá na Uganda, em 2017.

Agropecuária tradicional

As atividades agrárias que predominam em grande parte do continente africano são as praticadas de maneira tradicional, com recursos técnicos rudimentares, como a agropecuária de subsistência, a pecuária extensiva e o pastoreio nômade.

As áreas com desenvolvimento de uma agropecuária mais moderna, realizada com recursos tecnológicos mais avançados (adubação do solo, aplicação de agrotóxicos, uso de máquinas, etc.) estão restritas a certas regiões de apenas alguns países, principalmente na África do Sul, mas também na Costa do Marfim, em Gana e em Serra Leoa.

Observe o mapa ao lado, que mostra a organização do espaço agrícola na África.

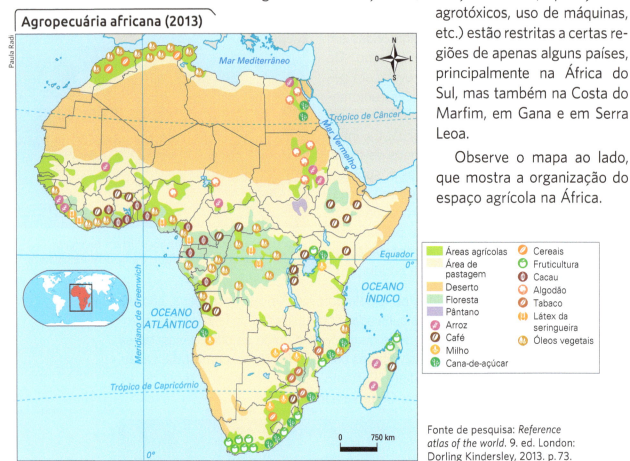

Fonte de pesquisa: *Reference atlas of the world*. 9. ed. London: Dorling Kindersley, 2013. p. 73.

No norte e no extremo sul do continente, o clima mais ameno favorece o desenvolvimento da agricultura mediterrânea, com o cultivo, por exemplo, de frutas cítricas e oliveiras. Já nas áreas de clima desértico, como no Saara, encontramos a prática do pastoreio nômade. Nessas áreas, a agricultura se desenvolve apenas nos oásis e por meio da técnica de irrigação, como ao longo do curso do rio Nilo.

Cultivos produzidos em um oásis no Marrocos, em 2017.

Recursos minerais

Uma das características marcantes da África é sua grande riqueza mineral. Atualmente, muitos dos seus países têm economia quase totalmente dependente da exploração de minerais e de recursos energéticos fósseis, como o carvão mineral e o petróleo.

As principais reservas minerais (ouro, diamante, ferro, carvão mineral, bauxita) se encontram em depósitos geológicos localizados na porção centro-sul do continente, sobretudo em países como África do Sul, Zimbábue e República Democrática do Congo, e também em países localizados na costa atlântica, como Gana e Libéria.

Entre as principais regiões produtoras de petróleo e gás natural, destacam-se as bacias sedimentares da costa oeste do continente, principalmente em Angola, Gabão, Camarões e Nigéria, e também os campos petrolíferos encontrados, por exemplo, nos desertos da Argélia, Líbia e Egito, ao norte do continente. Observe o mapa.

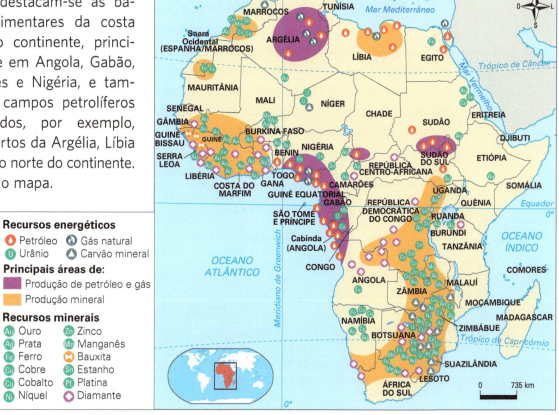

Fontes de pesquisa: *Reference atlas of the world*. 9. ed. London: Dorling Kindersley, 2013. p. 72-73. Gisele Girardi e Jussara Vaz Rosa. *Atlas geográfico do estudante*. São Paulo: FTD, 2016. p. 170.

O controle estrangeiro

Os países africanos, em geral, não dispõem de recursos técnicos nem financeiros ou mesmo de mão de obra mais especializada para promover a exploração dos recursos minerais e energéticos existentes em seus territórios. Por isso, o desenvolvimento da mineração tem sido realizado e controlado por grandes empresas estrangeiras, sobretudo europeias, estadunidenses, japonesas e chinesas, cujos lucros são enviados aos países mais ricos, onde essas empresas estão sediadas.

Atividade industrial

De maneira geral, a atividade industrial no continente africano é pouco expressiva, o que se pode verificar pela participação bastante restrita desses países na exportação mundial de produtos industrializados. Atualmente, o continente africano responde por menos de 1% das exportações de produtos manufaturados comercializados em todo o mundo.

Entre os principais fatores que contribuem para o desenvolvimento industrial restrito no continente, podemos citar:

- a falta de infraestrutura (vias de transporte, energia elétrica, etc.), que dificulta a implantação de parques industriais mais complexos;
- a escassez de mão de obra qualificada, que inibe a expansão das empresas;
- a existência de um mercado consumidor de baixo poder aquisitivo, que limita o consumo da população aos bens industrializados.

Devido a esses fatores, a atividade industrial no continente africano restringe-se principalmente aos setores mais tradicionais, com uso de tecnologia menos desenvolvida (alimentos, bebidas, têxteis, calçados, etc.). Em geral, essas indústrias concentram-se principalmente nas maiores e mais importantes cidades do continente, entre elas Johanesburgo (África do Sul), Cairo (Egito) e Lagos (Nigéria). Veja o mapa abaixo.

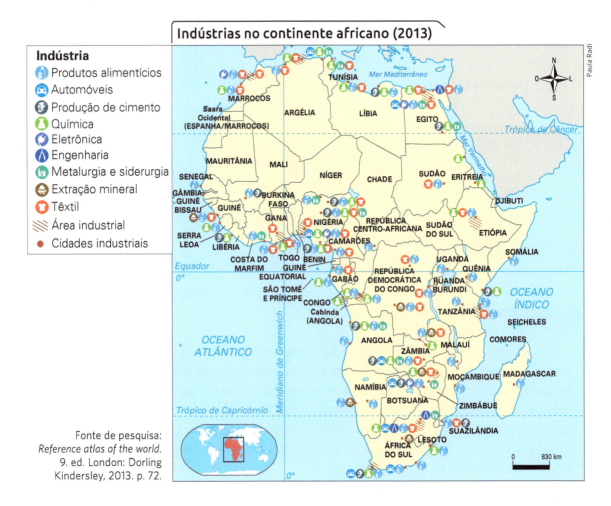

Fonte de pesquisa: *Reference atlas of the world*. 9. ed. London: Dorling Kindersley, 2013. p. 72.

Crescimento econômico da África

Nos últimos anos, o mundo vem presenciando o crescimento econômico de muitos países africanos. De acordo com o Banco Mundial, em 2016, alguns países da África apresentaram um crescimento econômico de aproximadamente 4%, maior que a média mundial, de 2,5%. Entre esses países, destacam-se Etiópia, Serra Leoa, Níger, Ruanda e Costa do Marfim.

Ainda de acordo com o Banco Mundial, o crescimento econômico de países africanos, sobretudo dos pertencentes à África Subsaariana, deve-se principalmente à abundância de recursos naturais e aos elevados preços mundiais de matérias-primas, como os recursos minerais. A descoberta de novas áreas de extração de recursos como gás natural, petróleo e outros recursos minerais, em países como Moçambique, Níger e Zâmbia, vem contribuindo para o crescimento econômico do continente. Estudos indicam que, em 2020, apenas quatro ou cinco países do continente não estarão envolvidos na exploração de algum tipo de minério, tamanha a abundância de recursos naturais na África.

Em função desse crescimento, o continente tem atraído grande número de investidores estrangeiros. Além da abundância de recursos naturais, o crescimento demográfico e a urbanização acelerada de alguns países vêm aumentando o consumo de modo geral e incentivando a entrada de empresas estrangeiras.

Porém, para que esse crescimento econômico se reflita em desenvolvimento das condições de vida da população em geral, é necessário que os ganhos sejam revertidos na melhoria da saúde, da educação, da infraestrutura básica; no aumento da produtividade agrícola e na geração de empregos. Dessa forma, a pobreza poderá ser reduzida significativamente.

A descoberta de novas áreas de extração de recursos minerais, inclusive de recursos energéticos fósseis, produtos de grande interesse mundial, pode fazer com que os países africanos continuem apresentando um crescimento econômico maior que a média mundial nos próximos anos. Na foto, área de exploração de diamantes no Lesoto, em 2016.

Atividades

Organizando o conhecimento

1. Copie o quadro abaixo no caderno e complete a última coluna com informações sobre a economia atual africana.

	África Colonial	África Atual
Características econômicas	Economia baseada nas *plantations* de produtos tropicais e na extração de recursos minerais e vegetais.	
Principal objetivo da produção	Abastecimento das atividades industriais e do mercado consumidor europeu.	

- Depois de completar o quadro, responda: A África mudou sua participação na DIT desde o período colonial? Explique sua resposta.

2. A extração mineral é uma atividade econômica importante para os países da África? Por quê?

3. Por que a exploração de recursos minerais e energéticos na África é realizada por grandes empresas estrangeiras?

4. Quais são os principais fatores que contribuem para o baixo desenvolvimento industrial africano?

Conectando ideias

5. **Leia** o texto a seguir.

Crescimento econômico da África Subsaariana deve ser de 3,1% em 2018, diz Banco Mundial

Nações Unidas, 21 maio 2018. Disponível em: <https://nacoesunidas.org/crescimento-economico-da-africa-subsariana-deve-ser-de-31-em-2018-diz-banco-mundial/>.
Acesso em: 21 set. 2018.

a) Qual é a principal informação do texto acima?

b) De acordo com o que você estudou o crescimento econômico dos países pertencentes a África Subsaariana se deve a quais fatores?

c) Qual é a relação entre a exploração de recursos minerais no continente africano e a presença de investidores estrangeiros?

África do Sul

CAPÍTULO 26

A África do Sul, localizada no extremo sul do continente africano, tem uma grande diversidade cultural, pois, apesar de ser um país de maioria negra, a população sul-africana também é formada por um grande número de descendentes de britânicos e holandeses, que estiveram presentes na sua colonização, durante o século XVII, e por asiáticos, sobretudo indianos.

Apesar de enfrentar sérios problemas relacionados à desigualdade social e ao desemprego, o país possui uma economia de destaque no cenário mundial, com um dos maiores PIBs do continente africano. Esse destaque econômico atual passou a ser configurado em meados da década de 1990, quando a África do Sul firmou parcerias com outros países, como a China e países da União Europeia, e passou a comercializar seus produtos internacionalmente.

Fonte de pesquisa: *Atlas geográfico escolar*. 7. ed. Rio de Janeiro: IBGE, 2016. p. 45.

Vista de parte da cidade de Johanesburgo, a mais populosa da África do Sul, em 2017.

Economia

A África do Sul é considerada a economia mais desenvolvida do continente africano. Embora enfrente problemas, como elevadas taxas de desemprego e de concentração de renda, o país ainda consegue oferecer melhor infraestrutura básica, serviços de educação e saúde e mais acesso à telefonia e à internet em relação aos outros países do continente africano.

Entre suas atividades econômicas, a extração e o beneficiamento mineral se tornaram as de maior rentabilidade.

O país é um dos maiores produtores mundiais de ouro, platina e diamante, os minerais mais valiosos do mercado.

Além disso, a África do Sul também é grande produtora de carvão mineral, minérios de ferro e manganês, cromo, urânio, entre outros. Observe o mapa abaixo.

Essa elevada produção mineral é destinada, sobretudo, à exportação, sendo comercializada com alguns dos países mais ricos do mundo.

Fontes de pesquisa: *Reference atlas of the world*. 9. ed. London: Dorling Kindersley, 2013. p. 72-73. Gisele Girardi e Jussara Vaz Rosa. *Atlas geográfico do estudante*. São Paulo: FTD, 2016. p. 170.

Na foto, extração de diamantes em mina localizada no nordeste da África do Sul, em 2016.

Assim como a produção mineral, a atividade industrial ocupa lugar de destaque na geração de riquezas da África do Sul. Apesar de seu processo de industrialização ter ocorrido tardiamente, a África do Sul é o país mais industrializado do continente africano.

Seu parque industrial é bastante diversificado, com produção de bens de consumo e bens de produção. Entre os bens de consumo que produz estão, principalmente, os produtos têxteis e alimentícios. Para a fabricação de bens de produção, o país conta com a presença de indústrias metalúrgicas, siderúrgicas e químicas.

Área industrial e portuária na Cidade do Cabo, África do Sul, em 2017.

Embora exporte parte de sua produção industrial, sobretudo produtos siderúrgicos, como ligas e laminados de ferro ou aço, a África do Sul também é grande importador de produtos industrializados, assim como outros países emergentes. A maior parte de suas importações é de produtos industrializados de elevada tecnologia, em geral provenientes da Europa e da China.

A atividade agropecuária da África do Sul atende, sobretudo, ao consumo interno. No entanto, produtos como milho e cana-de-açúcar são bastante cultivados, e parte de sua produção se destina à exportação.

A África do Sul vem recebendo forte investimento financeiro da China. Em contrapartida, a China é um dos principais destinos de exportação de seus produtos minerais, agropecuários e, sobretudo, industrializados.

> De acordo com o gráfico, para onde a África do Sul envia a maior parte de suas exportações?

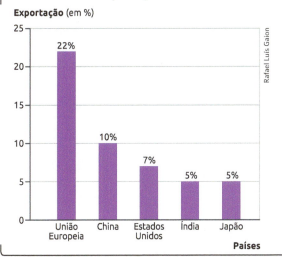

Principais destinos das exportações da África do Sul (2017)

Exportação (em %)
- União Europeia: 22%
- China: 10%
- Estados Unidos: 7%
- Índia: 5%
- Japão: 5%

Fonte de pesquisa: WTO. *Trade Profiles 2018*. Disponível em: <https://www.wto.org/english/res_e/booksp_e/trade_profiles18_e.pdf>. Acesso em: 6 nov. 2018.

País com três capitais

A capital de um país é a cidade escolhida para abrigar os organismos que exercem o poder do governo que administra o Estado. No Brasil, por exemplo, a capital Brasília abriga a sede dos poderes executivo, legislativo e judiciário.

Em alguns países do mundo, existe mais de uma capital. A África do Sul, por exemplo, tem as sedes de seus poderes localizadas em diferentes capitais. Veja o esquema abaixo.

O Parlamento Nacional se localiza na Cidade do Cabo. Portanto, esta é a capital legislativa da África do Sul.

Localizada na região sul do país e fundada por holandeses, a Cidade do Cabo é uma das cidades mais populosas do país.

Cidade do Cabo, África do Sul, em 2016.

O Supremo Tribunal se localiza na cidade de Bloemfontein. Portanto, esta é a capital judiciária da África do Sul.

Fundada por britânicos no século XIX, Bloemfontein localiza-se na porção central do país.

Bloemfontein, África do Sul, em 2018.

A sede administrativa está localizada na cidade de Pretória, na porção norte do país. Portanto, esta é a capital executiva da África do Sul.

Pretória, África do Sul, em 2016.

O *apartheid*

O *apartheid* foi uma política de segregação racial que existiu na África do Sul, na segunda metade do século XX.

A política do *apartheid* dividia a população sul-africana em quatro grupos: brancos, bantos (negros), mestiços e asiáticos.

Embora a população branca, de origem europeia, fosse a minoria, era ela que governava o país e estabelecia as leis do *apartheid* que discriminavam as pessoas pela cor da pele.

Entre as várias proibições que marcaram a política do *apartheid* na África do Sul à população não branca, ou seja, negros, mestiços e asiáticos, estava de não poder ser proprietários de seus próprios negócios e de não circular fora de áreas que não eram destinadas a eles. Para tanto, era necessário ter um documento especial permitindo o seu acesso.

O regime de segregação racial do *apartheid* chegou ao fim no início da década de 1990, depois que diversos países, com o apoio da ONU, pressionaram o governo sul-africano a realizar eleições nas quais os não brancos pudessem participar como eleitores e como candidatos.

Na primeira eleição multirracial, em 1994, Nelson Mandela foi eleito o primeiro presidente negro do país.

Atualmente, mais de vinte anos após o fim do *apartheid*, o país ainda enfrenta sérias consequências daquele período, principalmente relacionadas às questões sociais que foram agravadas pela concentração de renda proporcionada pelo regime político, no qual somente os brancos tinham acesso aos cargos mais valorizados, levando um grande número de negros a viver na pobreza.

Os cargos oferecidos pelo poder político e econômico da África do Sul ainda permanecem ocupados, sobretudo, por brancos. Portanto, a participação da população negra na política e na economia do país ainda é muito pequena.

Além disso, a maior parte dos negros continua morando nos mesmos bairros pobres em que viviam durante o *apartheid*, e a grande maioria das crianças negras continua frequentando escolas segregadas.

Mandela foi um jovem militante que lutou pela igualdade racial na África do Sul durante o regime do *apartheid* e, por esse motivo, ficou 27 anos preso. A força dos movimentos contrários ao regime de segregação tomou força quando a prisão perpétua de Mandela foi revogada, e ele foi solto em 1990. O reconhecimento de sua incansável luta antissegregação racial foi coroado com o Prêmio Nobel da Paz em 1993. Mandela faleceu em dezembro de 2013, aos 95 anos de idade. Na foto de 2006, o ativista, também conhecido como "madiba".

Atividades

Organizando o conhecimento

1. Por que a África do Sul é considerada um país de economia emergente?

2. Como se caracteriza a produção industrial desse país?

3. Como se caracteriza a atividade agropecuária da África do Sul? Quais são seus principais produtos agrícolas?

Conectando ideias

4. **Observe** esta foto que retrata uma situação vivida na África do Sul, em 1977.

   a) **Explique** o que a foto representa.

   b) **Comente** quem foi Nelson Mandela e qual sua relação com a situação mostrada na foto.

   c) Quais as principais heranças deixadas pela situação mostrada na foto?

As frases *net blankes* e *whites only*, mostradas na foto, significam "apenas brancos" em africâner (uma das línguas faladas na África do Sul) e em inglês, respectivamente.

Verificando rota

- O continente africano pode ser regionalizado a partir de características étnico-culturais.
- Os países africanos, de modo geral, apresentam elevado crescimento demográfico.
- Embora grande parte da população africana resida no espaço rural, as cidades têm crescido de maneira desordenada devido à intensa migração.
- Grande parte dos africanos possui baixa qualidade de vida devido às precárias condições do sistema de saúde pública, de ensino e também dos baixos salários.
- Tanto a extração mineral quanto a agropecuária são atividades que se destacam nos países africanos, sendo a atividade industrial pouco expressiva.
- A economia da África do Sul se destaca por sua elevada produção mineral e pelo desenvolvimento de seu setor industrial, comercializando principalmente com a União Europeia e a China.

Mundo - Político

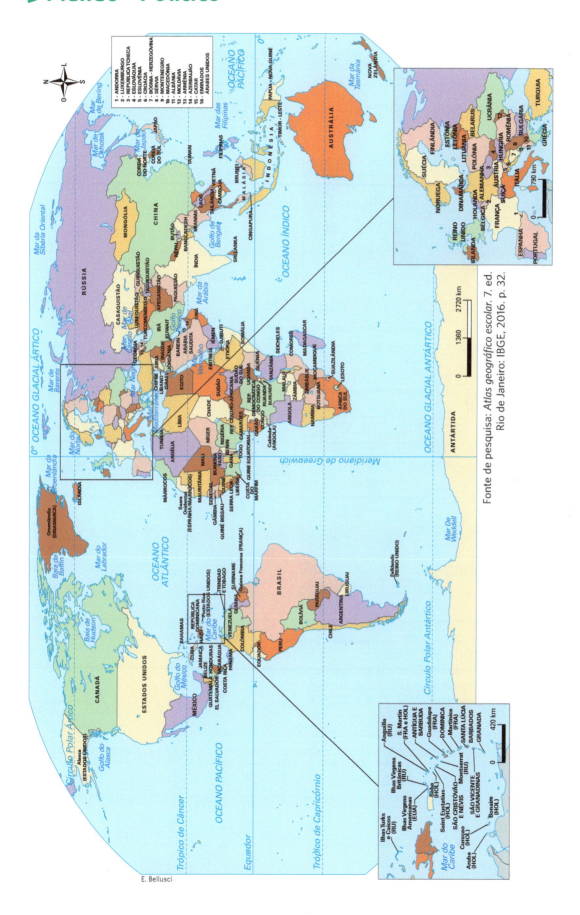

Fonte de pesquisa: *Atlas geográfico escolar*. 7. ed. Rio de Janeiro: IBGE, 2016. p. 32.

América - político

Fonte de pesquisa: Atlas geográfico escolar. 7. ed. Rio de Janeiro: IBGE, 2016. p. 37, 39, 41.

África - político

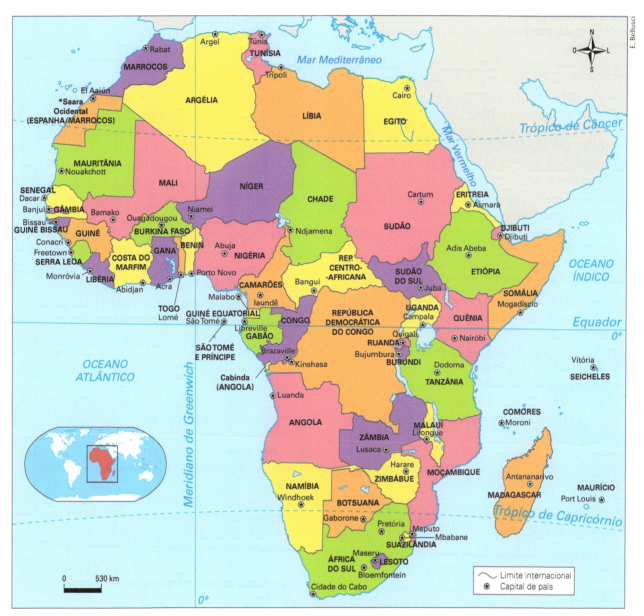

Fonte de pesquisa: *Atlas geográfico escolar*. 7. ed. Rio de Janeiro: IBGE, 2016. p. 45.

Referências bibliográficas

ANDRADE, Manuel C. *O Brasil e a América Latina*. 3. ed. São Paulo: Contexto, 1991. (Repensando a Geografia).

ANTUNES, Celso (Coord.). *Geografia e didática*. Petrópolis: Vozes, 2014. (Coleção Como Bem Ensinar).

AYOADE, J. O. *Introdução à climatologia para os trópicos*. Rio de Janeiro: Bertrand Brasil, 2007.

BRASIL. Ministério da Educação. *Base Nacional Comum Curricular*. Versão final. Brasília: MEC, 2017. Disponível em: <http://basenacionalcomum.mec.gov.br>. Acesso em: 5 out. 2018.

_____. Diretrizes Curriculares Nacionais Gerais da Educação Básica. Brasília: MEC, SEB, DICEI, 2013.

CARLOS, Ana Fani Alessandri (Org.). *A geografia em sala de aula*. São Paulo: Contexto, 2018.

CASTRO, Iná Elias de et al. *Geografia*: conceitos e temas. Rio de Janeiro: Bertrand Brasil, 2007.

CASTROGIOVANNI, Antonio Carlos et al. (Org.). *Geografia em sala de aula*: práticas e reflexões. 5. ed. Porto Alegre: AGB, 2010.

CAVALCANTI, Lana de Souza. *Temas da geografia na escola básica*. Campinas: Papirus, 2013.

CHRISTOPHERSON, Robert W. *Geossistemas*: uma introdução à geografia física. 9. ed. Porto Alegre: Bookman, 2017.

COLL, C. et al. *O construtivismo na sala de aula*. 5. ed. São Paulo: Ática, 2006. (Fundamentos).

CORDEIRO, Jaime. *Didática*. São Paulo: Contexto, 2013.

CORRÊA, Roberto Lobato. *Região e organização espacial*. São Paulo: Ática, 2007.

DUARTE, Paulo Araújo. *Fundamentos da cartografia*. Florianópolis: Universidade Federal de Santa Catarina, 2006.

FAZENDA, Ivani C. Arantes. *Interdisciplinaridade*: história, teoria e pesquisa. 18. ed. Campinas: Papirus, 2012.

FERNANDEZ, Laetitia. *Terceiros mundos*. São Paulo: Ática, 1998. (Geografia hoje).

FONTANA, Roseli A. C. *Mediação pedagógica na sala de aula*. 4. ed. Campinas: Autores Associados, 2005.

GOMES, Horieste. *A produção do espaço geográfico no capitalismo*. 2. ed. São Paulo: Contexto, 1991. (Repensando a Geografia).

HAYDT, Regina C. *Avaliação do processo ensino-aprendizagem*. São Paulo: Ática, 2002.

HOFFMANN, Jussara M. L. *Avaliação mediadora*: uma prática em construção da pré-escola à universidade. 34. ed. Porto Alegre: Mediação, 2014.

KAERCHER, Nestor A. *Desafios e utopias no ensino de geografia*. Santa Cruz do Sul: Edunisc, 2010.

LACOSTE, Yves. *Os países subdesenvolvidos*. Tradução de Américo E. Bandeira. 19. ed. Rio de Janeiro: Bertrand Brasil, 1988.

L'ATLAS *de l'environnement*. Paris: Le Monde diplomatique, 2018.

LENCIONI, Sandra. *Região e geografia*. São Paulo: Edusp, 2003.

MORAES, Antonio Carlos R. de. *Território e história no Brasil*. São Paulo: AnnaBlume, 2002. (Linha de frente).

MOREIRA, Ruy. *Pensar e ser em geografia*: ensaios de história, epistemologia e ontologia do espaço. São Paulo: Contexto, 2007.

OLIC, Nelson Bacic; CANEP, Beatriz. *África*: Terra, sociedades e conflitos. 2. ed. São Paulo: Moderna, 2012.

RIBEIRO, Darcy. *O povo brasileiro*: evolução e o sentido do Brasil. 2. ed. São Paulo: Companhia das Letras, 2006.

ROSS, Jurandyr L. Sanches. *Geografia do Brasil*. São Paulo: Edusp, 2008.

SANTOS, Milton. *Metamorfoses do espaço habitado*. 6. ed. São Paulo: Edusp, 2014.

_____; SILVEIRA, María Laura. *O Brasil*: território e sociedade no início do século XXI. 19. ed. São Paulo: Hucitec, 2001.

WETTSTEIN, German. *Subdesenvolvimento e geografia*. 2. ed. São Paulo: Contexto, 1997. (Caminhos da Geografia).

Sites

- www.bancomundial.org e www.worldbank.org
  Grupo Banco Mundial
- https://nacoesunidas.org/
  Organização das Nações Unidas
- www.fao.org
  Organização das Nações Unidas para a Agricultura e a Alimentação (FAO)
- www.pnud.org
  Programa das Nações Unidas para o Desenvolvimento (PNUD)
- www.greenpeace.org.br
  Greenpeace
- www.dieese.org.br
  Departamento Intersindical de Estatística e Estudos Socioeconômicos
- www.ibge.gov.br
  Mapas diversos, estatísticas econômicas e demográficas, com atualização permanente
- www.ipcc.ch
  Painel Intergovernamental sobre Mudanças Climáticas
- www.inpe.br
  Imagens de satélites, mapas meteorológicos, etc.
- www.unaids.org
  Programa das Nações Unidas contra a Aids (UNAIDS)
- www.wfp.org
  Programa Mundial de Alimentos (WFP)
- www.wwf.org.br
  WWF-Brasil (Fundo Mundial para a Natureza)

Todos os sites foram acessados em: 12 nov. 2018.